Les pupilles de M. Wycherly

L. Allen Harker

Writat

Cette édition parue en 2024

ISBN : 9789359947624

Publié par
Writat
email : info@writat.com

Contenu

CHAPITRE I

"LE FLITTIN'"

"Quand voici, une rumeur est venue,

Un murmure pour moi

De la ville grise, de la ville féerique,

La ville où je serais. »

FRANCIS BRETT BRETT-SMITH.

Le village était foudroyé. Non, plus encore ; le village était désapprobateur, presque scandalisé.

Elle fut stupéfaite jusqu'à l'incrédulité lorsqu'elle apprit qu'un homme qui avait vécu tranquillement et paisiblement parmi elle pendant vingt-cinq ans allait soudainement, et sans aucun avertissement, s'en aller vers le sud de l'Angleterre non seulement lui-même, mais l'ensemble des effets ménagers d'une habitation qui ne lui avait jamais appartenu.

Il est vrai que le ministre fit remarquer à certains de ces critiques défavorables que, par son testament, Miss Espérance avait laissé la maison et les meubles à M. Wycherly en fiducie pour ses petits-neveux ; mais les gens secouaient la tête : « Une fois que les choses furent parties à Oxford, qui savait ce qu'il ferait avec elles ?

Ces objecteurs de conscience se méfiaient d'Oxford et se méfiaient profondément des motivations qui ont conduit M. Wycherly à s'y rendre un peu plus d'un mois après la mort de son vieil ami véritable et éprouvé.

Le fait qu'il s'agisse d'un retour n'a fait qu'empirer les choses, et le facteur, qui était également l'un des anciens de l'église, a résumé les sentiments de la communauté dans ces mots inquiétants : « Il est retourné aux coques ».

Même Lady Alicia, qui appréciait M. Wycherly et lui faisait confiance, pensait qu'il était étrange de sa part de partir si tôt et qu'il aurait été préférable d'emmener les garçons en Écosse pour leurs vacances de Pâques.

Ce que personne ne réalisait, c'est que le pauvre M. Wycherly ressentait sa perte de manière si poignante, manquait si cruellement la présence familière et bienfaisante, qu'il redoutait une expérience similaire pour les garçons qu'il aimait. Le « petit poussin » du temps de sa maîtresse avait toujours été un lieu de gaieté ordonnée, et M. Wycherly voulait que ce souvenir et aucun autre demeure dans l'esprit des deux garçons.

C'était très bien de faire remarquer aux voisins remontrances que mars et non mai est « le terme » en Angleterre ; qu'il ne déménagerait pas avant avril, et que ce moment coïnciderait juste avec leurs vacances et éviterait ainsi à Edmund et Montagu le très long voyage jusqu'à Burnhead. Aucune de ces deux raisons n'était la véritable raison.

Le « tout petit » lui était devenu intolérable. Heure après heure, il se retrouvait à attendre, écoutant toujours attentivement le pas léger et aimé ; pour le léger bruissement qui accompagne les mouvements gracieux et doux ; pour le son d'une vieille voix gentille et accueillante. Et il n'y eut aucun réconfort pour M. Wycherly, jusqu'au jour où, dans une lettre de Montagu à Winchester, il trouva ces mots : « Je suppose que maintenant vous allez retourner à Oxford. M. Holt pense que vous devriez le faire, et je suis sûr que tante Espérance J'aimerais bien. Elle a toujours dit qu'elle espérait que tu reviendrais quand elle ne serait plus là. On doit se sentir terriblement seul maintenant à Remote, et ce serait plus facile pour nous pendant les vacances.

"Je suppose que maintenant tu vas retourner à Oxford." Toute la journée, la phrase résonna dans la tête de M. Wycherly. Cette nuit-là, pour la première fois depuis sa mort, il dormit bien. Il rêva qu'il marchait avec Miss Espérance dans le jardin du New College, à côté des anciens murs de la ville, et qu'elle le regardait en souriant et lui disait : « C'est vraiment bon d'être ici.

Le lendemain, comme le dit Robina, la servante, « il prit le train » et, quatre jours plus tard, il revint annoncer qu'il avait loué une maison à Oxford et qu'il s'y rendait presque immédiatement.

* * * * *

Si la décision soudaine de M. Wycherly avait été prise principalement dans l'espoir d'épargner aux garçons la tristesse et le sentiment de deuil lors de leurs premières vacances sans leur tante, cet espoir s'est largement réalisé.

C'était une maison des plus charmantes : une très vieille maison de Holywell avec trois pignons reposant sur une poutre en chêne qui, à son tour, était soutenue par des corbeaux en chêne en forme de dragons et un démon rond et à l'air festif qui serrait néanmoins son remet "l'endroit où finit la cire de la poupée" comme s'il avait mal.

Deux des pignons possédaient de grandes fenêtres grillagées, mais le troisième était vide, ayant cependant une petite fenêtre sur le côté qui donnait sur la rue en direction de New College.

Au fond se trouvait un long jardin tortueux qui s'élargissait comme une raquette de tennis à l'extrémité.

Tout cela était très agréable et excitant pendant que les meubles étaient installés et que les trois restaient au King's Arms, au coin.

Edmund et Montagu prirent sur eux de déterminer où se trouvaient les meubles et rendirent les déménageurs presque distraits en suggérant au moins six positions pour chaque objet au fur et à mesure qu'il était transporté. Mais finalement, M. Wycherly fut obligé d'admettre qu'il y avait une certaine méthode dans leur apparente folie. Car à mesure que les pièces de Holywell se remplissaient, il constata que, compte tenu des différences de dimensions et, surtout, de l'irrégularité de leur forme, chaque grand meuble était placé par rapport au reste exactement comme il l'avait été dans le petit. chambres carrées à Remote.

Les garçons sont très conservateurs, notamment dans leur attachement au familier. Ils harcelaient et inquiétaient ce contremaître très patient jusqu'à ce que chaque pièce contienne exactement les mêmes meubles, ni plus ni moins, qui avaient, comme le disait Edmond, « vécu ensemble » dans la maison de leur tante.

Puis apparut un nuage à l'horizon. Lady Alicia, qui aimait arranger les choses pour les gens, avait très gentiment écrit à une de ses amies à Abingdon et, par son intermédiaire, avait engagé « une femme tout à fait compétente » pour « s'occuper » de M. Wycherly à Oxford.

" Elle peut se faire aider par une jeune fille si elle en trouve trop une fois que vous serez installés, mais vous devriez d'abord essayer d'en faire avec une ; pour un déménagement, et un tel déménagement, pourquoi ne pourriez-vous pas aller dans Édimbourg, si vous voulez la société ? — cela vous ruinera. Et, rappelez-vous, aucun domestique anglais ne se lave. »

"Oh, Lady Alicia, je suis sûr que vous vous trompez", s'est exclamé M. Wycherly, indigné par cette prétendue insulte envers ses compatriotes. "Je suis sûr qu'ils ont l'air encore plus propres et soignés que le Scotch."

"Béni soit cet homme ! Je ne parle pas d'eux-mêmes, je veux dire qu'ils ne feront pas la lessive, les vêtements, les draps et tout ; vous devrez l'éteindre ou demander à quelqu'un de le faire. ?"

"Il y a une pelouse", dit M. Wycherly d'un ton dubitatif, "c'est plutôt un jardin agréable."

"Y a-t-il un cuivre ?"

"Je vous demande pardon?" » répondit M. Wycherly abasourdi, pensant qu'il devait s'agir d'une « dépendance » d'un jardin dont il ignorait l'existence.

"Voilà, voyez-vous, il manque probablement des centaines de choses dans cette maison qui devraient s'y trouver. Vous feriez mieux d'éteindre le linge."

M. Wycherly se sentit et parut nettement soulagé. L'odeur de savon mouillé qui imprégnait Remote le lundi matin ne lui plaisait pas.

Et maintenant, quand tous les meubles étaient à leur place et les tapis posés ; lorsque la vaisselle, les casseroles et les poêles eurent été déballées par les déménageurs et déposées sur des étagères ; quand les lits étaient dressés et n'attendaient plus que leurs couvertures habituelles ; le jour même où la « femme tout à fait capable » devait venir prendre possession de tout cela, arriva à la place une lettre d'elle disant que « sa mère avait été prise mal du coup » et qu'elle ne pouvait pas quitter la maison. Elle n'a pas non plus suggéré de date dans un avenir proche à laquelle elle serait libre de venir. D'ailleurs, elle concluait cette désolante nouvelle par cette remarque : « Après y avoir réfléchi, je préférerais aller là où il y a une femme, j'espère donc que vous vous arrangerez en conséquence.

C'était un coup dur !

Ils ont trouvé la lettre dans la boîte de la nouvelle maison alors qu'ils s'y précipitaient immédiatement après le petit-déjeuner pour se réjouir de leurs biens.

Les volets de bois étaient fermés dans les deux salons du rez-de-chaussée ; trois personnes formaient une foule encombrée dans la petite entrée peu profonde, même si l'une des trois n'avait que dix ans. Ils traversèrent donc le salon et montèrent un escalier raide et en colimaçon jusqu'à l'une des deux grandes chambres de devant. Là, sous le soleil éclatant d'un matin d'avril, M. Wycherly a lu à haute voix cette inquiétante missive.

"Dérangez la mère de cette femme", s'écria Edmund qui n'était pas d'un caractère sympathique. « S'en passant complètement, Guardie. Nous pourrions prétendre que nous sommes les Robinson de la famille suisse et nous amuser terriblement. »

"Je crains", dit tristement M. Wycher, "de ne pas posséder personnellement l'ingéniosité de l'excellent père de cette famille des plus ingénieuses."

"Dois-je télégraphier à Lady Alicia ?" demanda Montagu, qui avait récemment découvert les joies du bureau télégraphique. "Elle pourrait faire venir son amie à Abingdon pour nous trouver orphelins."

"Non!" » répondit M. Wycherly avec décision. "Nous ne ferons pas cela. Nous devons gérer nos propres affaires du mieux que nous pouvons et ne pas harceler nos amis avec nos malheurs."

"Comment trouve-t-on des serviteurs ?" demanda Montagu.

Personne n'a répondu. Même Edmund, pour une fois, était perdu. Aucun des trois n'avait jamais entendu parler de la question des serviteurs. La vieille

Elsa avait vécu avec Miss Espérance depuis son enfance ; mourir comme elle avait vécu au service de sa maîtresse bien-aimée. Robina était venue lorsque les petits garçons avaient été ajoutés à la maison et était restée jusqu'au départ de M. Wycherly pour Oxford, lorsqu'elle avait finalement consenti à épouser « Sandie the Flesher », qui l'avait courtisée pendant neuf longues années.

M. Wycherly s'assit sur une chaise à côté de son lit, plongé dans ses pensées. Montagu se perchait sur la rampe au bout du lit et surveillait la rue depuis cette éminence. Comme il n'y avait ni rideaux ni stores à la fenêtre, sa vue était libre. Edmond se promenait dans la pièce avec ses mains jusqu'à ce qu'il rencontre une punaise que les hommes avaient laissée, puis il s'assit par terre en suçant bruyamment le membre blessé.

Il semblait que ses exercices de gymnastique avaient été mentalement stimulants, car il retira sa main de sa bouche pour dire :

"Qu'est-ce que 'Un bureau d'état civil haut de gamme pour les domestiques' ?"

M. Wycherly se tourna vers lui avec une certaine excitation.

"Je suppose qu'il s'agit d'un endroit où ils conservent les noms des désengagés dans leurs registres pour répondre aux besoins de ceux qui recherchent des serviteurs. Pourquoi ? En avez-vous vu un ?"

Edmond hocha la tête. "Hier, dans cette rue où vous êtes allé chez le libraire. Il y avait environ trois portes plus loin, une fenêtre sale avec un grillage et beaucoup de petites cartes avec "respectable" qui revenait encore et encore. Ils étaient tous "respectables", qu'ils soient ou non. pesais dix livres ou vingt-quatre. Je les ai lus en t'attendant.

"Cher moi, Edmund", s'exclama M. Wycherly avec admiration, "quel garçon observateur vous êtes. Je vais y aller immédiatement et me renseigner. En attendant, j'ose dire que nous pourrions faire venir une femme de ménage pour faire les lits. pour nous, et ainsi emménager demain comme convenu. Ils ne peuvent pas encore tous être très occupés car les hommes ne sont pas arrivés.

"Mais il n'y a que trois lits", objecta Edmund ; "elle ne peut pas les faire toute la journée."

"Elle peut sans aucun doute faire autre chose", a déclaré M. Wycherly avec optimisme; " Elle devra cuisiner pour nous et, " d'un geste de la main, " épousseter, vous savez, et peut-être nous aider à déballer certaines de ces caisses qui ne sont pas encore touchées. Il y a de nombreuses façons dont elle pourrait être le plus utile."

"Je préférerais l'avoir suisse", murmura tristement Edmund.

"On vient avec toi ?" » demanda Montagu, qui avait le sentiment indéfini que son tuteur ne devait pas être laissé seul à faire les choses.

"Non", dit M. Wycherly en se levant précipitamment. "Vous pourriez, si vous le voulez bien, trouver les cartons qui contiennent des couvertures et des draps et commencer à les déballer. J'irai immédiatement à ce bureau."

Il s'éloigna précipitamment, marchant d'un pas rapide à travers les rues ensoleillées, si étranges et pourtant si familières, jusqu'à ce qu'il arrive à la fenêtre au store grillagé qu'Edmond lui avait indiquée. Ici, il s'arrêta, fixa fermement ses lunettes sur son nez et lut les cartes exposées. Hélas! ils faisaient presque tous référence aux besoins des sans serviteurs, et deux seulement émanaient de servantes désireuses d'obtenir des situations. Parmi celles-ci, l'une était une nourrice et l'autre « comme une préadolescente », une espèce inconnue de M. Wycherly, et comme elle n'avait que quatorze ans, il ne laissa pas son esprit s'attarder sur ses possibilités.

Il ouvrit la porte et une sonnerie automatique retentit bruyamment. Il ferma la porte quand elle sonna de nouveau, à sa grande détresse. Il semblait faire tellement de bruit.

L'appartement était peu meublé, avec une grande table couverte de registres un peu fatigués ; deux chaises en rotin se tenaient devant la table, tandis que derrière elle se trouvait une chaise plus grande recouverte de cuir sur laquelle était assise une femme forte et formidable, qui regardait M. Wycherly plutôt que de le regarder alors qu'il s'approchait.

Elle était vraiment d'une grande corpulence, avec plusieurs mentons et ce que les couturières appelleraient « un beau buste ». Ses vêtements étaient apparemment extrêmement serrés, car chacun de ses mouvements était accompagné d'un grincement inquiétant. Ses cheveux étaient crépus jusqu'à ses sourcils clairs ; à l'arrière, il était tressé en tresses serrées. Elle regarda M. Wycherly avec de petits yeux hostiles.

Il avait enlevé son chapeau à l'entrée et se tenait devant elle, la tête blanche et digne, inclinée en signe de déférence envers elle, murmurant courtoisement : « Bonjour.

Comme elle ne répondait pas, il poursuivit : « J'ai besoin d'une cuisinière-ménagère compétente et j'ai pensé que peut-être... »

"Combien y a-t-il de serviteurs ?" » demanda-t-elle avec un feu et une soudaineté qui surprirent M. Wycherly.

"J'avais pensé essayer d'en faire un."

"'Combien de personnes dans la famille ?" et cette femme alarmante ouvrit devant elle un des livres et s'empara d'une plume. Il y avait dans son ton une suggestion si terrible : « Tout ce que vous direz sera utilisé contre vous », que lorsqu'elle trempa sa plume dans l'encre, M. Wycherly trembla positivement ; et saisit le dossier d'une des chaises en rotin comme support.

"Pendant la plus grande partie de l'année, je serai seul", dit-il plutôt tristement, "mais pendant les vacances, mes deux pupilles..."

"Mâle ou femelle?"

"Vraiment", remontra M. Wycherly, "qu'est-ce que cela a à voir avec ça ? En fait, mes pupilles sont des garçons."

Pendant tout ce temps, elle avait fait des écritures dans le grand livre ; maintenant elle leva les yeux pour tirer, brusquement comme auparavant :

"Les frais de réservation sont de un et six."

M. Wycherly sortit une poignée d'argent de sa poche, en récupéra la somme et la déposa sur le bureau. Elle du grand livre a ignoré l'offrande et a poursuivi son contre-interrogatoire :

"Quel salaire ?"

M. Wycherly invoqua mentalement une bénédiction sur la tête pratique de Lady Alicia en répondant avec désinvolture : « De vingt à vingt-cinq livres, mais elle doit être digne de confiance et capable.

"Quelles sorties ?"

Voilà un poseur ! Mais l'esprit combatif avait été éveillé chez M. Wycherly. Il ne voulait pas se laisser intimider par cette personne grosse et disgracieuse qui prenait ses dix-huit pence et qui jusqu'à présent n'avait fait que poser des questions, ne lui fournissant aucune information.

"Cela," rétorqua-t-il dignement, "peut être arrangé plus tard."

"Votre nom et adresse ?" » fut la question suivante, et lorsqu'il lui fournit cette information, en épelant soigneusement son nom, il fut inexprimablement peiné de constater qu'elle l'avait écrit comme « Witcherby », remarquant en même temps d'un ton grondant révélateur de mécontentement : « Très vieux... » " Les maisons, les escaliers les plus gênants, les plus pénibles... " Dans combien de temps voulez-vous un général ?

"Un quoi?" » demanda M. Wycherly, cette fois complètement intrigué.

"Une générale, c'est ce qu'elle est s'il n'y a plus de gardien. Vous n'aurez pas de cuisinière-ménagère à moins qu'elle ne prenne les repas avec vous et une petite fille pour faire les gros travaux."

"Elle ne peut pas prendre ses repas avec moi", s'écria M. Wycherly, cramoisi à cette seule pensée. "Ce serait très désagréable... pour nous deux."

"Alors comme je l'ai dit, c'est un général que tu veux."

« Et avez-vous dans vos livres une jeune femme sérieuse et respectable – de préférence une orpheline... » interpola M. Wycherly, se souvenant de la suggestion de Montagu, « qui pourrait venir nous voir immédiatement ?

— Non, pour ainsi dire, aujourd'hui, je ne l'ai pas fait ; mais ils arrivent souvent un lundi, et je vous le ferai savoir. Je pourrais l'envoyer ; ce n'est pas loin.

Le registre fut fermé avec fracas pour indiquer que l'entretien était terminé, et M. Wycherly sortit dans la rue avec un front chauffé et le sentiment que, malgré son héroïsme à braver une personne aussi terrible, il n'était pas beaucoup plus loin dans sa quête. « Lundi, disait-elle, se répétait-il, et aujourd'hui nous ne sommes que jeudi.

Lorsqu'il revint à Holywell, les garçons se tenaient devant la porte d'entrée à sa recherche. Ils se précipitèrent vers lui en s'écriant en chœur ravi : « Nous avons une femme. Nous avions pensé la demander aux Armes du Roi, et ils nous en ont parlé.

"Quoi ? Un serviteur ?" » demanda M. Wycherly avec une joie incrédule.

"Non, non, un corps de jour. Les bottes la connaissaient ; elle habite Hell Lane, juste en face."

"Edmond !" M. Wycherly a protesté. "Mais comment as-tu trouvé ce nom ?"

« Houl ! » répondit Edmond. "Tout le monde l'appelle ainsi. Elle s'appelle Griffin et elle arrive immédiatement. En avez - *vous* un ?"

"Non", a déclaré M. Wycherly, "pas encore. Les garçons, c'est une recherche des plus ahurissantes. L'un de vous peut-il me dire depuis quand les servantes ont pris l'habitude de se donner le nom d'officiers de l'armée ? La personne plutôt alarmante en charge de ce bureau m'informe que ce dont nous avons besoin, c'est d'un « général ». Pensez-vous que si nous avons besoin d'une jeune servante pour l'aider, nous devrons demander un « sous-lieutenant » ? »

— Peut-être qu'on les appelle généraux quand ils sont vieux, dit pensivement Montagu ; « à ce rythme-là, nous devrions appeler Mme Griffin un feld-maréchal. Elle est assez vieille, je peux vous le dire, mais elle est très agréable.

"Probablement", a déclaré M. Wycherly, "avec le temps, ils se lasseront de l'armée et adopteront la nomenclature des universités. Nous aurons alors des prévôts, des doyens et des directeurs. Mais je suis heureux que vous ayez été plus plus de succès que moi. Je suis convaincu que nous pourrons nous débrouiller avec Mme Griffin jusqu'à ce que nous ayons notre propre femme de chambre.

"Je pense que ce corps avec la mère était méchant", a déclaré Edmund; "Elle n'a même pas dit qu'elle viendrait dès qu'elle le pourrait. Mais je pense que le Griffon sera amusant, et si elle ne peut pas tout faire, nous demanderons à la Simili-Tortue de l'aider."

"Est-ce que c'était du très haut de gamme, ce registre ?" il a continué; "ça n'avait pas l'air génial dehors."

"Je ne peux pas juger de sa classe, je ne suis jamais allé dans un tel endroit auparavant et j'espère sincèrement que je ne serai jamais appelé à y retourner, car c'est une sorte d'inquisition, et ils écrivent vos réponses dans un livre. Une expérience horrible." Et M. Wycherly frémit.

À ce moment-là, ils étaient arrivés à la maison et il était assis, épuisé, dans son fauteuil, dans sa propre salle à manger. Les garçons avaient ouvert les volets et les battants et, malgré une épaisse couche de poussière partout, l'endroit semblait confortable et confortable.

" *Richement* construit, jamais de pincement " est aussi vrai des anciennes maisons d'Oxford que de ses collèges. Il semblait y avoir une affinité mystérieuse entre les vieux meubles étranges de Remote et cette pièce infiniment plus ancienne. Le canapé en crin de cheval aux pieds bandés et au siège glissant qui se dressait en travers du foyer sans feu n'était en rien en désaccord avec la belle cheminée en pierre et la tablette de cheminée peu profonde.

M. Wycherly examinait la scène avec des yeux gentils et satisfaits ; Il ne se rendait pas non plus compte alors que ce qui rendait tout cela si attachant et si familier était le fait que sur le canapé en crin de cheval était affalé — « assis » est un mot bien trop convenable — un garçon vif de dix ans, aux cheveux jaunes et bouclés. des cheveux et un beau visage rose d'où de francs yeux bleus regardaient un monde qui, jusqu'à présent, contenait peu de choses qu'il ne considérait pas à la lumière d'une aventure.

En équilibre sur le bord de la table – encore une fois « assis » n'est pas descriptif – un autre garçon balançait ses longues jambes tandis que ses mains étaient plongées au fond des poches de son pantalon. C'était un garçon grand et mince, avec des yeux sombres et graves, de longs cils et doux, et un front d'érudit.

Montagu, presque quatorze ans, venait d'atteindre l'âge où les vêtements paraissent toujours un peu petits, les manches courtes, ainsi que les pantalons

: où les poignets sont rouges et envahissants et où les cheveux au sommet de la tête se dressent droit.

Aucun des garçons ne restait assis en place, sauf en lisant. Alors Montagu, en tout cas, fut perdu pour le monde. Ils parlaient souvent fort et en même temps, et étaient bruyants, gais et agités, comme c'est l'habitude de leur espèce saine.

D'étranges compagnons, vraiment pour un érudit reclus ! Pourtant, les garçons étaient absolument à l'aise et intrépides avec leur tuteur.

Avec lui, ils étaient encore plus naïfs et naturels qu'avec des camarades d'école de leur âge. Leur affection pour lui faisait littéralement partie de leur caractère et, dans le cas de Montagu, passionnément protectrice. L'aîné avait déjà réalisé à quel point M. Wycherly était singulièrement inapte, tant par son tempérament que par ses habitudes, à affronter des difficultés pratiques.

"Ah, j'ai terriblement faim", dit Edmund à présent, dans le dorique le plus large.

"Edmund", remarqua son tuteur, "j'ai remarqué à plusieurs reprises depuis ton retour de l'école que tu persistes à parler exactement comme les paysans de Burnhead. Pourquoi ?"

"Eh bien, tu vois, Guardie, d'abord j'ai peur de l'oublier. Et puis, tu sais, ça amuse les gars. *Ils* l'admirent beaucoup."

"Mais vous ne l'avez jamais fait en Écosse", a postulé M. Wycherly.

"Oh, n'est-ce pas. Pas à toi et à tante Espérance, peut-être, mais tu aurais dû m'entendre quand je suis sorti———

"Je n'aime pas ça, Edmund, et je me demande si tes maîtres ne t'ont pas trouvé à redire."

"Ils pensent que je ne peux pas m'en empêcher, et ça les fait rire – vous devriez m'entendre dire ma collection exactement comme Sandie Croall…"

"En effet, je ne souhaite rien entendre de tel", a déclaré M. Wycherly dans un reproche digne. "Je ne vois pas pourquoi vous devriez copier les classes inférieures dans votre façon de parler."

"Je suis un Bethune," répondit Edmund d'une voix offensée. "Je *veux* que les gens sachent que je suis écossais."

"Votre nom suffit amplement à les en assurer", a soutenu M. Wycherly, "et vous pouvez me croire que les messieurs écossais ne parlent pas du tout comme Sandie Croall."

À ce moment précis, Edmond était occupé à faire un saut de main sur le bout du canapé, aussi s'abstint-il de répondre. Le fait était que, comme l'immortelle « Christina McNab », Edmund avait, au début de sa carrière scolaire, décidé qu'être simplement « écossais » était ordinaire et sans intérêt, mais qu'être « d-d Scotch » était à la fois distingué et amusant. et il atteignit rapidement une popularité et même une certaine éminence parmi ses camarades d'école lorsqu'il persistait à répondre à chaque question avec une largeur de voyelle et une multitude de « r » caractéristiques de ceux que M. Wycherly appelait « la paysannerie de Burnhead ». De plus, il utilisait de nombreux adjectifs simples et expressifs qui furent saisis par ses compagnons comme une forme d'argot nouvelle et sonore. Au total, Edmund était une réussite sociale dans le monde scolaire. Son rapport n'était pas tout à fait aussi enthousiaste, mais, comme il le fit remarquer avec philosophie à Montagu, "ce serait monotone pour Guardie si nous avions tous les deux de bons rapports, et le vôtre fait de vous un craintif suffisant."

Sur quoi Montagu châtia convenablement son jeune frère avec une pantoufle, et le sujet fut reporté au prochain débat.

Bientôt, un doux petit tintement retentit de la sonnette de la porte latérale.

"Ce sera le Griffon", s'écria joyeusement Edmund; "Je vais lui ouvrir."

C'était le *Griffin* , et leurs ennuis commencèrent pour de bon.

CHAPITRE II

LA MAISON D'EN FACE

« Toujours sur la flèche, les pigeons voltigent ;

Toujours près de la porte, la robe flotte ;

Toujours dans la rue, d'encorbellement et de gouttière,

Des visages de pierre baissent les yeux.

Des visages de pierre et d'autres visages...."
À QUILLER-COUCH.

Mme Griffin ne ressemblait pas du tout à son nom. C'était une petite femme fainéante, reniflante et désolée, qui, chaque fois qu'une suggestion était faite, acquiesçait toujours avec un enthousiasme haletant, haletant : « Oui, *monsieur* ;

Ce soir-là, ils dînèrent pour la dernière fois au confortable King's Arms et emménagèrent le lendemain après le petit-déjeuner. Mme Griffin ne brillait pas en tant que cuisinière. Leur premier repas consistait en des côtelettes brûlées, noires à l'extérieur et violettes en colère à l'intérieur, des pommes de terre aqueuses et un chou-fleur pierreux. Cela a été suivi d'une substantielle boulette de pommes dont la pâte ressemblait fortement à des caramels dans sa consistance, tandis que les pommes à l'intérieur étaient assez dures. Même la sauce blanche grumeleuse qui avait principalement un goût de farine crue n'en faisait guère un plat appétissant.

Elle avait, il est vrai, sur ordre de M. Wycherly, allumé du feu dans les quatre pièces de devant. Les chambres étaient situées au-dessus des deux salons et, comme elles, étaient lambrissées, de forme irrégulière, assez grandes, claires et bien proportionnées, chacune avec de larges fenêtres à battants. À l'exception du bureau, chaque pièce de la maison avait au moins deux portes, et entre les deux chambres de devant, il y en avait encore une autre, dans un charmant renfoncement en forme de passage. Dans le bureau de M. Wycherly, qui se trouvait au premier étage à l'arrière – avec une haute fenêtre en oriel donnant sur le jardin – aucun feu n'avait encore été allumé, car ses livres n'étaient pas déballés mais se trouvaient dans de grandes caisses en bois, empilées. contre le mur, les uns sur les autres, trois en profondeur. Des brins de paille et des morceaux de papier traînaient encore ; et lorsqu'il s'agissait de ses livres, M. Wycherly était très pratique.

Pendant la journée, Mme Griffin, comme elle le disait, « balayait les débris » dans les autres pièces (M. Wycherly fermait le bureau et portait la clé) et se portait volontaire pour sortir et « entrer dans certains magasins » pour le week-end. demain. Il accepta cette offre avec gratitude, lui confiant à cet effet quelques souverains. Cela lui prit tout l'après-midi, et elle semblait avoir fréquenté diverses boutiques, car M. Wycherly, qui restait dans la maison pour s'en occuper, était occupé à répondre à la porte latérale et à recevoir des colis.

Il avait envoyé les garçons explorer Oxford. Ils trouvèrent la rivière et ne revinrent qu'à l'heure du thé, un repas dont les principales caractéristiques étaient du thé noir et amer et du beurre curieusement mauvais.

Ils soupaient avec de la langue en conserve et du pain sec, et même les garçons étaient heureux de se coucher tôt dans leur grande nouvelle chambre.

La veille du départ de M. Wycherly pour l'Angleterre, le ministre est venu le voir. Au début, ils parlèrent du déménagement ; d'Oxford; du grand changement que cela apporterait dans la vie des trois personnes les plus concernées. Ensuite, il s'est rendu compte à M. Wycherly que M. Gloag était là dans un but spécial et il a eu du mal à en venir au fait.

Finalement, il le fit ; s'éclaircit la gorge, regarda son hôte durement, puis dit gravement : « J'espère que vous comprenez pleinement qu'en assumant la tutelle exclusive de ces deux garçons, vous devez poursuivre l'excellente formation religieuse que leur a donnée Miss Espérance. pause, pas de retard spirituel...."

"Je vous assure", intervint M. Wycherly, "que la formation religieuse ne manque pas dans nos écoles anglaises ; elle en constitue une grande partie..."

"C'est bien vrai", interrompit le ministre. "C'est la formation religieuse à la maison à laquelle j'ai fait référence, et c'est elle qui compte le plus après la vie. Par exemple, Miss Espérance ne lisait-elle pas quotidiennement la Bible avec ces garçons lorsqu'ils étaient avec elle ?"

"Je crois qu'elle l'a fait", répondit docilement M. Wycherly.

"Eh bien, qu'est-ce qui vous empêche de faire de même et de continuer ainsi son travail ?"

"Je ferai de mon mieux."

"N'oubliez pas", dit le pasteur, "qu'il nous est demandé de sonder les Écritures, et que les jeunes ne sont généralement pas très enclins à le faire de leur propre gré."

"C'est vrai", acquiesça M. Wycherly, souhaitant de tout son cœur que ce soit le cas, car il ne serait alors pas obligé d'intervenir.

"Alors je peux compter sur toi ?" a demandé le ministre.

"Comme je l'ai déjà dit, je ferai de mon mieux", a déclaré M. Wycherly, mais il n'a fait aucune promesse.

Et maintenant, alors qu'il était assis dans sa salle à manger poussiéreuse, Mme. Les soins de Griffin se limitaient aux "morceaux" et ne s'étendaient pas aux meubles. Ce jour-là, le premier soir dans leur nouvelle maison, il entendit les pas trottiner au-dessus de sa tête alors que les garçons se préparaient à aller au lit, et les paroles du ministre lui revinrent. à lui. « Il a raison, pensa-t-il, c'est ce qu'elle aurait souhaité » et, comme il était, il monta à l'étage.

Leur chambre était dans un état de confusion terrible, car tous deux avaient commencé à déballer leurs affaires et en avaient assez. Ainsi, les vêtements étaient éparpillés sur chaque chaise et sur la majeure partie du sol. Il y avait plein d'endroits pour ranger les choses ; toutes les vieilles « presses » et armoires profondes étaient venues de Remote, et la maison regorgeait de splendides placards ; mais jusqu'à présent, personne n'avait jamais rien rangé, et M. Wycherly se demandait péniblement comment il se faisait que Remote ait toujours été une maison aussi ordonnée.

Il s'assit sur le lit d'Edmond. "Les garçons," dit-il, "vous lisiez toujours avec Miss Espérance, n'est-ce pas ?"

"Oui, Guardie", répondit Montagu ; puis, comprenant aussitôt, il ajouta doucement : « Veux-tu qu'on le fasse avec toi ?

"Je devrais", dit M. Wycher avec gratitude; "Nous lirons chacun une partie de la Bible chaque jour, et j'aimerais commencer maintenant. Pouvez-vous trouver vos Bibles ?"

Cela a nécessité beaucoup de recherches et de dispersion des vêtements, mais finalement les Bibles scolaires ont été découvertes.

"Commençons par le tout début", suggéra Edmund, "puis cela nous prendra des années et des années pour le faire seulement pendant les vacances."

"Oh, mais nous lirons petit à petit", dit Montagu, qui n'aimait pas les méthodes mesquines en matière de livres. "En fait, cela ne prendra pas si longtemps."

"Eh bien, de toute façon, Guardie, nous pouvons rater les 'engendrés', n'est-ce pas ? et les 'qui ont fait le mal en vue'," dit Edmund d'un ton suppliant.

"Nous verrons quand nous les rencontrerons", a répondu M. Wycherly. "Qui va commencer ?"

Edmond choisit de commencer et de lire le chapitre I de la Genèse.

Montagu a lu le chapitre II. et M. Wycherly Chapitre III.; mais il s'y intéressa et passa au chapitre IV. Il venait juste d'arriver au verset : « *Et Caïn parla avec Abel, son frère : et il arriva qu'ils étaient dans les champs, que Caïn se leva contre Abel, son frère, et le tua* », lorsque le livre fut retiré. doucement par une petite main sale, "Merci, Guardie, chérie," dit gentiment Edmund, "Je ne veux pas te fatiguer, et tu sais que nous n'avons jamais fait plus d' *un* chapitre avec tante Espérance. Un entre les trois de nous!"

"Je sympathise toujours avec Caïn", remarqua pensivement Montagu. "Je suis parfaitement certain qu'Abel était un type instructif, lui disant toujours que s'il ferait les choses autrement, ce serait mieux. Les jeunes frères sont comme ça," ajouta-t-il ostensiblement en regardant Edmund.

"Cette vision de l'affaire ne m'a jamais frappé", a déclaré M. Wycherly.

"Cela me frappe toujours à chaque fois que je l'entends", a déclaré Montagu avec amertume. "C'est exactement ce que fait Edmund. Il me fait me sentir terriblement Caïn parfois, je peux vous le dire ; il me dit toujours que je devrais tenir une batte de cette façon, ou je sauterais plus loin si je décollais de cette façon, ou quelque chose comme ça."

"Eh bien, vous êtes un si vieux fou", s'écria Edmond avec une parfaite bonhomie. "Tellement lent."

"Je fais les choses différemment de toi, mais je fais la plupart d'entre elles aussi."

"Alors tu devrais, tu es tellement plus âgé."

"Raison de plus pour que tu te taises."

La conversation menaçait de devenir acrimonieuse, alors M. Wycherly intervint en demandant doucement : « Y a-t-il quelque chose que l'un de vous aimerait que j'explique ?

"Oh, mon Dieu, non," s'exclama chaleureusement Edmund. "Pas avant que nous arrivions à l'Apocalypse. Ensuite, ce n'est que des explications. Il faut une heure à M. Gloag pour expliquer un petit verset, donc je crains que nous ne puissions faire qu'un mot à la fois."

"Mais vous ne devez pas vous attendre à ce que je sois capable d'expliquer les choses aussi complètement que M. Gloag, qui est un théologien de formation", s'écria M. Wycherly avec consternation.

"Nous ne devrions pas *aimer* que vous soyez aussi long que M. Gloag, cher Guardie ; nous ne devrions pas aimer ça du tout," répondit Montagu d'un ton rassurant.

Sur quoi, très soulagé, M. Wycherly souhaita bonne nuit à ses pupilles et redescendit où il resta assis pendant un long moment, réfléchissant à l'opinion de Montagu sur le premier fratricide. « Il me semble, se dit-il, que c'est moi qui recevrai l'illumination.

Cela faisait trois jours qu'ils n'étaient pas « entrés chez eux », comme le disait M. Wycherly, et pendant ce temps, la cuisine de Mme Griffin ne s'était pas améliorée. La maison n'était pas non plus devenue moins poussiéreuse ni plus rangée. C'était l'après-midi, vers cinq heures, et ils s'assirent pour prendre le thé ; un thé singulièrement peu appétissant.

De l'argenterie tachée, des tasses et des assiettes portant toutes l'empreinte du pouce de Mme Griffin, deux assiettes de pain et de beurre épais et une boîte de pâte bouffie étaient placés sur une nappe sale. Ni M. Wycherly ni les garçons n'aimaient la pâte anti-ballonnements, mais Mme Griffin l'aimait. C'est pourquoi il a honoré la fête.

Edmond en avait assez des mauvais repas. La nouveauté, ce qu'il appelait d'abord la « suisse », s'estompait, et alors qu'il prenait place à table cet après-midi, une image vivante de la table à thé de Remote lui vint à l'esprit. Tante Espérance assise, gentille et souriante, derrière la théière en argent brillant qui reflétait de si drôles de petits garçons ; la nappe blanche, très blanche – tante Espérance était si exigeante en matière de nappes – chargée de scones, de si bons scones, simples et groseilles ! Sablés dans une corbeille à gâteaux en argent ; et de la confiture, des plats en cristal pleins de confiture, de deux sortes, couleur topaze et rubis.

D'une manière ou d'une autre, la vue de cette horrible boîte de pâte bouffie évoquait une vision poignante et béate de la confiture. C'est le jam qui a brisé Edmund.

Il poussa un sanglot sec, posa ses bras sur la table et sa tête sur ses bras, en gémissant : "Oh, chérie ! oh, chérie ! J'aurais aimé que tante Espérance ne parte pas et ne meure pas."

M. Wycherly sursauta, l'air douloureusement affligé. Montagu courut vers son petit frère et passa son bras autour de son épaule, tout en murmurant à son tuteur : « C'est le beurre, il est vraiment très mauvais.

"Tout va mal", se lamenta Edmund; "Nous allons tous mourir de faim si cela continue. Un matin, ce corps qui fait le lit entrera et elle trouvera trois squelettes. Je sais qu'elle le fera."

M. Wycherly se rassit. "Edmond, mon cher petit garçon," dit-il d'une voix brisée, "je suis vraiment désolé, je n'aurais pas dû t'amener ici encore..."

"Regarde, regarde le pauvre Guardie", murmura Montagu.

Edmond leva la tête.

« Voudriez-vous que je télégraphie à Lady Alicia et lui demande de vous avoir pour le reste des vacances ? Je sais qu'elle le ferait, et d'ici peu, sûrement, d'ici peu, nous trouverons quelqu'un de moins incompétent que ça... que Mme Griffin.

Edmund se dégagea du bras de son frère et se jeta littéralement sur son tuteur en s'exclamant avec véhémence : "Non, non, je veux rester avec toi. C'est tout aussi mauvais pour toi."

C'était pire, car M. Wycherly ne pouvait pas restaurer la nature épuisée avec des approvisionnements généreux en gâteaux et petits pains Banbury. Au cours des trois derniers jours, il n'avait presque rien mangé et était en outre très préoccupé par le fait que les garçons ne recevaient certainement pas de nourriture convenable. Il serait retourné avec eux au King's Arms dès qu'il aurait découvert à quel point les pouvoirs de Mme Griffin étaient extrêmement limités s'il n'avait pas reçu à ce moment-là la facture des déménageurs et, comme Lady Alicia l'avait prévenu, elle était très lourde. .

Il était venu prendre le thé avec un chagrin d'amour cet après-midi-là, car Mme Griffin l'avait informé une demi-heure auparavant qu'elle ne pourrait pas venir le lendemain ; de sorte que maintenant même sa pauvre aide serait perdue pour eux. Elle allait, dit-elle, chez sa « belle-sœur » à Abingdon pour dimanche, car elle avait besoin de repos.

"Tant de cuisine et de ménage, c'est ce à quoi je ne suis pas habitué; non, pas si jamais cela a été le cas; et je ne peux pas continuer longtemps d'affilée. Je viendrai lundi juste pour obliger." si c'est le cas, soyez comme je le fais.

"J'aurais aimé que vous me le disiez plus tôt", remontra M. Wycherly, "alors peut-être aurais-je pu obtenir de l'aide pour demain ailleurs."

Mais ce qu'ils devaient faire le lendemain ne concernait pas Mme Griffin. C'était un endroit facile et lucratif et elle ne voulait aucun intrus. Mais elle voulait aussi sortir à Abingdon, et elle y allait.

M. Wycherly versa le thé noir et Edmund attaqua un morceau de pain et de beurre.

Les rideaux en reps rouge de la salle à manger de Remote étaient accrochés dans la salle à manger d'Oxford, mais ils ne protégeaient en aucun cas ses occupants du regard du public, sauf lorsqu'ils étaient tirés la nuit. La maison se trouvait directement sur le trottoir ; même un petit enfant pouvait voir à l'intérieur, et bon nombre d'entre eux profitaient de ce privilège.

Au-dessus de cette pièce se trouvait la chambre des garçons. Ici, il n'y avait pas de « luminaires » sur lesquels suspendre des rideaux, et aucun des trois plus concernés ne se rendit compte non plus que les stores ou les rideaux étaient une nécessité immédiate. Ils avaient tous vécu dans une maison si éloignée des autres maisons (comme son nom l'indiquait) que l'éventualité de voisins indiscrets ne leur était jamais venue à l'esprit et il ne leur était jamais venu à l'esprit de s'inquiéter de ceux de l'autre côté de la route.

À ce moment-là, Mme Griffin apporta une note qu'elle tenait délicatement entre son doigt et son pouce, remarquant qu'elle provenait de « la dame qui vit hopposite ».

M. Wycherly l'ouvrit précipitamment, constata qu'il avait égaré ses lunettes et le tendit à Montagu pour qu'il le lise.

Edmund s'est immédiatement précipité pour aider Montagu, pensant qu'il s'agissait probablement d'une invitation, et Edmund aimait les invitations.

Montagu l'a lu lentement et de manière impressionnante comme suit : -

"CHER MONSIEUR,

"Je pense qu'il est juste de vous informer que je peux voir les jeunes messieurs faire leurs ablutions et s'habiller et se déshabiller aussi bien lorsque la lumière est allumée que le matin. Une telle publicité est des plus pénibles, et j'ose suggérer que les stores ou les rideaux devraient être apposé dans leur chambre sans délai.

"Cordialement votre,

"SÉLINA BROOKS."

M. Wycherly se laissa tomber sur sa chaise avec un gémissement. "J'ai complètement oublié les rideaux et les stores", s'est-il exclamé avec un amer reproche. " Il n'y en a pas non plus dans ma chambre ; pensez-vous que les gens de la maison voisine puissent *me voir* ? "

"Bien sûr !" s'écria joyeusement Edmond ; " ils écriront ensuite qu'ils peuvent voir un *vieux* monsieur " faire ses ablutions " ; mais je ne vois pas comment ils font car nous nous lavons tous dans la salle de bain, et c'est au fond. Je suppose qu'ils nous voient se laver les dents et se raser. Je me demande si c'est plus déprimant ou si cela ne les dérange pas trop ?

"Mais que pouvons-nous faire?" S'exclama M. Wycherly avec désespoir. "Nous sommes déjà samedi soir et nous devrions avoir des stores ou quelque chose comme ça maintenant, ce soir. Au fait, comment font-ils pour réparer les stores ?"

Montagu alla se placer à la fenêtre et examina d'un air sombre les maisons d'en face.

"On ne voit rien dans sa maison", dit-il tristement. " Il y a des rideaux blancs à volants en bas et un objet droit juste en face des fenêtres à l'étage, et un miroir dans une fenêtre montre juste au-dessus de l'objet droit. Vous avez ça, vous savez, pour vous raser ; nous pourrions y mettre le nôtre aussi. ; ça se remplirait un peu. C'est contre le mur en ce moment parce qu'on aimait voir dehors."

"Oh ! ils jetteraient juste un coup d'oeil autour", dit Edmond. "Nous ferions mieux de clouer un drap pour ce soir."

"Mais ça n'a pas l'air drôle vu de l'extérieur ?" Montagu s'y est opposé.

"Pas aussi drôle que de sauter partout sans rien", rétorqua Edmund.

M. Wycherly était assis, les coudes sur la table, la tête dans les mains : « Les garçons, les garçons, il est épouvantable qu'au tout début nous ayons scandalisé un voisin et que nous soyons devenus une nuisance.

"Ce n'est pas une nuisance, Guardie", remontra Edmund; "Elle a dû *aimer* nous regarder, sinon elle ne l'aurait pas fait. Si Mme Thingummy était restée derrière ses propres rideaux, elle n'aurait pas pu nous voir si clairement."

Ici, Mme Griffin frappa de nouveau à la porte, l'ouvrit d'environ trois pouces et appela : « Une dame pour vous voir, monsieur.

"Ce sera à toi de venir te plaindre," murmura Edmund à son tuteur distrait.

« Est-ce que je vous interromps ? Puis-je entrer ? » demanda une voix extrêmement agréable, suivie par une jolie et aimable jeune femme, plutôt surprise de son accueil.

Ce qu'elle a vu était un beau vieux monsieur aux cheveux blancs assis à une table, dos à la lumière. De chaque côté de lui se trouvaient deux garçons qui la regardaient avec des regards sombres et suspicieux, et sur leurs visages la consternation et la consternation étaient écrites en grand, tandis que le visage d'Edmund était à la fois taché de larmes et extrêmement sale.

M. Wycherly se leva précipitamment à son arrivée.

La jolie Mme Methuen, épouse de l'un des plus jeunes maîtres d'Oxford, n'était pas du tout habituée aux manifestations autres que celles du plaisir à son approche, et elle s'arrêta brusquement juste devant la porte pour dire de manière assez incohérente :

"C'est peut-être trop tôt ; cela peut être gênant, mais mon mari m'a demandé d'appeler directement à votre arrivée pour voir si je pouvais lui être utile... Il pêche toujours dans le Hampshire, et en passant, j'ai vu que vous étaient là."

M. Wycherly lâcha la table qu'il avait saisie nerveusement et s'avança pour lui serrer la main tendue. Montagu lui sortit une chaise.

"Je vous en prie, soyez assis", a déclaré M. Wycherly. "C'est très gentil de votre part d'appeler... Ce sont mes pupilles."

La dame prit la chaise offerte et serra la main des garçons, qui avaient toujours l'air dubitatifs, bien qu'Edmund fût clairement attiré.

Sur le visage doux et érudit de M. Wycherly, la perplexité avait du mal à percer le masque d'intérêt poli à travers lequel il regardait son visiteur.

"Vous venez juste d'arriver, n'est-ce pas ?" elle a demandé.

" Cela fait trois jours que nous habitons la maison, mais nous sommes loin d'être bien installés ; notre domestique n'est pas encore arrivé... "

"Et nous continuons à découvrir des choses que nous n'avons pas", interpola Edmund.

"Nous espérons être un peu plus installés avant le début du mandat", a poursuivi M. Wycherly, ignorant Edmund.

"As-tu réussi à obtenir tout ce que tu voulais ?" demanda la dame. "Si vous avez besoin d'informations sur les meilleurs magasins... ou sur les gens qui font les choses..."

"Renseignez-vous sur les stores !" murmura l'irrépressible Edmond.

"Vous êtes très gentil", commença M. Wycherly, ignorant à nouveau son jeune pupille, "mais..."

" M. Wycherly, " dit soudain la dame, " je ne crois pas que vous ayez la moindre idée de qui je suis. La femme ne m'a-t-elle pas annoncé ? Mon mari est Westall Methuen, fils de votre vieil ami, et mon père. -beau-frère m'a écrit en me disant que je devais en être sûr et appeler directement à votre arrivée au cas où je pourrais être utile."

"J'ai honte de dire", répondit M. Wycherly sur un ton plein d'excuses courtoises, "que si Mme Griffin a annoncé votre nom, je ne l'ai pas compris. Je vous assure..."

"Elle n'a jamais prononcé de nom, juste 'une dame'," l'interrompit de nouveau Edmund, "et nous avons pensé que vous deviez être *elle* ."

"Est-ce que vous vous attendiez à quelqu'un d'horrible au point que vous aviez tous l'air si horrifiés quand je suis entré ?" » demanda Mme Methuen avec le rire dans les yeux alors qu'elle se tournait vers Edmund comme étant de toute évidence le plus communicatif de la fête.

"Eh bien, nous avons pensé qu'il était très probable que vous soyez venu vous plaindre," continua Edmund, "et c'est toujours plutôt bestial."

Mme Methuen ne possédait pas six frères sans être familiarisée avec de telles possibilités. Elle n'a pas insisté pour obtenir une explication, mais a changé de sujet avec tact. Elle n'était pas non plus dans la pièce depuis cinq minutes avant de découvrir que les hommes et les garçons étaient tous également incapables de commencer à faire le ménage et que tout était dans un état désespérément inconfortable. Elle-même avait été dans une « salle ». Elle connaissait le type de Mme Griffin, et la table à thé elle-même racontait sa propre histoire lamentable. Elle était jeune, généreuse et énergique ; elle n'était pas non plus à Oxford depuis assez longtemps pour parvenir à l'indifférence à l'égard des affaires des étrangers qui caractériserait, dit-on, les habitants de cette ville. Elle leur a donc immédiatement demandé de déjeuner tous les trois le lendemain, et elle n'a accepté aucun refus ; et elle suggéra en outre que les garçons reviennent avec elle sur-le-champ afin qu'ils sachent où venir.

Les garçons furent charmés et tous trois partirent dans la rue, tandis que M. Wycherly les observait depuis la porte d'entrée jusqu'à ce qu'ils tournent au coin de Mansfield Road. Il monta à son bureau inexplicablement acclamé et réconforté.

« Après tout, réfléchit-il, je pourrais demander conseil à cette charmante jeune femme si nous tombons dans un dilemme sérieux. Elle a l'air si extrêmement alerte et capable. Néanmoins, nous devons essayer de gérer nos propres affaires sans harceler de bons amis. aidez-nous. »

Il oublia complètement les fenêtres sans rideaux et se mit à déballer la grande caisse marquée « Auteurs latins antérieurs » qui se tenait seule près de la porte.

Mme Methuen prit Edmund par le bras et lui demanda confidentiellement : « Maintenant, quel mal aviez-vous fait quand je suis entré ? De quoi vous attendiez-vous à ce que les gens se plaignent ? Ne me dites pas si vous préférez ne pas le faire, mais je j'en sais beaucoup sur les garçons et je pourrai peut-être vous aider.

"Ce n'était pas nous," répondit Edmund très sérieusement. "C'était Guardie. Il avait peur qu'ils grognent. Le nôtre s'était déjà plaint."

"M. Wycherly!" répéta Mme Methuen avec étonnement. "Oh, c'est absurde ! Je suis parfaitement sûr qu'il ne ferait jamais quelque chose dont quelqu'un pourrait se plaindre."

"Pas volontairement", dit Montagu, qui commença à penser qu'il était temps de prendre une petite part à la conversation, "mais, voyez-vous, les gens de cette ville semblent plutôt vexés à propos des rideaux, des stores et autres, et nous avons toujours vécu à la campagne, où personne ne pouvait voir, donc nous n'y avons jamais pensé. Nous étions si fiers d'avoir la lumière électrique aussi, mais maintenant il semble que nous aurions été mieux avec juste des bougies, pour alors, peut-être, Miss Selina. Brooks n'aurait pas écrit pour se plaindre. Nous ferions mieux de nous coucher dans le noir ce soir. »

"Mais tu veux me dire que quelqu'un a écrit pour se plaindre de pouvoir te voir ?"

"Oui, elle l'a fait", cria Edmond. " " Faire nos ablutions " et " c'était très déprimant ", et Guardie pense que la dame de la maison en face de lui écrira ensuite - vous voyez, il y a deux maisons en face de nous ; nous sommes un peu entre elles, et on peut voir directement dans notre chambre et l'autre directement dans la sienne ; mais son lit est dans un renfoncement profond, alors peut-être qu'il n'était pas si déprimant. "

Mme Methuen restait immobile au milieu de la route, apparemment incertaine si elle devait rire ou pleurer. Finalement, elle rit, mais sa voix n'était pas très ferme lorsqu'elle dit : « Oh, pauvre cher M. Wycherly ; quelle horreur !

" Oh, pensez-vous, " s'écria Montagu, " que vous pourriez nous dire où nous pourrions acheter des stores ou quelque chose comme ça maintenant, ce soir ? De telles choses l'inquiètent tellement, puis il se blâme et se souvient que tante Espérance est absente, et c'est si triste d'une manière ou d'une autre. Vous voyez, elle a toujours fait tout comme ça.

"Mais c'est précisément pour cela que je peux aider", s'écria cette gentille et compréhensive jeune femme, et cette fois elle prit le bras de Montagu, de sorte qu'ils étaient tous les trois liés ensemble en toute confiance. "N'avez-vous pas ramené de rideaux d'Ecosse ?"

"Je ne sais pas ce que nous avons apporté. Il y a des cartons et des cartons qui n'ont pas encore été déballés. Peut-être que ce sera mieux quand le domestique viendra, mais on n'a jamais vu une telle confusion comme il y en a maintenant", gémit Montagu.

"Mais pourquoi votre servante n'est-elle pas là pour vous aider ? Il me semble que c'est maintenant le moment où elle pourrait être la plus utile."

"Elle venait," dit sombrement Edmond, "mais sa misérable mère est partie et est tombée malade, et maintenant elle ne viendra plus du tout, et il n'y a que Mme Griffin. Connaissez-vous Mme Griffin ?"

"Non," répondit résolument Mme Methuen, "et d'après ce que j'ai vu d'elle lorsqu'elle m'a laissé entrer, je ne désire pas qu'elle fasse davantage connaissance. Comment l'avez-vous eue ?"

"C'était l'homme à la veste en coton bleu ; nous lui avons demandé, et il nous a donné beaucoup de noms, mais nous avons choisi Mme Griffin parce qu'elle habitait si près et que nous aimions son nom. Nous l'avons eu, pas Guardie."

« Cela, je pense, est une réflexion réconfortante pour M. Wycherly, » murmura Mme Methuen ; " mais nous y sommes. Maintenant, je vais t'emmener voir mon bébé et en attendant je vais chercher des rideaux et je reviens avec toi, et nous les attacherons avec des cassettes ; ça ira de toute façon jusqu'à lundi. Tu " sera bien à l'abri du regard du public et ne pourra déprimer personne - quelle curieuse façon de le dire cependant. "

"C'était" pénible ", pas" déprimant "", a expliqué Montagu.

"Eh bien, elle a déprimé Guardie de toute façon. J'irai au grenier quand je rentrerai à la maison, et si je peux la voir faire la moindre partie d'elle faire quoi que ce soit, *j'écrirai* et me plaindrai."

"Vous ne pourrez pas voir", dit tristement Montagu; elle dort en haut, et sa maison est plus haute que la nôtre. Je l'ai vue hier ouvrir sa fenêtre pendant que j'étais au lit.

"Attends," dit Edmund en remuant sa tête bouclée. "Je vous parie que je verrai quelque chose d'une manière ou d'une autre — et ensuite je la punirai pour avoir contrarié Guardie."

"Je suppose qu'elle voulait seulement être gentille", suggéra Mme Methuen. "Elle a probablement réalisé que vous, aucun d'entre vous, n'aviez pensé à quelqu'un qui la verrait."

"Elle aurait pu attendre un petit moment", dit Edmund, pas du tout disposé à avoir une vision charitable de Miss Selina Brooks ; "On ne peut pas tout régler en une minute dans une nouvelle maison. Pourquoi votre maison ressemble-t-elle à une église à l'extérieur ?"

Mme Methuen a ri. « Ce n'est pas du tout comme une église à l'intérieur. Venez voir ! et comme elle ouvrait la porte d'entrée, les garçons la suivirent dans un hall carré meublé comme une chambre. C'était une grande maison extrêmement confortable, avec un large escalier et des marches faciles, pas aussi raides que celles de Holywell.

Mme Methuen a couru très vite, les garçons après elle.

Elle les emmena dans une chambre où un bébé potelé et rose, âgé d'environ dix-huit mois, venait de prendre son bain et était assis souriant et majestueux sur les genoux de la nourrice. Ses vêtements, c'était un bébé garçon, se composaient encore d'une bande de flanelle ; tandis qu'une noisette de poudre violette sur une joue lui donnait un air libertin.

"Mon précieux", dit Mme Methuen en embrassant celle qui était légèrement vêtue ; " vous devez vous occuper de ces messieurs pour moi pendant quelques minutes ; " et elle disparut aussitôt de la pièce.

L'infirmière leur sourit et leur fit un signe de tête. Le bébé a dit : « Maman ! à personne en particulier, et avait l'air perplexe et blessée de pouvoir s'arracher si tôt. Il n'y était pas habitué.

Edmund et Montagu s'avancèrent timidement vers leur jeune hôte.

"Dites comment ça va aux gentils jeunes messieurs, comme un bon bébé", dit l'infirmière sur un ton qui mêlait subtilement commandement et supplication.

"Fais-le," dit docilement le bébé.

"Vais-je me tourner vers lui ?" » demanda Edmund, qui avait l'idée que les nourrissons devaient toujours s'amuser, sinon ils pleureraient. Sans attendre une réponse affirmative, il se jeta sur les bras et fit faire à Catherine le tour de la pièce. Edmund était léger et actif et un adepte de cet art. Le bébé était charmé. Ses gros côtés tremblaient d'un rire ravi et il criait joyeusement : « Adain !

L'infirmière lui enfila adroitement une petite chemise sur la tête et une chemise de nuit en flanelle par-dessus, et voilà ! il s'assit habillé et joyeux sur ses genoux avant qu'Edmund n'ait terminé son deuxième exploit acrobatique.

Edmund marchait sur ses mains. Il a fait des sauts de mains. Il fit des sauts périlleux et finit par jouer à saute-mouton avec Montagu, mais quoi qu'il fasse, ce bébé insatiable criait « Adain », rebondissant sur les genoux de sa nourrice en appréciant avec enthousiasme le divertissement.

Pendant ce temps, Mme Methuen avait trouvé et emballé deux paires d'épais rideaux à battants de couleur crème. Elle y fit passer des cassettes prêtes à être diffusées, car elle était convaincue qu'il n'y aurait pas de tiges ; elle emporta également un marteau et des clous, mais elle ne sut jamais ce que c'était et glissa sa flasque de voyage remplie d'eau-de-vie dans la poche de son manteau.

Elle alla chercher les garçons et son petit fils poussa un rugissement d'indignation à leur départ, ce qui la bouleversa extrêmement.

Cependant, il se faisait tard et les fenêtres de Holywell étaient nues.

Pendant ce temps, M. Wycherly avait travaillé très dur : se baissant et soulevant, portant et étirant, pour ranger les auteurs latins antérieurs sur l'étagère supérieure d'une bibliothèque vide. Certains auteurs étaient lourds et attachés à leurs mollets et M. Wycherly, qui n'avait presque rien mangé ce jour-là, commençait à se sentir très fatigué. Il n'était absolument pas habitué aux exercices violents de quelque sorte que ce soit, et bientôt il commença à ressentir une douleur des plus désagréables au côté gauche. "Un point, je suppose", se dit-il et il continua à se pencher et à soulever, car il était arrivé à la dernière couche de livres et voulait sentir qu'une caisse au moins était déballée.

Les garçons et Mme Methuen revinrent, mais il ne les entendit pas.

"Je vais monter et commencer immédiatement", a déclaré Mme Methuen, "et vous n'avez pas besoin d'en parler à M. Wycherly avant mon départ."

Elle et Edmund montèrent dans la chambre de M. Wycherly pendant que Montagu tentait de retrouver son tuteur. Il n'était dans aucun des salons. Qu'ils avaient vu depuis les fenêtres avant d'entrer. Il n'était pas non plus dans la cuisine ni dans le jardin. Montagu se souvint enfin du bureau jusqu'alors inutilisé, monta l'escalier raide et tortueux et descendit le couloir en pente pour regarder.

Mme Methuen se tenait sur une chaise d'un côté de la fenêtre, attachant le ruban d'un rideau autour d'un clou qu'elle venait d'enfoncer, tandis qu'Edmund se tenait sur une autre chaise de l'autre côté, tenant le reste du rideau pour que son équité puisse être assurée. ne serait pas souillé par le contact avec le sol extrêmement poussiéreux, lorsque Montagu fit irruption dans la pièce, l'air très effrayé.

"Tu penses que tu pourrais venir ?" » demanda-t-il à bout de souffle. "J'ai peur que Guardie soit malade ou quelque chose du genre, il est si blanc et il ne semble pas capable de parler à cause de son souffle."

Les jolis rideaux tombèrent en désordre sur la coiffeuse tandis que Mme Methuen sautait de la chaise, saisissait quelque chose de son manteau qui gisait sur le lit et suivait Montagu. Edmond était déjà parti.

M. Wycherly était assis recroquevillé sur sa chaise. Son visage paraissait pâle et tiré dans la lumière déclinante ; il respirait certainement fortement et avec beaucoup de difficulté. Mais lorsqu'il vit Mme Methuen, il fit une tentative infructueuse pour se lever. Elle arracha la coupe en argent du fond du flacon et y versa précipitamment le contenu.

« N'essayez pas de vous lever », dit-elle en s'agenouillant à côté de lui ; "Tu es un peu faible ; bois ceci, s'il te plaît, tout de suite."

Elle a littéralement versé le cognac dans la gorge de M. Wycherly. « Enlevez ces livres du canapé, les garçons », ordonna-t-elle ; "Attention maintenant ! Ah, c'est mieux. Maintenant tu dois t'allonger quelques minutes ; c'est mauvais de s'asseoir comme ça."

D'une manière ou d'une autre, en trois minutes, cette jeune femme énergique avait pris le contrôle total de la situation. M. Wycherly avait été aidé à monter sur le canapé, Edmund était allé chercher un tapis pour le couvrir, et elle et Montagu luttaient contre l'immense fenêtre gothique, qui aurait dû s'ouvrir comme une porte au centre et était, apparemment, hermétiquement fermée. Finalement, il céda à leurs efforts combinés, et l'air doux et frais du soir entra dans la pièce.

"S'il vous plaît, finissez le cognac", dit Mme Methuen exactement de la même voix avec laquelle elle aurait adjuré son bébé de ne pas laisser de lait dans son biberon. "Vous êtes complètement épuisé ; pas de nourriture appropriée, pas d'air frais. Je n'ai jamais ressenti quelque chose qui ressemble à l'atmosphère de cette pièce ; puis vous vous penchez et soulevez de lourds livres par-dessus tout le reste. Pas étonnant que votre cœur ait lâché. Je Je ne comprends pas pourquoi ils donnent aux tasses des flacons une forme si bizarre. »

M. Wycherly lui prit docilement la tasse des mains et la vida. Son visage paraissait déjà moins cendré et il pouvait parler.

"Je ne peux pas vous le dire", commença-t-il...

"N'essayez pas de nous dire quoi que ce soit encore ; pendant cinq minutes, vous devez rester parfaitement silencieux. Je laisserai Montagu en charge, et il ne vous permettra pas de bouger jusqu'à mon retour. Viens, Edmund."

Le visage rond d'Edmund était très sérieux alors qu'il suivait Mme Methuen jusqu'à la chambre. Tante Espérance, comme il le disait toujours, « était absente ». Tante Espérance, qui semblait être un élément nécessaire à la vie – bienfaisante, immuable, inévitable. Pourtant elle était partie, et sa place ne la reconnaissait plus. Une chose pareille ne pourrait-elle pas arriver à M. Wycherly ? Et si oui, qu'allaient-ils devenir, lui et Montagu ?

Edmond n'avait pas d'imagination. Il vivait sa vie joyeuse sans penser au lendemain. Mais à ce moment-là, il fut surpris et réalisa à quel point il aimait son tuteur.

Alors qu'une fois de plus lui et Mme Methuen montaient sur leurs deux chaises et commençaient à remonter les rideaux, il la regarda et remarqua avec une soudaine contraction douloureuse du cœur que son visage était très grave.

"Vous ne pensez pas, n'est-ce pas," demanda-t-il à voix basse, "que Guardie va mourir ?"

Mme Methuen sursauta et faillit baisser le rideau. "Oh, mon Dieu, non," s'exclama-t-elle précipitamment ; "Mais tu dois prendre plus soin de lui et ne pas le laisser soulever des livres ou quoi que ce soit de ce genre. Quand les gens ne sont pas très jeunes, ils doivent prendre les choses avec facilité. Vous et Montagu devez déballer les livres et il peut les ranger, mais vous devez ne le laissez pas se pencher sur les affaires. Comprenez-vous ? Il ne doit pas le faire.

Ils finirent les rideaux en un rien de temps, et lorsque Mme Methuen retourna au bureau, M. Wycherly se leva précipitamment du canapé, où il s'était allongé docilement depuis qu'elle l'y avait mis.

"Je ne sais pas comment vous remercier", commença-t-il...

"S'il vous plaît, n'essayez pas," dit vivement Mme Methuen. " Les garçons et moi nous amusons tellement, mais je suis désolé de vous dire que je dois — je dois simplement — vous faire une petite leçon. Les garçons ! quelqu'un frappe à la porte d'entrée ; descendez voir qui c'est pendant que je grondez M. Wycherly.

La propre cuisinière de Mme Methuen, accompagnée d'une grosse femme aux couleurs fraîches, portant un gros paquet de papier brun, était à la porte, et Mme Methuen elle-même descendit au bout d'une minute ou deux, lorsqu'elle expliqua que le rose La femme était une certaine Mme Dew, qu'elle était venue « pour s'occuper d'eux » et qu'elle resterait avec eux jusqu'à ce qu'ils trouvent un bon serviteur. De plus, la servante de cuisine portait un grand panier de provisions. Les incendies s'étaient éteints dans la cuisine et dans la salle à manger, et la soirée devenait de plus en plus fraîche. Cette cuisinière a allumé les deux en un rien de temps. M. Wycherly fut descendu et installé sur sa grande chaise près de l'incendie de la salle à manger, et Mme Methuen rentra chez elle. Pourtant, une fois de plus, elle est revenue ce soir-là, et elle a emmené les deux garçons dans leur chambre et a insisté pour qu'ils mettent tous leurs vêtements dans des tiroirs et des armoires sous sa surveillance, et elle et Mme Dew ont fait de même auprès de M. Wycherly sans en informer. lui du fait.

Rien ne pouvait moins ressembler aux méthodes de Mme Griffin que celles de Mme Dew. Avec son arrivée, tout a changé dans la maison de Holywell. L'ordre est né du chaos, la poussière a disparu comme par magie, les cartons ont été déballés et transportés vides au grenier et, surtout, les repas étaient ponctuels et appétissants.

Mme Dew avait les manières extrêmement déférentes de la servante bien formée qui a « vécu dans de bonnes familles ». Pour M. Wycherly, cette attitude était extrêmement apaisante, car elle lui venait après sa longue expérience de l'attitude dictatoriale et quelque peu familière des serviteurs écossais à Remote. Mme Dew « connaissait sa place » et s'y tenait avec rigidité, et Edmund la trouvait plutôt inaccessible. Toute réserve dans ses rapports avec ses semblables était odieuse à Edmond, et il poursuivait Mme Dew avec des questions sur son passé, son présent et son avenir, n'obtenant cependant qu'une faible satisfaction pour ses douleurs.

"Avez-vous des enfants, Mme Dew ?" » demanda-t-il un jour, alors qu'il l'avait cherchée dans la cuisine pour des raisons sociales.

"Non, monsieur, pas de moi-même."

« Des petits-enfants ?

"Certainement pas, monsieur."

"Personne ne vous appartient du tout ?"

"Bien sûr, monsieur, j'ai mes relations, comme les autres."

"Quelle sorte de relations ?"

"Eh bien, pour commencer, monsieur, j'ai une nièce."

"Grand ou petit ?"

"À propos de votre taille, monsieur, cependant, j'ose dire, elle est un peu plus âgée."

"Où vit-elle?"

"Avec moi, monsieur, quand elle n'est pas à l'école. Elle est orpheline."

"Oh, comme nous. Où est-elle maintenant ?"

"Ici, à Oxford."

"Quel-est son nom?"

"Jane-Anne, monsieur; mais si je puis dire, je ne pense pas que la cuisine soit l'endroit approprié pour un jeune gentleman comme vous."

"Quand verrai-je Jane-Anne ?"

"Je ne pense pas que vous la verrez du tout, monsieur, vos chemins dans la vie étant, pour ainsi dire, différents."

Edmond soupira. "J'aurais aimé que vous soyez une personne plus parlante, Mme Dew," dit-il tristement. "Si vous aimez me poser des questions, vous verrez bientôt tout ce que je vous dirais."

"J'espère que je connais mieux ma place, monsieur!" » fit remarquer Mme Dew d'un ton sévère.

Cet après-midi-là, il y a renoncé, considérant que c'était un mauvais travail.

Edmund n'a pas oublié sa rancune contre Miss Selina Brooks. Par un curieux processus mental de déraison, il attribua l'évanouissement soudain de M.

Wycherly, qui les avait tant effrayés, à la lettre de cette bonne dame au sujet des fenêtres sans rideaux. Elle avait inquiété son gardien et était donc son ennemie.

Le fait que M. Wycherly lui ait écrit une note des plus courtoises pour la remercier de la sienne n'a en rien affecté l'opinion d'Edmund à son égard.

Edmund avait l'intention de se venger de Miss Selina Brooks, mais il a attendu son heure.

Les greniers de Holywell étaient particulièrement grands et splendides. Il n'y en avait que deux, et ils occupaient tout le dernier étage, tandis que chacun était accessible par un escalier séparé et n'avait aucune communication avec l'autre. En tout, il y avait cinq escaliers différents dans cette vieille maison. Un grenier était dédié à la réception des cartons vides ; mais l'autre, qui possédait une petite pièce paradisiaque et tortueuse qui s'ouvrait sur ce troisième pignon qui se vantait d'une petite fenêtre carrée donnant de côté sur la rue, M. Wycherly avait offert aux garçons leur propre salle de jeux.

À l'heure actuelle, il n'y avait rien à l'intérieur, à part deux ou trois chaises abandonnées et un lit à baldaquin avec un baldaquin et de volumineux rideaux blancs. Pour une raison qu'elle connaissait mieux, Mme Griffin avait relevé les rideaux de ce lit dont personne ne voulait.

Juste devant l'une des portes de ce palier se trouvait une curieuse petite armoire avec de solides portes en chêne, ne dépassant pas trois pieds de haut. Cette armoire était très sombre, apparemment très profonde et totalement dépourvue d'étagères ou de patères.

Durant leurs premiers jours inconfortables, les garçons ne s'étaient pas sentis particulièrement intéressés par les placards ; mais à mesure que les choses devenaient plus paisibles et qu'Edmond, à l'esprit curieux, s'habituait, découvrit cette cabane particulière. Montagu n'était pas avec lui à ce moment-là, car maintenant qu'ils étaient installés, il faisait du grec pendant une heure chaque matin avec M. Wycherly juste avant le déjeuner.

Edmund poussa son bras aussi loin que possible, mais ne put atteindre le dos, même si le sol semblait pencher vers le haut. Soutenant soigneusement la porte avec une chaise, il rampa à quatre pattes. Une fois à l'intérieur, il a constaté que le sol et le toit étaient en forte pente et que le toit était juste au-dessus de sa tête, il ne pouvait même pas s'agenouiller. Il rampa plus loin, sur un assez long chemin, et le tunnel tourna brusquement vers la droite. Il ne voyait plus la lueur du palier, mais il avait atteint le bout du tunnel. Au même instant, sa tête heurta quelque chose qui dépassait, et lorsqu'il leva la main, il sentit que c'était une clé par sa forme. C'était une question très excitante et qui doit faire l'objet d'une enquête immédiate. Il n'y avait pas de place pour se retourner, alors Edmund rampa à moitié, glissa à reculons hors du tunnel en pente et descendit les escaliers chercher des allumettes. À sa grande joie, il ne rencontra personne, ce qui était tant mieux, car il était couvert de poussière et de toiles d'araignées de la tête aux pieds. Il se précipita à nouveau à l'étage, se sentant très aventureux et important, et rampa une fois de plus dans le placard jusqu'au bout du tunnel. Il frappa une allumette et découvrit qu'il se trouvait contre une autre porte, sur le toit cette fois et exactement comme la première en tous points, sauf qu'elle avait une grande et lourde serrure d'un côté, et dans la serrure se trouvait la clé rouillée qui l'avait frappé à la tête. En aucun cas, Edmund ne parvint à faire tourner cette clé. Il alluma allumette après allumette, les jetant négligemment sur le vieux parquet en chêne d'une manière qui aurait fait dresser les cheveux de M. Wycherly s'il l'avait vu, et décida finalement que seul il ne pouvait pas ouvrir cette porte et que Montagu devait être pris dans le secret.

Montagu était toujours enfermé avec M. Wycherly, alors Edmund se dirigea vers la cuisine, où Mme Dew, s'exclamant à son apparition, l'épousseta, le brossa et le lava rapidement, à son grand mécontentement. Cependant, il le supporta de la meilleure grâce possible, puis, avec une douceur désarmante, demanda : « Que faites-vous, Mme Dew, quand une clé ne tourne pas ; une vieille sorte de clé dans une serrure en fer ?

« Êtes-vous allé à la cave, Maître Edmund ? » demanda Mme Dew avec méfiance. "C'est là que tu as toute cette poussière et ces toiles d'araignées ? Tu n'as rien à faire là-bas, tu sais, à te mêler des serrures."

"Je n'ai pas été près de la cave", répondit Edmund avec indignation; "La poussière et les toiles d'araignées semblent venir s'asseoir sur moi partout où je vais ; je n'y peux rien. Mais que fais-tu avec une boîte, maintenant, qui ne s'ouvre pas ?" ajouta-t-il diplomatiquement, "quand la clé reste bloquée et ne tourne pas ?"

" Attendez jusqu'à l'après-midi, monsieur, et je vous aiderai à ouvrir n'importe quelle boîte que vous voudrez. Mais vous pouvez aller huiler la serrure si vous le souhaitez, elle pourra alors pénétrer jusqu'à mon arrivée. "

Edmund accepta avec joie la petite bouteille d'huile et la plume que Mme Dew lui offrait et s'envola de nouveau à l'étage. Cette fois, il emprunta la bougie à côté du lit de M. Wycherly, l'alluma et l'emporta avec lui.

Il entra dans son placard. Il a huilé et huilé : lui-même, la serrure, la porte et le sol. Il essaya la clé d'une main, il l'essaya de deux. Il était terriblement chaud et extrêmement en colère, et la clé refusait toujours de tourner. Finalement, furieux, il passa ses épaules sous la porte et poussa de toutes ses forces. La porte du toit parut céder un peu, ce qui incita Edmund à poursuivre ses efforts. Il poussa et poussa, poussa et poussa, jusqu'à ce que finalement, tout à coup, tout cède, s'ouvrant vers le haut et vers l'extérieur. La tête d'Edmond émergea à la lumière du jour, et avec ravissement il découvrit qu'il n'avait qu'à monter sur le toit plat d'une partie de la maison voisine, qui était considérablement plus haute que celle de M. Wycherly.

Sa porte mystérieuse était une lucarne qui avait été barricadée. Pourquoi ce curieux tunnel était coupé du reste de la maison, ils ne le savaient jamais, mais le petit carré de plomb était une source de joie infinie pour Edmund et Montagu jusqu'à ce qu'ils deviennent trop larges. pour se faufiler dans le passage. Edmund n'a pas non plus, avec la curieuse réticence des enfants, informé M. Wycherly ou Mme Dew de sa découverte.

Un parapet bas faisait face à la rue, et des toits d'ardoise pentus formaient les deux autres côtés de cette charmante place. Edmond s'avança jusqu'au bord du parapet. Il découvrit qu'il regardait directement de l'autre côté de la route, dans une des chambres les plus hautes de la maison d'en face. Une chambre si haute qu'elle n'avait que des rideaux, des rideaux sombres ordinaires, pas du tout tirés ; pas de store court, et seulement une coiffeuse basse et un petit miroir pour remplir la fenêtre. Edmond s'assit précipitamment pour ne pas être aperçu, car il y avait quelqu'un dans la pièce d'en face. Quelqu'un aux bras nus qui se coiffait.

Avec précaution, la tête d'Edmond apparut au-dessus du parapet, et un air de joie vindicative envahit son visage brûlant et sale.

C'était Miss Selina Brooks elle-même, et le destin l'avait livrée entre ses mains.

Les cheveux de Miss Selina Brooks n'étaient pas abondants, et elle y ajouta diverses tresses telles que celles décrites par les journaux de mode comme des « compléments gracieux ». Edmund attendit que les adjoints soient tous à leur place. Puis il descendit dans son passage, ferma la lucarne en chêne, ferma aussi la petite porte gothique menant à ce paradis insoupçonné, se retira dans la salle de bains pour se laver, de peur que Mme Dew ne le rattrape à nouveau ; puis, très tranquillement, il descendit au salon, où, selon les termes de l'exercice de français, il cherchait « des plumes, de l'encre et du papier ».

Edmund n'avait pas la plume d'un écrivain prêt ; il lui fallut quelque temps avant de rédiger une lettre à son goût, mais dans sa forme définitive, la missive disait ceci :

" CHÈRE MADDUM,

"Je crois qu'il est juste de vous informer que je vous vois vous coiffer, ce qui est mis et ce qui ne l'est pas, et je trouve cela très déprimant. J'ose donc suggérer qu'on mette sans délai un store. C'est pire que les ablushuns.

"Votre serviteur,

"EDMUND BETHUNE ESQRE."

Cet Edmond plia et plaça dans une enveloppe qu'il scella du sceau de son arrière-grand-père. Il a ensuite traversé la route au trot et l'a déposé dans la boîte aux lettres de Miss Selina Brooks.

Contrairement à M. Wycherly, Miss Brooks n'a pas écrit pour remercier Edmund Bethune, Esqre. pour son information ; mais cet après-midi-là, des rideaux de dentelle de Nottingham étaient installés à cette fenêtre supérieure, si étroitement tirés qu'il ne restait même pas une fente entre eux. En les voyant, Edmund sourit séraphiquement.

CHAPITRE III

LA PRINCESSE

"À travers la lumière et l'ombre tu t'étends,

Des regards soudains, doux et étranges,

Délicieuses rancunes et colères chéries,

Et des formes aériennes de changement passager. »
SEIGNEUR TENNYSON.

Il y avait désormais des rideaux blancs aux fenêtres de toutes les pièces du devant. Les livres de M. Wycherly étaient rangés sur les étagères qui leur étaient réservées et les caisses d'emballage étaient transportées au grenier. Mme Dew a été admise dans le bureau avec un plumeau et un balai, et celui-ci a commencé à ressembler à une maison et à être habitable. Une fois de plus, M. Wycherly s'assit à sa table basse, occupé à son grand travail sur l'éthique nikomachéenne. La famille s'installait.

"Est-ce que tout le monde viendra nous voir maintenant qu'ils savent que nous sommes là ?" » demanda Edmund, qui avait envahi le bureau un après-midi juste après le déjeuner.

"Je ne suis pas du tout sûr que quiconque viendra nous voir", répondit sereinement M. Wycherly. "Pourquoi le devraient-ils ?"

"Eh bien, par convivialité. Comment faire connaissance avec les gens s'ils ne viennent pas nous voir ? On va les voir ?"

"Certainement pas", dit précipitamment M. Wycherly. "Ce serait insistant et impertinent."

"Mais j'aime connaître les gens", a persisté Edmund. "Je connaissais tout le monde à Burnhead."

"Burnhead est un petit village. Oxford est une grande ville, et dans les grandes villes, les gens sont trop occupés pour se soucier des nouveaux arrivants."

"Pas Mme Methuen," argumenta Edmund. "Elle s'intéresse beaucoup à nous."

"C'est une dame gentille et gracieuse", a déclaré M. Wycherly, "mais vous ne devez pas vous attendre à ce que tout le monde soit comme Mme Methuen."

"Je ne veux pas qu'ils soient comme elle. Je veux qu'ils soient différents, mais je veux que d'autres personnes viennent bientôt. Je connais le laitier, bien sûr, et le boucher et deux facteurs (nous n'en aurions qu'un dans Burnhead), mais cela ne suffit pas. Vous voyez, ils ne viennent pas s'amuser. Le boucher est un homme terriblement gentil, j'aurais aimé que vous le connaissiez, Guardie.

"Je suppose qu'ils sont trop occupés. En l'état, il me semble que la viande de certains doit arriver très tard si l'on a déjà trouvé le temps de découvrir les qualités aimables du boucher lors de sa visite matinale."

"Vous devriez l'entendre siffler", insista Edmund. "Je donnerais n'importe quoi pour siffler comme lui."

M. Wycherly n'a pas répondu. Son attitude mentale à l'égard des efforts musicaux du boucher était froidement antipathique.

"Pourquoi ne siffles-tu jamais, Guardie ?"

"Je ne ressens pas la moindre envie de siffler."

"Mais *pourquoi* pas ?"

Juste à ce moment, Mme Dew apparut portant un plateau avec une carte de visite dessus, tandis que derrière elle venait Montagu, essoufflé d'excitation, pour annoncer qu'« une dame, un monsieur et une petite fille attendaient dans le salon pour voir M. Wycherly. »

Sur la carte figuraient les noms de « M. et Mme William Wycherly ».

"Voilà, Edmund," dit M. Wycherly, "vous avez réalisé votre souhait. Voici des visiteurs, et l'un d'eux est un vieil ami," et l'air vraiment heureux, il descendit précipitamment au salon, suivi par les garçons.

Assise sur le siège profond de la fenêtre se trouvait une grande jeune femme aux cheveux blonds ; à côté d'elle se trouvait une petite fille et un monsieur se tenait debout sur le tapis de l'âtre. Alors que M. Wycherly entrait, la dame traversa la pièce vers lui en lui tendant les deux mains. Elle semblait extraordinairement heureuse de le voir, et il garda ses mains amicales dans les siennes pendant un long moment, tandis qu'elle riait et rougissait et présentait son mari. Puis elle se tourna vers les garçons : « Aucun de vous ne se souvient de moi ? Six ans, c'est long, mais peut-être, Montagu ?

"N'étais-tu pas Bonnie Margaret ?" » demanda timidement Montagu.

"Elle s'appelle Bonnie Margaret", a déclaré M. Wycherly, "et voici mon neveu."

"Personne ne me remarque", dit une voix claire et haute, et le groupe qui se serrait la main au milieu de la pièce se tourna pour regarder la petite silhouette debout, toute seule, près de la fenêtre.

"C'est notre fille Herrick", a ri Mme Wycherly; "une personne très importante, qui n'a pas l'habitude d'être négligée."

C'était évident. La petite fille se tenait sur le siège, se découpant contre la fenêtre, une petite silhouette pittoresque, calme et intrépide, avec une expression quelque peu réprobatrice sur le visage rond encadré par un bonnet hollandais. Sous le bonnet et sur ses épaules flottaient des masses de boucles jaunes qui se brisaient en nuages brumeux de fil fin qui capturaient et retenaient le soleil d'avril. Son manteau à taille courte, arrivant presque jusqu'à ses talons, était d'une chaude couleur beige, et elle portait un grand et imposant manchon du même tissu bordé de fourrure.

Sa mère la souleva et la conduisit vers M. Wycherly, qui s'inclina gravement devant la petite main qui lui était tendue, mais ne l'embrassa pas, comme elle s'attendait évidemment à ce qu'il le fasse ; car elle le regardait avec de grands yeux confiants, souriant en même temps d'un sourire confiant qui montrait même des dents blanches et des fossettes délicieusement inégales sur des joues aussi fraîches et roses que la fleur d'amandier qui vient d'éclater en fleur.

Mme William Wycherly était la plus jeune fille de Lady Alicia. Montagu se souvenait vaguement qu'il y avait eu beaucoup de bruit au moment du mariage de Bonnie Margaret, et qu'il avait entendu murmurer qu'elle s'était enfuie et que sa mère était très en colère. Il regarda donc avec beaucoup d'intérêt la gracieuse et belle jeune femme qui avait été si gentille avec eux quand ils étaient petits. Il ne semble certainement pas que le châtiment l'ait prise. Elle avait l'air radieuse et heureuse, et Montagu décida que son mari avait l'air gentil et agréable. Herrick se tenait appuyée contre les genoux de sa mère, observant silencieusement Montagu, puis Edmund, puis à nouveau Montagu, tournant ses yeux gravement scrutateurs de l'un à l'autre sans aucune trace d'embarras ou de timidité.

Actuellement, M. Wycherly suggéra aux garçons de montrer le jardin à Herrick.

"Veux-tu les accompagner, chérie ?" » demanda sa mère, et Herrick, visiblement satisfait de ses investigations, se déclara prêt à le faire.

Une fois devant la porte du salon, l'escalier raide et tortueux attira son attention.

"J'aimerais monter là-haut, je peux, mon garçon ?" elle a demandé à Edmond.

"Emmenons-la et montrons-lui notre grenier", suggéra-t-il. Edmond adorait les greniers.

"Dois-je te porter ?" demanda Montagu ; "c'est un long escalier."

" Certainement pas, " dit la petite fille avec une grande dignité ; "Les gens aussi vieux que moi montent toujours à l'étage."

Elle est tombée plusieurs fois pendant l'ascension, car elle marchait toujours sur son long manteau devant, et chaque fois qu'elle trébuchait, elle disait : « Oh, mon Dieu, comme c'est beau !

Enfin, ils atteignirent le grenier, et dès qu'elle aperçut le lit à baldaquin avec les rideaux, elle se précipita vers lui en criant joyeusement : « Oh, quel beau château cela fera. Maintenant, nous pouvons jouer à mon jeu. »

Elle a tenté de grimper sur le lit, mais encore une fois, le manteau l'a gênée et l'en a empêchée.

"S'il vous plaît, enlevez-le", ordonna-t-elle, immobile, "ainsi que mon bonnet."

Montagu déboutonna l'habit et dénoua les cordons du bonnet.

"C'est mieux", dit-elle; "Maintenant nous pouvons commencer."

En un instant, elle fut sur le lit et s'était précipitée derrière les rideaux qu'elle tira immédiatement jusqu'à ce qu'elle soit bien cachée.

Montagu et Edmond se regardèrent. Qu'est-ce que cela présageait ?

Bientôt, les rideaux furent un peu écartés, et un visage rond et rose apparut dans l'ouverture.

Les garçons se tenaient au bout du lit, l'air maladroit et penaud.

« Continuez », dit-elle avec impatience ; et elle tapa du pied. "Tu dois le *dire* maintenant."

"Mais nous ne savons pas quoi dire. C'est un jeu comme les proverbes, ou quoi ?" demanda Edmond.

Herrick soupira et sortit de derrière les rideaux. "Je suppose que je dois l'expliquer", dit-elle, "mais je pensais que tout le monde connaissait ce jeu ; c'est mon jeu préféré. Ceci", dit-elle en agitant dramatiquement la main, "est un bois *sombre* " - une simple encre d'imprimerie ne peut jamais le faire. décrivez l'obscurité et la densité de ce bois comme le montre la voix de Herrick : « et vous êtes un prince errant ».

"Lequel d'entre nous ?" demanda Edmond ; "ou sommes-nous tous les deux princes ?"

"Non, il ne peut pas y en avoir deux, il ne peut y en avoir qu'un. Tu ferais mieux d'être lui", dit-elle en désignant Montagu, "tu es le plus grand, et le plus petit peut être son serviteur."

"Un varlet", suggéra gentiment Montagu, qui était alors sous l'influence de Sir Walter Scott.

"Un valet écossais, remarquez", stipula Edmund.

" Et tout à l'heure, vous voyez, " continua la petite fille comme s'il n'y avait eu aucune interruption d'aucune sorte, " une sorte de château des plus sinistres, mais au moment où vous vous demandez ce que vous allez faire, apparaît à la fenêtre... "

"Les châteaux n'ont pas de fenêtres", objecta Edmund, "seulement des sortes de fentes."

"Ce château a une fenêtre", répondit dignement Herrick. "N'interrompez pas — et les rideaux sont tirés, mais ils sont tirés pesamment, et alors vous voyez *la* plus belle princesse dont vous ayez jamais rêvé…"

"Et puis?" demanda Montagu.

"Eh bien, vous vous mettez à genoux, bien sûr, et vous le dites. Maintenant, commençons ; vous avez besoin de beaucoup d'explications."

La princesse se retira derrière ses rideaux ; le prince et le valet, qui manifestaient une inconvenante tendance à rire, se promenèrent dans la pièce.

« Par mon Halidôme ! » s'écria le prince, qui avait décidé de jouer le rôle à la manière de ses personnages favoris d'alors, cette place est solidement fortifiée.

« Est-ce que nous gagnerons, pensez-vous ? » demanda familièrement le valet.

"Faire taire!" dit une voix derrière les rideaux.

Ils étaient séparés. D'abord le visage ravissant et charmant (c'était vraiment un adorable petit visage, intensément solennel et sérieux) apparut, puis davantage celui de la princesse, jusqu'à ce qu'elle se révèle dans une robe courte en mousseline brodée et une ceinture bleue.

Flump! Le prince et le valet se mirent à genoux.

"Quelle lumière venant de cette fenêtre se brise ?" s'exclama le prince, qui avait fait "Roméo et Juliette" à l'école et trouva la citation appropriée.

"Et que sera ta jeune fille, prince ?" demanda le valet.

" Moi, " dit la princesse lentement et solennellement, " *je* suis la princesse Hildegarde... "

"Perdez-moi !" interrompit le valet.

"Silence, chien !" dit sévèrement le prince. "Comment êtes-vous venue ici, belle dame ?"

« Je suis emprisonnée dans cet affreux château, continua plaintivement la princesse, par un méchant baron, ennemi de mon royal père.

« Où est le baron, madame ? Pour que nous puissions le tuer ! s'écria vaillamment le prince.

"Votre acte est-il plus fidèle ?" » s'enquit en outre le valet, qui était vraiment incroyablement familier.

« Il est mort » – ici la princesse hésita et semblait presque sur le point de pleurer à tout moment – « alors que j'étais encore un bébé, il y a près de quarante ans.

"C'est long", murmura pensivement le prince.

"C'est vrai", acquiesça la princesse, "et entre-temps, mon méchant cousin a usurpé le trône... Maintenant, recommençons." Ici, elle parlait d'une voix parfaitement naturelle. "Peut-être que tu iras un peu mieux cette fois. Tu devrais être beaucoup plus surpris quand j'apparaîtrai pour la première fois, tu devrais être frappé d'étonnement et de plaisir, et ensuite dire toutes sortes de belles choses. Tu devrais voir mon père faire il."

"Non, non", protesta le valet en se levant et en se frottant les genoux, "nous devons d'abord trouver ce vieux baron et le tuer. N'aimeriez-vous pas être le baron maintenant, pour changer ?"

"Certainement pas", dit la princesse avec beaucoup de dignité. "Je ne suis toujours que la princesse ; nous n'avons jamais eu de meurtres ou de choses horribles de ce genre. Êtes-vous prêt ?"

"Tu n'aimerais pas voir le jardin ?" suggéra Montagu ; "c'est très très joli."

"J'ai vu beaucoup de jardins, merci. Cette ville regorge de jardins. Êtes-vous prêt ?"

La princesse était de nouveau enveloppée par ses rideaux. Edmund regarda Montagu avec désespoir.

« Devrions-nous lui montrer notre endroit secret ? » Il murmura. "Nous ne pouvons tout simplement pas rejouer à ce vieux jeu idiot."

"Elle porte une robe tellement élégante", objecta Montagu. "Supposons qu'elle se salit."

"Quel endroit secret ?" demanda la princesse en sortant de derrière les rideaux.

"C'est un tout petit tunnel, tu montes dessus et tu débouches sur le toit, mais tu gâcherais ta robe. Tu vas à une fête, tu vas si bien ?"

"Je ne vais pas bien", s'écria la princesse avec indignation. "C'est juste une robe ordinaire ; elle va se laver. *Montre* -moi l'endroit secret."

"Promets-tu de ne pas jouer à la princesse quand nous y arriverons ?" » demanda Edmond.

"Pas si tu n'aimes pas ça," répondit-elle, l'air très surprise ; "mais c'est un jeu tellement charmant."

« Chut ! ils nous appellent », s'écria Montagu ; "nous devons descendre."

"Mais le lieu secret", s'écria Herrick. "Je dois voir l'endroit secret."

"Tu ne peux pas maintenant, nous devons y aller. La prochaine fois, peut-être. Très bien, Guardie, nous arrivons. Ici, tu ferais mieux de me laisser te porter, les escaliers sont terriblement raides. Apportez son manteau et tout, Edmund ".

Cette fois, la princesse consentit, et Montagu descendit les escaliers en chancelant, portant ce fardeau précieux et, pour lui, extrêmement lourd.

« Qu'avez-vous fait, les enfants ? » a demandé Mme Wycherly.

"Je ne voulais pas aller dans le jardin", a déclaré Herrick comme si cela expliquait tout. "Alors nous sommes montés à l'étage et il y avait un joli lit et nous avons joué à la princesse, mais ils ne sont pas bons. Ils ne l'ont pas vraiment bien fait. Toi et papa êtes bien meilleurs."

Mme Wycherly a regardé son mari et a ri. "Il faut être éduqué à ce jeu", a-t-elle déclaré. "J'ose dire qu'Edmund et Montagu y joueront très bien quand ils auront leurs propres petites filles."

"Ils ne semblaient pas m'apprécier beaucoup", dit tristement l'enfant, "mais, avec tolérance, ils ont fait de leur mieux. J'aime le grand, il est plus respectueux."

Une fois leurs visiteurs partis, Edmund chercha M. Wycherly et monta sur ses genoux.

« Drôle de petite enfant, n'est-ce pas ? » il a dit.

"C'est une enfant remarquablement belle."

"Oui, elle est agréable à regarder ; tous ces cheveux sont si joyeux. Nous avons été très gentils avec elle, Guardie, vraiment ; nous avons fait tout ce qu'elle nous a demandé une fois, mais nous ne pouvions vraiment pas tout recommencer."

"Refaire quoi ?"

"Oh, soyez des princes et admirez-la, et des conneries. Elle ne nous laisserait pas tuer le méchant baron ou quoi que ce soit de vraiment joyeux comme ça."

"Vous avez toujours eu très peu de relations avec les filles", dit pensivement M. Wycherly. "C'est plutôt dommage. J'aimerais parfois que nous connaissions de gentilles petites filles avec qui jouer. Elles ont, j'imagine, une influence raffinée."

"Je ne veux pas d'influences raffinées si ce sont des princesses et ce genre de choses. Je ne pourrais pas continuer à faire ça pour plaire à qui que ce soit."

"Elle n'est qu'un bébé, Edmund. Tu aimais toutes sortes de jeux bizarres quand tu étais très petit. Je suis sûr que je serais tout à fait disposé à jouer aux princes ou à n'importe quoi d'autre pour plaire à la jeune femme."

"Et te mettre à genoux ?"

"Certainement", a déclaré M. Wycherly, qui avait cependant l'air plutôt surpris, "si cela lui faisait plaisir."

"Je suppose que nous lui avons donné du plaisir," grogna Edmund, "mais elle ne semblait pas trop contente, d'une manière ou d'une autre. Je n'arrive pas à penser *à ce qu'elle* voulait, vraiment."

"Peut-être qu'elle ne le savait pas elle-même."

"Oh, oui, elle l'a fait, car elle était tellement sûre que nous faisions mal."

"Peut-être", suggéra M. Wycherly avec une ironie inconsciente, "c'est un meilleur jeu à deux."

"Eh bien, de toute façon, vous ne nous surprendrez pas à jouer à ce jeu, Montagu et moi."

"Qui sait, un jour", a déclaré M. Wycherly.

CHAPITRE IV

LA MENDIANTE

"Qui m'aime ? très cher père, douce mère,

Je prononce les noms parfois tout seul,

Et faire frissonner le silence. Ils semblent étranges,

En hindoustani pour un homme né en Inde

Habitué de nombreuses années à la langue anglaise ;

Ou de beaux mots de poète devenus obsolètes,

Ce qui ne cessera de chanter."

EB BROWNING.

Ce soir-là, après le départ de la princesse et de ses parents, Mme Dew a demandé à M. Wycherly si elle pouvait « sortir » environ une heure avant le dîner, juste pour rentrer chez elle et voir si tout allait bien.

Mme Dew « sautait » toujours et, selon elle, courait invariablement, même si de tels modes de progression ne semblaient guère en accord avec sa silhouette robuste et confortable.

Avant de partir, elle a averti les garçons d'être attentifs aux coups et aux sonneries pendant son absence - "même si ce n'est pas probable", dit-elle, "car n'importe qui viendra à la porte latérale ; les commerçants y sont tous allés."

M. Wycherly était enfermé dans son bureau et les garçons se préparaient à sortir dans le jardin où ils n'entendraient assurément ni coups ni sonneries, lorsqu'on frappa faiblement et timidement à la porte latérale.

Edmund se précipita pour l'ouvrir, et là se tenait une petite fille d'environ douze ans, qui demanda dans un murmure modeste : « S'il vous plaît, monsieur, puis-je voir ma tante une minute ?

"Est-ce que Mme Dew est votre tante ?" » demanda Edmond.

"Oui, monsieur, s'il vous plaît, monsieur. Puis-je la voir ?"

"Elle vient de sortir, il n'y a pas cinq minutes."

"Oh mon Dieu," soupira la petite fille, "alors elle a dû me manquer."

« Est-ce qu'elle allait te voir, tu crois ? » demanda Edmond. Il a toujours porté le plus grand intérêt à ses semblables.

"Je m'y attendais, mais il y a tellement de façons de venir. Elle me manquera encore à mon retour et ensuite..."

"Et puis," répéta Edmond.

"Elle va être en colère contre moi", répondit la petite fille en souriant à Edmund.

Edmund sourit en retour et un esprit amical et confidentiel s'établit aussitôt.

Ils se regardèrent en silence pendant une minute.

Le visiteur était vêtu d'une robe en étoffe brune faite d'un tissu de laine rigide et inflexible. Elle portait une cape de couleur chamois arrivant jusqu'à la taille et un chapeau de paille noire, bordé d'un ruban marron, de cette forme de plat à tarte inversé qui semble particulier aux orphelines élevées dans des institutions charitables, car aucun autre mortel n'en porte jamais un tel. .

Le visage pâle, à l'ombre du plat à tarte inversé, était étrange et saisissant. Les yeux, aux cils longs et brillants, étaient en réalité des yeux bruns, presque de la couleur du vieux sherry foncé ; enfoncés sous des sourcils très noirs, délicatement dessinés au crayon. Sa bouche était plutôt grande avec des lèvres rouges et charnues, bien dessinées, et des dents fortes, voire blanches ; mais son visage était douloureusement maigre, les joues si creuses et le menton si pointu que ses yeux dominaient tout, étaient disproportionnés et donnaient au spectateur un sentiment inconfortable de tragédie et de tristesse presque douloureuse – jusqu'à ce qu'elle sourie. Puis le feu endormi dans les grands yeux s'éteignit et ils parurent paisibles et agréables comme l'eau brune et claire sous le soleil dans un ruisseau à truites du Devonshire.

"Tu ne ferais pas mieux d'entrer et d'attendre ta tante ?" suggéra Edmond. "Si tu y retournes maintenant, elle te manquera certainement."

"Puis-je?" » demanda la petite fille en souriant sur tout son visage. "Puis-je ? J'espère que ma tante n'y verra pas d'inconvénient."

"Entrez", dit Edmund et ferma la porte.

La porte latérale donnait directement sur l'arrière-cuisine ; puis vint la cuisine, grande, ordonnée et confortable ; De là s'ouvrait une chambre de gouvernante, pas encore complètement meublée. Edmund conduisit son invité à travers ces appartements et à travers un passage étroit jusqu'à la salle à manger où Montagu était assis par terre, attachant ses coussins.

"Voici la nièce de Mme Dew !" » annonça Edmond. "Voici Montagu", a-t-il poursuivi. "Comment vous appelez-vous ? Nous ne pouvons pas vous appeler la nièce de Mme Dew tout le temps."

Montagu se leva et serra la main dans un silence solennel, à la manière des garçons.

"Je m'appelle Jane-Anne, s'il vous plaît, monsieur", dit la petite fille.

"Je m'appelle Edmund, s'il vous plaît, mademoiselle", remarqua ce jeune avec un large sourire.

Jane-Anne parut surprise. Elle ne voyait rien d'inhabituel dans sa manière de s'adresser.

Pendant une minute, les trois hommes restèrent debout et se regardèrent.

"Voudrais-tu," demanda Edmund sur un ton de politesse mielleuse, "me voir jouer avec lui ? J'allais le faire quand tu es venu."

"S'il vous plaît, monsieur", dit Jane-Anne avec un empressement louable, "je l'aimerais beaucoup."

"Peut-être," suggéra Montagu, sans toutefois exagérer, "vous aimeriez vous aligner."

« Field », répéta Jane-Anne ; "Qu'est ce que c'est?"

"Courez après le ballon quand il le frappe et renvoyez-le-moi", a expliqué Edmund.

"Oh, je pourrais faire ça, laisse-moi le faire, ce serait adorable."

"Oh, vous camperez autant que vous le voudrez", promit gracieusement Edmund, et ils sortirent tous dans le jardin.

Jane-Anne ôta son chapeau et sa cape et les accrocha au rouleau. On vit alors que son petit nez était très droit et presque aligné avec son front ; pas de « bosse », comme l'appelait Edmund, entre les yeux. Et ses cheveux, séparés au centre depuis son front jusqu'à la nuque, étaient noirs, immensément longs et épais, et étroitement tressés en deux grosses nattes, chacune attachée par un morceau de ruban brun froissé.

Jane-Anne pouvait courir très vite et était une bonne prise, mais elle ne pouvait pas lancer, comme le disait Montagu, « un coup », sauf dans des directions totalement indésirables. Elle a failli lancer une balle à travers la fenêtre du bureau de M. Wycherly dans ses efforts pour l'envoyer au bowling d'Edmund, à l'autre bout de la pelouse. Il fut donc décidé qu'elle devait faire rouler le ballon sur l'herbe, ce qu'elle fit avec une assez grande précision.

L'herbe était mouillée et spongieuse après les fortes pluies de ce matin-là. Les bottes de Jane-Anne étaient lourdes et encombrantes, et lorsqu'elle glissait, comme elle le faisait souvent, elle enlevait immédiatement l'herbe.

"Je dis," s'exclama Montagu, "vous faites un effroyable désordre dans l'herbe. Je pense que vous feriez mieux d'arrêter de jouer."

"Je vais les enlever", s'exclama Jane-Anne avec empressement. "Je peux courir beaucoup plus vite avec mes bas."

Elle l'a fait, indépendamment de l'humidité et sans être gênée par aucun des garçons, qui trouvaient cela très "sportif" de sa part.

"Cet après-midi," dit Montagu en les délaçant, "nous avons eu une petite fille qui tenait à jouer à la princesse, et quand tu es venue, j'avais peur que tu veuilles aussi jouer à quelque chose de ce genre ; peut-être que le mendiante, pour changer."

"Je ne devrais jamais vouloir *jouer* à ça", dit-elle très bas, et à sa grande consternation, il remarqua que sa bouche s'affaissait aux coins et que ses yeux étaient pleins de larmes. Elle pencha la tête par-dessus la botte qu'elle délaçait, mais Montagu avait vu son visage.

"Oh, non," s'exclama-t-il. "Qu'importe ? Je n'étais que pour m'amuser et tu sais, dans l'histoire, c'est un poème, je l'ai lu cet après-midi même, la servante mendiante est devenue la reine."

" *A-t* -elle?" s'écria Jane-Anne. "Tu es sûre ? Comme c'est beau ! J'aimerais jouer à la princesse", ajouta-t-elle avec mélancolie. "Ce n'est pas très amusant de jouer ce que tu es déjà. Tu vois, je suis une sorte de mendiante."

"Oh, c'est absurde", dit Montagu, "vous n'êtes pas en haillons, vos vêtements ont l'air très solides et confortables."

"Ils sont forts, mais ils ne sont pas du tout confortables, ils sont tellement raides" ; et Jane-Anne se leva légèrement en tendant les bras.

Le vêtement marron était confectionné selon une mode d'il y a de nombreuses années : les manches et le corps étaient serrés, étriqués et la poitrine étroite ; la jupe inutilement ample et lourde.

"Je pense que vous ressemblez un peu à Mme Noah", dit Edmund, "sauf que vous avez plus de cheveux et de jupons."

Jane-Anne baissa les bras, se baissa et ramassa les bottes. "Ne sont-ils pas effrayants ?" dit-elle. "C'est l'asile. Nous devons tous les porter." Alors elle rejeta violemment ses bottes et elles bondirent au milieu d'une bordure herbacée.

"Maintenant," dit-elle avec un petit mouvement de danse révélateur de soulagement, "tu verras que je peux courir."

"Qu'est-ce que tu as dit à propos d'un asile ?" » demanda Edmond avec méfiance. "Je pensais que seuls les fous allaient dans les asiles."

"C'est l'asile de Bainbridge pour les orphelines", expliqua Jane-Anne. "Je suis une femme et je suis orpheline, et j'aurais aimé ne pas l'être. Je suis à l'école là-bas et je déteste ça. Mais je suis généralement malade, donc je dois aller à l'hôpital, et là c'est adorable."

"Pourquoi es-tu malade ?" demanda Edmond.

"Il fait si froid. Si je continue à être malade", ajouta-t-elle avec espoir, "ils ne me garderont pas. C'est parce que je suis orpheline que je dois partir, ça facilite la tâche de tante."

"Mais nous aussi, nous sommes orphelins et nous n'allons pas dans les asiles", objecta Edmond.

"Ah," dit Jane-Anne, "tu es riche, tu vois."

"En effet, ce n'est pas le cas", a déclaré Montagu. "Nous sommes vraiment très pauvres ; tante Espérance l'a dit."

"Pauvre!" » répéta Jane-Anne avec mépris, « et vivre dans cette belle maison et avoir tante Marthe pour servante. Oh, non, vous ne pouvez pas être pauvre, pas vraiment.

"Vous voyez, il y a Guardie, il prend soin de nous", a expliqué Montagu, "mais nous aussi, nous sommes vraiment orphelins, vous savez."

"Vraiment ? Je suis vraiment désolée", et elle le regarda.

"Oh, tu n'as pas besoin d'être un peu désolé pour nous. Nous sommes très joyeux, merci", et Edmund parla d'un ton plutôt offensé. La pitié était la dernière chose qu'il attendait ou désirait.

"Je vous demande pardon", dit-elle rapidement. "Je sais que c'est tout à fait différent pour toi ; tu es une noblesse, tu vois."

Les garçons se regardèrent et étaient horriblement mal à l'aise. D'une manière étrange et inconsciente, ils avaient l'impression d'avoir été inexplicablement et involontairement « snob » envers Jane-Anne.

"Allez," dit Edmund, "on perd du temps."

Le jeu était vif et passionnant. Jane-Anne volait sur ses pieds fins et bas, et malgré la robe marron raide, il y avait quelque chose de singulièrement léger et gracieux dans ses mouvements.

L'agréable lumière rose était déjà devenue grise lorsque, de la maison, vint le son d'une cloche qui sonna vigoureusement.

"Miséricorde!" s'écria Edmund, "c'est à nous de nous laver. Mme Dew doit être à la maison et c'est presque l'heure du dîner."

Montagu était déjà à mi-chemin de la maison lorsque Jane-Anne attrapa Edmund par le bras en s'exclamant : « Oh, laisse-moi prendre mes bottes. Ne pars pas sans moi et ne dis pas que je les ai enlevées. Je ne sais pas ce que ma tante dirait. Je suis sûr qu'elle me fera plaisir de jouer avec toi.

"C'est nul", dit Edmond. "Dépêchez-vous. Nous vous l'avons demandé, et j'espère que vous viendrez souvent. Vous apprendrez à lancer une balle avec le temps, et votre course sera tout simplement déchirante."

"Est-ce que la princesse peut lancer des balles ?" » demanda Jane-Anne alors qu'elle laçait une botte à la vitesse de l'éclair.

"Je ne sais pas. Je ne devrais pas le penser ; c'est une très petite enfant, tu sais."

« J'aimerais la voir ; est-elle vraiment comme une princesse ?

"Eh bien, elle l'est plutôt. Elle a un air exigeant, comme si elle attendait que tout le monde fasse ce qu'elle veut. Vous pourriez la voir si vous veniez demain matin. Ils arriveront alors, je sais."

"J'adorerais, mais que dirait ma tante ? Je suis certaine qu'elle ne me laisserait pas le faire ; pas le matin quand elle est si occupée."

"Vous venez à la porte d'entrée et je vais vous laisser entrer moi-même et vous emmener au grenier. Elle voudra certainement y retourner. Elle ne semble pas se soucier des jardins."

"Oh, je le fais", s'écria Jane-Anne; "Les jardins sont magnifiques, mais je viendrai", ajouta-t-elle avec enthousiasme. "J'attendrai de l'autre côté de la route, puis vous pourrez me voir depuis la fenêtre et me laisser entrer. Attention, n'oubliez pas."

Ils retournèrent en courant à la maison et Edmund escorta Jane-Anne jusqu'à la cuisine, où Mme Dew se tenait devant la cheminée en train de préparer.

"Jane-Anne est venue vous voir, Mme Dew," annonça Edmund à voix haute depuis l'embrasure de la porte, "mais vous veniez de partir, alors nous lui avons demandé d'attendre votre retour."

Mme Dew se tourna précipitamment et aperçut sa nièce debout juste derrière elle.

"Mais je suis de retour depuis plus d'une heure", s'est exclamée Mme Dew. "Où étais-tu depuis, Jane-Anne ?"

"Nous lui avons demandé de jouer au cricket avec nous", a expliqué Edmund. "Nous ne t'avons jamais entendu entrer. Au revoir, Jane-Anne, je dois aller me laver."

Remuant significativement sa tête bouclée en signe de la mission du lendemain, Edmund partit et Jane-Anne se retrouva face à face avec sa tante.

"Bien!" éjacula cette bonne femme. "Vous m'avez donné un joli tour. Je ne pouvais pas penser où vous étiez allé, le soir et tout, et puis dire que vous avez joué tout ce temps avec les jeunes messieurs comme l'un d'eux, et moi jamais autant." comme rêver où tu étais. Qu'est-ce qui t'a poussé à venir, Jane-Anne ?

"J'étais seule, tante Marthe, je voulais te voir."

"Tu m'as peut-être vu il y a plus d'une heure si tu l'avais choisi. Eh bien, maintenant tu dois rentrer chez toi en courant avant qu'il ne fasse nuit. Je ne peux pas te laisser attendre que je t'emmène , il y a toutes ces choses à dîner à faire. lave-toi. Comme tu as chaud, mon enfant ! Attention à ne pas attraper froid, et l'école commence la semaine prochaine.

Jane-Anne regardait avec nostalgie les côtelettes grésillantes dans la poêle. Elle était partie avant son thé et avait très faim. Sa tante s'était retournée vers le fourneau et était occupée à sortir ses côtelettes une à une et à les faire égoutter sur un plat recouvert de papier blanc. Alors qu'elle plaçait soigneusement le dernier, elle se tourna et vit le petit visage rouge et mélancolique sous l'ombre du plat à tarte inversé.

« Voilà, mon enfant, » dit-elle avec impatience, « ne traînez pas, il est assez tard comme ça, et Miss Morecraft sera en bonne santé là où vous auriez pu arriver.

"Bonne nuit, tante Martha," dit docilement Jane-Anne, et elle leva son visage pour qu'elle l'embrasse.

Mme Dew se baissa et embrassa l'enfant avec une grande gentillesse et fouilla dans la poche de sa jupe. "Tu achètes un gâteau pour ton souper," dit-elle en mettant un sou dans la main de Jane-Anne, "en revenant. Je ne peux rien te donner ici car la nourriture n'est pas à moi, et prendre les victuailles de mon employeur, c'est ce que je peux faire." Je ne l'ai jamais fait et je ne le ferai jamais."

Jane-Anne passa ses bras autour du cou de sa tante. "Je t'aime, tante Martha," murmura-t-elle d'une voix étranglée.

"Là, là, rentre chez toi, et souviens-toi que si c'est le cas, comme je suis absent quand tu appelles, tu dois repartir et ne pas entrer aussi hardiment que des cuivres comme si tu étais un ami de la famille en jouant avec les jeunes messieurs et tout le monde devrait rester à sa place.

"Mais il m'a demandé de venir jouer", a postulé Jane-Anne.

"La loi te bénisse, demanderait Maître Edmund à un vagabond hors de la route, il est si plein de câlins. Maintenant, sois vigilant, mon enfant, et rentre à la maison."

Jane-Anne sortit par la porte latérale et passa sous la voûte dans la rue. C'était un lieu tout à fait désert, et comme elle passait devant la fenêtre de la salle à manger, elle s'arrêta, appuya son visage contre la vitre et regarda à l'intérieur.

La lumière électrique au-dessus de la table avait un abat-jour rose et remplissait la pièce d'une lumière chaude et douce. Un feu vif brûlait dans l'âtre, car les soirées étaient encore froides et un vent astucieux soufflait dans la rue déserte. Pour Jane-Anne, frissonnante maintenant après avoir eu beaucoup trop chaud, la pièce semblait inexprimablement confortable et joyeuse.

M. Wycherly, ses cheveux blancs brillant d'un éclat argenté, se tenait aux côtés de Montagu, nouvellement promu smoking sur le tapis de la cheminée. Sa main était sur l'épaule du garçon et il lui souriait, car Montagu parlait avec impatience. Il y avait évidemment une confiance et une affection si parfaites entre ce que Jane-Anne appelait « le beau vieux monsieur » et le garçon pour lequel elle venait de se présenter, qu'elle éprouvait un désir passionné d'être là aussi. Sûrement quiconque avait l'air si aimable et bienveillant aurait un mot gentil pour elle. Doit-elle frapper à la fenêtre et attirer leur attention ? D'une manière ou d'une autre, elle était certaine qu'aucun d'eux ne serait fâché. Ses yeux se remplirent de larmes et les personnages debout sur le tapis de l'âtre devinrent flous et indistincts, mais elle vit sa tante entrer et se diriger vers la fenêtre pour baisser le store. Jane-Anne s'éloigna en courant, les grosses larmes coulant sur ses joues.

"J'aurais aimé être ce genre d'orphelin !" sanglota Jane-Anne.

CHAPITRE V

LEUR RÉUNION

« Car ne peut-on pas avoir seulement cinq ans,

Et pourtant, vous avez le goût le plus raffiné du monde ?

En fait, celui-ci a des vues

Des plus strictes quant aux robes et aux chaussures. »

AUSTIN DOBSON.

La petite Herrick n'avait pas de compagnes de son âge, à l'exception de visites occasionnelles chez des cousins. C'est pourquoi elle s'est inventé des camarades et les a imposés sévèrement à sa famille.

Il y avait « Umpy chéri » qui, comme son nom l'indiquait, était une personne douce et inefficace, souvent en difficulté de toutes sortes, mais toujours entièrement aimable et désireuse de plaire. Tout autre était « M. Woolykneeze », une personnalité sévère et pleine de caractère qui était citée comme une autorité sur toutes les questions de bonnes manières et de comportement. Même Janet, la plus sensée, tremblait devant M. Woolykneeze. Un jour, au thé, ayant mal aux dents, elle avait osé laisser un morceau de croûte dans son assiette, quand Herrick le remarqua et dit sévèrement : « M. Woolykneeze pense qu'il est très impoli de laisser des morceaux, spécialement des croûtes, » et la pauvre Janet fut Elle préfère tremper la croûte dans son thé et la marmonner ainsi plutôt que d'offenser ce censeur mystérieux et invisible.

Lorsqu'on lui a demandé l'âge de "Umpy chéri", Herrick a toujours insisté sur le fait qu'il avait "trois mois et un jour". Il n'a jamais vieilli et ses solécismes sociaux étaient sûrement excusables à un âge aussi tendre. "Mme Miff" était la mère de "Umpy chérie", et son personnage aurait été fondé sur celui d'une femme de ménage qui venait occasionnellement à la maison. Comme sa progéniture, elle était douce et plutôt irréfléchie, suscitant fréquemment la colère de M. Woolykneeze par ses habitudes désordonnées et insouciantes.

Personne ne savait d'où Herrick tenait ces noms ni comment elle devinait leurs différents caractères, mais les gens étaient là et étaient venus pour rester, et sa famille a dû les supporter.

Sa visite à Oxford lui a ouvert des perspectives entières de nouvelles possibilités. Il s'agissait là de deux vrais garçons avec qui elle avait eu le droit de jouer. Il est vrai qu'ils ne se lancèrent pas dans son projet avec cette compréhension et cette obéissance instantanées auxquelles ses parents lui étaient habitués, mais ils jouèrent néanmoins d'une manière, d'une manière nouvelle et piquante, et Herrick retourna aux armes du roi après elle. visite à Holywell bavardant sans cesse de « Monkagu » et « Emmund » et exigeant un retour instantané dans leur société. Elle pleura amèrement lorsqu'elle découvrit qu'elle ne pouvait pas rentrer ce soir-là et déclara que M. Woolykneeze et sa chère Umpy étaient également bouleversés. Son père suggéra que ces messieurs pourraient se promener seuls, quand Herrick, le regardant avec un étonnement en larmes, sanglota : « Ils ne seraient jamais assez méchants pour partir sans moi. En plus, mon cher Umpy pourrait renverser quelque chose sur le meilleur tapis de ton oncle. . *Je ne peux pas* les prendre ?

"Pas ce soir, j'en ai peur."

"Pourquoi?"

"Parce que, voyez-vous, nous y sommes déjà allés ; ce serait gênant d'y aller deux fois."

"Pourquoi serait-ce gênant ? Je veux rejouer avec ces petits garçons."

" Ce ne sont pas de très petits garçons, vous savez. Ils sont beaucoup plus grands que vous. Peut-être qu'ils n'aiment pas jouer avec les petites filles. "

À cela, Herrick ouvrit grand ses yeux pleins de larmes, répétant avec étonnement : « Vous ne vous souciez pas de jouer avec *moi* ? Pourquoi pas ?

"Eh bien, tu vois, les garçons n'aiment pas toujours les mêmes jeux que les filles."

"Mais ce sont de gentils garçons."

"Je suis content de l'entendre ; et pourtant, tu sais, même les gentils garçons n'aiment pas toujours jouer avec les petites filles."

Herrick soupira profondément. C'était une suggestion horrible, d'autant plus qu'elle se sentait secrètement assurée que le jeu de la princesse n'avait pas été un franc succès.

— Je veux revoir le valet, insista-t-elle.

« Quel est le valet ?

"Le plus petit. Je veux qu'il joue avec moi."

"Peut-être qu'il le fera demain."

"Juste après le petit-déjeuner, attention, tu le promets."

William Wycherly a promis, et Herrick s'est couché en rêvant que "Emmund" et "Monkagu" marchaient dans Holywell bras dessus bras dessous avec Umpy chérie et M. Woolykneeze, et qu'ils ont tous les quatre appelé à l'hôtel pour l'emmener dormir. promenade dans les jardins de Saint-Jean.

Le lendemain matin, Herrick se réveilla très tôt. Janet, sa nourrice écossaise, avait quinze jours de vacances, sa mère était donc à cette époque sa seule tutrice et servante. Son lit était dans un petit cabinet de toilette à côté de celui de sa mère, la porte entre les deux chambres étant laissée ouverte.

Pendant un moment, Herrick se contenta de s'asseoir et de s'émerveiller devant les étages de l'hôtel King's Arms, qui ne sont pas des étages ordinaires, mais qui montent et descendent dans toutes sortes de directions inattendues. Mais elle en eut bientôt assez et réveilla si bien ses parents dévoués qu'ils étaient tous les trois descendus dans le café et avaient fini de déjeuner à huit heures et demie.

"Maintenant, allons voir ton oncle, papa chéri," suggéra Herrick dès qu'elle fut soulevée de sa chaise. Cela lui paraissait si extraordinaire qu'une personne aussi âgée que son père ait un oncle, et elle ne manquait jamais d'insister beaucoup sur ce pronom.

"Nous ne pouvons pas les envahir si tôt," dit fermement Margaret ; "Ils ne sont probablement pas encore en bas."

"Umpy chéri pense qu'ils sont debout et ont fini le petit-déjeuner", remarqua Herrick d'un ton détaché et impersonnel, " *et* qu'ils m'attendent."

"Eh bien, je dois être en désaccord avec Umpy, ma chère. Nous avons dit que nous appellerions vers dix heures, et il ne sera pas dix avant une heure et demie. Je dois écrire quelques lettres, et vous devez vous amuser d'une manière ou d'une autre pendant que je fais-le. Quels jouets auras-tu?

"Je vais regarder par la fenêtre, je t'ai coulé", remarqua Herrick avec dignité, et il grimpa sur une chaise pour qu'elle puisse voir par-dessus le store grillagé.

Sa mère jeta un regard amusé au petit dos offensé qui lui tournait vers elle et monta chercher son écritoire.

William Wycherly, voyant sa fille apparemment absorbée par son inspection de la rue, se dirigea vers le bureau pour rechercher les trains, car ils devaient partir cet après-midi.

A peine fut-il hors de vue que Herrick, marmonnant quelque chose du genre : « M. Woolykneeze *sait* qu'ils attendent », descendit précipitamment de sa chaise et se dirigea sur la pointe des pieds vers le hall et de là dans la rue.

Personne ne la vit, car aucun des autres voyageurs du King's Arms n'était descendu, et à ce moment-là il n'y avait même pas de garçon dans le hall.

C'était une parfaite matinée d'avril. Le soleil brillait clair et chaud, et un vent timide et caressant soulevait les boucles de Herrick et les transformait en une brume de soie dorée alors qu'elle s'avançait délicatement vers le trottoir et regardait attentivement rue et rue. Puis, aussi vite que ses jambes robustes le lui permettaient, elle courut jusqu'à atteindre la maison à pignon de M. Wycherly.

Mais là, elle se heurta à une difficulté, car elle ne parvenait à atteindre ni le heurtoir ni la cloche. Elle resta un moment indécise sur le seuil de la porte, mais elle ne manqua pas de ressources. Elle ne pouvait pas vraiment voir par les fenêtres mais elle pouvait les atteindre avec sa main. Elle sélectionna celle du côté gauche de la porte et tapota sur la vitre. Pas de réponse; de toute évidence, il n'y avait personne dans cette pièce.

Elle a essayé l'autre. Personne n'est venu voir qui était là.

Un garçon de passage, qui remarqua ses efforts, lui demanda avec bonhomie : « Tu veux entrer, mademoiselle ?

« S'il vous plaît ! Voudriez-vous m'appeler ? » » demanda-t-elle en lui souriant d'une manière envoûtante ; "Il ne semble y avoir personne dans ces pièces."

Le garçon sonna fort, frappa comme un facteur et remonta la rue, où il attendit à quelques portes pour voir ce qui se passait.

La porte était ouverte.

Mme Dew baissa les yeux sur cette personne sans chapeau, aux cheveux dorés, vêtue d'une blouse en lin bleu élaborée de la couleur de ses yeux, et reconnut le visiteur d'hier.

"Entrez, ma chère," dit-elle avec hospitalité. « Ils ne sont pas encore tombés, mais j'entends les jeunes messieurs crier et se déchaîner, donc ils ne tarderont pas... » « Les parents veulent la mettre à l'écart pendant un moment, je pense. ", pensa-t-elle, "sa maman doit en avoir assez sans infirmière."

Herrick suivit Mme Dew dans la salle à manger, où le petit déjeuner était servi. "Une minute, ma chère," dit cette bonne femme, "je dois juste revenir à mes œufs et au bacon, puis je viendrai vous voir."

Mais Herrick n'était pas venu voir Mme Dew. A peine fut-elle laissée seule qu'elle chercha l'escalier raide et étroit et commença à monter à l'étage, murmurant en chemin : "Tu ferais mieux de me prendre la main, Umpy chérie."

Deux portes sur le palier étaient ouvertes. La salle de bain lui faisait face, vide et très humide. Elle franchit directement la deuxième porte ouverte de l'autre côté du palier et tomba sur Montagu en train de brosser ses cheveux contre la vitre pendant qu'Edmund, toujours en manches de chemise, pratiquait un saut de main au bout de son lit.

Montagu la vit se refléter dans le miroir et, avec un étonnement muet, la regarda alors qu'elle s'arrêtait bien à l'intérieur de l'embrasure de la porte, annonçant cordialement : « Nous sommes tous les trois venus.

Les pieds d'Edmund tombèrent au sol avec un choc.

« Mon Dieu ! » Montagu éjacula et se précipita vers la porte qui menait à la chambre de M. Wycherly. Là-dessus, il frappa fort ; sans attendre la permission d'entrer, il l'ouvrit juste assez pour s'y enfoncer la tête et répéta : « Ils sont venus tous les trois », dans un murmure pénétrant.

M. Wycherly, qui se rasait, laissa tomber son rasoir et tourna un visage savonneux et étonné vers Montagu, s'exclamant : « Quoi ! al… ! » quand il changea précipitamment sa remarque en : « Ils sont venus déjeuner avec nous, n'est-ce pas ? Comme ils sont extrêmement gentils et amicaux ; descendez immédiatement et demandez à Mme Dew de réserver trois places supplémentaires.

Herrick fixant Edmund, entendit cela et dit lentement : « En général, ils ne pondent pas pour eux.

"Quoi?" s'écria Edmond, immensément intéressé. "Tu n'as pas d'assiettes, de couteaux et tout ça ?"

" *Oui* ," dit Herrick; "du moins pas de couteaux, sauf ceux en argent, mais ils ne le font jamais. Ils *seront* contents."

"Mais voulez-vous me dire," s'exclama Edmund, consterné par l'excentricité du *ménage Wycherly* révélée par leur fille, "qu'ils mangent des choses directement sur le torchon ? Que font-ils quand il y a de la sauce ?"

"Ils n'ont jamais de sauce, les pauvres chéris", dit tristement Herrick.

Edmond soupira. Comme aurait dit la vieille Elsa, c'était "sur lui" ; et ils avaient tous les deux l'air si gentils aussi. Il était impossible d'imaginer M. et Mme Wycherly ronger des côtelettes sans même une assiette entre eux. Il enfila son gilet et sa veste dans un silence pensif. Montagu, qui n'avait prêté aucune attention à ces étonnantes révélations, se demandant avec hospitalité s'il y aurait assez de bacon et d'œufs pour trois personnes supplémentaires, donna un dernier coup de brosse dans ses cheveux et se prépara à descendre.

"Arrêt!" s'écria Edmond ; "Vous n'avez pas dit vos prières, dépêchez-vous !" Les deux garçons s'agenouillèrent près du lit, côte à côte, tandis que Herrick observait leurs têtes baissées avec un intérêt solennel.

"Pourquoi ne commences-tu pas ?" » demanda-t-elle avec impatience après une minute de silence.

"J'ai *fini* ", annonça joyeusement Edmund, se levant de ses genoux, lorsque Montagu emboîta le pas et se précipita en bas.

"Mais tu n'as rien dit."

"Nous ne disons pas de prières à voix haute. Seuls les très petits enfants les disent à voix haute."

"Oh!" » dit-elle, comme si elle était soudain éclairée. "Umpy chéri dit son très fort, mais M. Woolykneeze regarde dans son chapeau comme un homme adulte ; vous n'entendez pas un fing."

"Mais", objecta Edmund, "on n'a pas toujours un chapeau le matin", et ouvrant très peu la porte de M. Wycherly, il appela : "Je dis, Guardie, dites-vous toujours vos prières dans un chapeau." ?"

"Vraiment, Edmund," dit le pauvre M. Wycherly, très perturbé par cette seconde interruption, "je n'aime vraiment pas qu'on ouvre les portes pendant que je me rase, surtout quand, comme dans ce cas-ci..."

Edmond a frappé à la porte.

"Je suis sûr que non", dit-il avec assurance. "Il ne peut pas, car son chapeau est en bas. Peut-être que M. Quel est son nom dont vous avez parlé a un genre spécial."

"M. Woolykneeze a des centaines de chapeaux", annonça magnifiquement Herrick.

"Quelle place ils doivent occuper", dit Edmond, très impressionné.

"Ils en ont", a déclaré Herrick, "des chambres et des chambres".

"Est-ce que votre M. Woolykneeze est un parent ?" » demanda Edmond.

Herrick avait l'air pensif. "Pas exactement," dit-elle lentement, "mais c'est un chien très cher."

"Combien de pantalons a-t-il ?"

Voici un poseur. Herrick n'était pas encore très familier avec la science des nombres. « Je ne les ai pas tous vus, » dit-elle prudemment ; "Il en porte des différents chaque jour. Descendons", ajouta-t-elle rapidement de peur qu'il ne pose des questions plus gênantes. "Tu peux me montrer le jardin jusqu'à ce que Bretfus soit prêt si tu veux."

Au moment où M. Wycherly est descendu, six couverts étaient préparés pour le petit-déjeuner et Mme Dew avait préparé trois portions supplémentaires de bacon et d'œufs. Elle sonna bruyamment et les garçons avec le petit Herrick arrivèrent du jardin.

"Peut-être feriez-vous mieux de courir aux Armes du Roi, Edmund, et de dire à mon neveu et à sa femme que le petit-déjeuner est prêt", a déclaré M. Wycherly. "Je pensais, ma chère," ajouta-t-il en se tournant vers Herrick, "que tu avais dit que ton père et ta mère étaient venus. J'espère qu'ils ne sont pas partis désespérés parce qu'aucun de nous n'était déprimé."

Herrick le regarda avec des yeux bleus candides et myosotis.

"Non," dit-elle gravement, "je n'ai jamais dit qu'ils viendraient car ils ne sont pas venus."

"Mais tu l'as fait!" s'exclama Montagu. "Vous avez dit : 'Nous sommes tous les trois venus' quand vous êtes monté à l'étage pour la première fois."

"C'est ce que nous avons fait", a-t-elle déclaré. "M. Woolykneeze et Umpy chéri et moi; pas maman et papa. Je suppose que c'est lui maintenant", alors qu'un coup fort et une sonnerie retentirent à la porte d'entrée.

Et bien sûr, c'était William Wycherly, si soulagé de voir sa fille saine et sauve qu'il oublia complètement de la gronder pour s'être enfuie.

Margaret, pensant que son mari s'occupait d'Herrick, ne s'était pas précipitée et lui, retournant dans le café vide, conclut que Herrick avait été emmené à l'étage par sa mère. Ce n'est que lorsque Margaret est descendue qu'ils ont découvert qu'elle avait apparemment disparu dans l'espace. William tomba instantanément dans la panique et était prêt à appeler un détective immédiatement, lorsque Margaret intervint calmement en lui suggérant de chercher d'abord sa fille dans la maison de son oncle. Après de nombreuses explications qui incluaient les personnalités importantes de M. Woolykneeze et de son cher Umpy, William fut obligé de retourner aux Armes du Roi sans sa fille, et Herrick s'assit à la droite de M. Wycherly, élevé dans sa chaise sur un dictionnaire et le livre de Cruden. Concordance, et elle reprit son petit déjeuner « sans bavoir » comme elle l'annonça joyeusement. La blouse bleue en témoignait également à la fin du repas. Le bacon et les œufs supplémentaires n'ont pas été gaspillés ; Montagu et Edmund ont tout consommé.

À la fin du petit-déjeuner, il était presque dix heures et Edmund se dirigea vers la porte d'entrée pour chercher Jane-Anne. Effectivement, elle attendait là, devant une porte juste en bas de la rue. Jane-Anne l'aperçut et sortit de sa porte en s'avançant plutôt timidement.

"Où est tante Marthe ?" elle a chuchoté.

"En haut, je fais les lits", répondit Edmund, "donc nous ne pouvons pas aller aux greniers, mais vous pouvez entrer dans le jardin. Il n'y a qu'une seule pièce qui donne sur le jardin et c'est le bureau de Guardie. Il y est allé maintenant donc Mme. La rosée n'en fera pas partie."

"Es-tu sûr?" Jane-Anne murmura encore. "Elle serait terriblement vexée si elle me voyait."

"Allez. Cette enfant est là et elle ne peut pas s'arrêter longtemps car nous sortons tous sur la rivière. Dépêche-toi si tu veux vraiment la voir."

Jane-Anne entra de travers, comme pour se rendre moins visible.

Herrick et Montagu se tenaient sur la pelouse sous un pommier, regardant des jonquilles trompettes qui poussaient à ses racines. Herrick, très doucement, soulevait chaque cloche jaune pour regarder à l'intérieur.

"Les fées vivent ici", disait-elle, "mais c'est une si belle matinée, je suppose qu'elles se sont toutes envolées. Il faut être très tôt pour attraper une fée. Qui est-ce avec Edmond et pourquoi est-elle venue ? "

"Pour te voir, je pense", répondit Montagu. "Jane-Anne est son nom et c'est la nièce de Mme Dew."

Jane-Anne avait l'air plus hagarde que jamais ce matin ; pâle à horrible, avec des ombres sombres sous ses grands yeux, elle était singulièrement peu attrayante. Le petit Herrick se sentait à la fois perplexe et repoussé, mais l'enseignement de Margaret tenait bon et l'enfant s'avançait en lui tendant la main d'un petit air gracieux très captivant.

"Comment vas-tu?" dit Herrick.

À sa grande surprise, cette personne à l'air étrange s'est mise à genoux devant elle et a pris la petite main jaune dans les siennes et l'a embrassée.

"Tu as bien raison", dit Jane-Anne à Montagu par-dessus son épaule, "elle est comme une princesse."

"Tu peux m'embrasser si tu veux", dit gracieusement Herrick.

"S'il vous plaît, mademoiselle, je préférerais que vous m'embrassiez si vous le vouliez", dit humblement Jane-Anne. "J'aimerais trouver quelque chose d'aussi joli que tu m'as embrassé."

Il y avait quelque chose de si mélancolique et pathétique dans le visage pâle qui regardait le sien avec tant d'envie que le cœur chaleureux du petit Herrick en fut touché et elle jeta ses bras autour du cou de Jane-Anne et l'embrassa chaleureusement.

"Merci", dit Jane-Anne en se levant. "Je ne l'oublierai jamais, jamais."

"Maintenant," interrompit Edmund, qui avait regardé avec une désapprobation étonnée cette démonstration de sentiment, "je détesterais et abhorrerais quiconque m'embrasserait et je devrais essayer de l'oublier le plus tôt possible."

"Je devrais plutôt le faire", approuva Montagu, "mais je suppose que les filles sont différentes."

"Bien sûr qu'ils le sont", intervint Herrick; "Tout à fait différent et bien meilleur et plus précieux. Papa le dit."

Ce point de vue n'a pas séduit les garçons.

"Je ne sais pas pour 'précieux'," dit Edmund avec mépris. "Cela dépend de ce que tu entends par précieux."

" *Je suis* précieux", a expliqué Herrick, "très, très précieux. C'est pourquoi ils avaient si peur de me perdre ce matin, parce que je suis si précieux."

"Je ne le suis pas", a déclaré Jane-Anne. "Les femmes orphelines ne sont jamais aussi loin que je sache, mais j'aimerais l'être. Oh, ce serait adorable !"

Herrick regardait fixement Jane-Anne depuis quelques minutes et ne pouvait enfin plus se contenir.

"Pourquoi," demanda-t-elle, "tu portes un chapeau si drôle ? Tu l'aimes ?"

"Pourquoi tu ne portes pas de chapeau du tout ?" Intervint Montagu, vaguement conscient que la question de Herrick manquait de tact.

"Je porte généralement un bonnet", remarqua Herrick avec dignité, "mais je suis sorti sans ce matin parce qu'ils étaient tellement pressés. Aimez-vous ma blouse ?" » demanda-t-elle en se tournant vers Jane-Anne. "Maman l'a fait."

"J'aime tout chez toi", répondit Jane-Anne avec un enthousiasme louable. "Je pense que tu es une chère chérie, et je déteste tous mes vêtements, mais je ne peux pas m'en passer parce que les gens me regarderaient, et en plus il fait généralement trop froid." Et même si le soleil brillait sur la pelouse, Jane-Anne frissonnait.

Montagu regarda sa montre.

"Nous devrons y aller et nous préparer", a-t-il déclaré. "Nous allons tous sur la rivière ce matin - ils partent cet après-midi - et j'ai promis de la ramener à l'hôtel à dix heures et demie pour lui laver le visage. J'aimerais que tu viennes aussi", dit-il. ajouta gentiment, "mais ce n'est pas notre fête."

"Au revoir, petite fille," dit Herrick, "et j'espère que tu auras bientôt un plus joli chapeau, un très joli." Et encore une fois Herrick embrassa Jane-Anne.

"Je vais vous laisser sortir par la porte du jardin", dit Edmund, "ainsi nous ne rencontrerons pas Mme Dew."

Tout en silence, Jane-Anne le suivit jusqu'au fond du jardin où se trouvait une porte percée dans le mur. On l'utilisait rarement et la clé était rigide, mais grâce à de grands efforts des deux mains, Edmund réussit à la tourner.

"Revenez bientôt," dit-il avec hospitalité, "et nous aurons encore du cricket."

Jane-Anne murmura quelque chose d'inintelligible et s'évanouit la tête penchée, le plat à tarte cachant efficacement son visage. Edmund verrouilla la porte derrière elle et retourna en courant à la maison.

En dehors du jardin, sur Saville Road, c'était très calme. Il est vrai qu'il y avait un grondement lointain de charrettes venant de Holywell et qu'une grive chantait dans l'un des pommiers de M. Wycherly, mais il n'y avait aucun signe d'espèce humaine.

Jane-Anne se mit à genoux, son épaule appuyée contre la porte du jardin.

"Cher Dieu", a-t-elle prié, "je veux aussi être précieuse. S'il te plaît, laisse-moi être précieuse pour quelqu'un. S'il te plaît, fais-le."

CHAPITRE VI

M. WYCHERLY AJOUTE SES RESPONSABILITÉS

"Certains fromages sont faits de lait écrémé et d'autres de lait nouveau, et peu importe comment vous les appelez, vous pouvez dire lequel est lequel par l'apparence et l'odeur." *Adam Bède* .

Le lendemain, Mme Methuen emmena les garçons sur la rivière pendant tout l'après-midi. Elle invita M. Wycherly à y aller aussi, mais la veille avait été sa première expérience avec ses pupilles en tant que rameurs, et il en arriva à la conclusion qu'il préférait leur compagnie sur terre.

Il était assis à sa table d'écriture dans son bureau. Le grand oriel était ouvert et il pouvait voir qu'il y avait déjà des taches roses sur le plus grand pommier, tandis que les poiriers avaient perdu leurs fleurs enneigées et brillaient d'un vert éclatant sur le ciel bleu et sans nuages.

Depuis la fenêtre du bureau, c'était une perspective agréable : une longue bande irrégulière de jardin, avec une pelouse bien rasée au centre et des allées sinueuses parmi les bordures où légumes, fruits et fleurs poussaient côte à côte en parfaite amitié.

L'après-midi fut singulièrement calme et, connaissant les habitudes de M. Wycherly, on aurait pu penser que c'était là une excellente occasion pour son grand travail sur l'éthique nikomachéenne qui avait été malheureusement négligé au cours des dernières semaines intenses. Pourtant il ne prit pas la plume et n'ouvrit aucun des gros livres reliés en veau empilés les uns sur les autres à son coude.

Il était assis très immobile, ses longues mains blanches posées paresseusement sur les accoudoirs de son fauteuil, ses bons yeux rêveurs, toute son attitude éloquente de tranquillité satisfaite.

Bientôt, on frappa modestement à la porte du bureau, suivi de l'entrée de Mme Dew avec son petit plateau rond, et dessus un morceau de papier plutôt sale qu'elle présenta à M. Wycherly avec l'annonce : « Un jeune à à bientôt, monsieur."

M. Wycherly, tiré de son agréable rêverie, parut abasourdi.

"Un jeune ?" répéta-t-il vaguement, "pour me voir. Quel genre de jeune personne, Mme Dew ?"

Le visage de Mme Dew conservait l'expression évasive de quelqu'un qui a servi dans de très bonnes familles, lorsqu'elle répondit : « Une jeune femme, monsieur, du bureau d'enregistrement, je suppose.

M. Wycherly a retiré le morceau de papier du plateau et a lu ce qui suit :

" *M. Fairfield exp. : caractère général six mois douze mois cuisine simple âge 23 très respectable.* "

Il n'y a eu aucun arrêt.

Il regarda Mme Dew d'un air suppliant, mais ses yeux étaient fixés sur le tapis et elle attendait son plaisir, un parfait monument de détachement respectueux. Le pauvre M. Wycherly avait tout oublié de sa recherche du général accompli. Quelque part au fond de son cerveau se cachait la conscience que Mme Dew n'était qu'une bénédiction temporaire, en réalité là « pour obliger Mme Methuen », jusqu'à ce qu'un serviteur convenable et permanent soit obtenu ; mais elle s'intégrait si parfaitement dans sa niche, son influence était si bienveillante, quoique un peu despotique, qu'il commença à la considérer comme faisant partie de l'ordre établi des choses et, depuis sa seule visite au bureau de l'état civil de grande classe, avait n'a fait aucun effort pour trouver son successeur.

"Ne pourriez-vous pas la voir pour moi, Mme Dew ?" implora-t-il presque abjectement. "Vous pourriez juger de ses capacités bien mieux que moi."

Mme Dew leva les yeux et regarda M. Wycherly en face, tout en secouant la tête : « Non, monsieur, je ne pense pas, monsieur ; il serait plus satisfaisant pour toutes les parties si vous voyiez vous-même la jeune personne. ".

M. Wycherly soupira lourdement. "Pensez-vous qu'elle semble convenir?"

Le visage sain et bon enfant de Mme Dew redevint semblable à celui d'un sphinx. "Je ne saurais vraiment pas le dire, monsieur. L'apparence des jeunes femmes d'aujourd'hui est souvent très défavorable à elles. Nous ne pouvons qu'espérer qu'elles sont de meilleures servantes qu'elles n'en ont l'air. Dois-je la faire venir ici, monsieur ?"

« S'il vous plaît, Mme Dew, mais j'aurais aimé que vous puissiez l'interviewer pour moi – attendez un instant. Pourriez-vous gentiment suggérer certaines des questions que je devrais lui poser ?

La voix de M. Wycherly trahissait son extrême perturbation et il se retourna sur son fauteuil tournant presque comme s'il envisageait d'imposer des mains violentes sur Mme Dew pour l'empêcher de partir.

Elle s'arrêta sur le seuil et une personne imaginative aurait peut-être découvert une trace de pitié dans le regard qu'elle jetait sur la silhouette agitée de M. Wycherly.

"Les questions habituelles, monsieur, seront, je pense, tout à fait suffisantes."

Et elle ferma la porte derrière elle.

"Les questions habituelles."

Mais quelles étaient les questions habituelles ? M. Wycherly ne pouvait penser qu'à ceux du catéchisme de l'église. Il ramassa le bout de papier sale et le relut. "Exp." ne lui transmettait rien. Ils montaient à l'étage et il n'avait aucun plan de campagne établi. Il se sentait complètement désespéré et impuissant. Et si la jeune personne ne s'en allait pas de son propre gré ? Comment avait-il pu lui suggérer que l'entretien était terminé ? Il se retrouva à désirer le soutien moral d'Edmond, qui, en tout cas, ne manquait jamais du pouvoir de poser des questions ; et aucune sorte de jeune personne, ni d'ailleurs de vieillard non plus, ne pouvait lui inspirer la terreur irraisonnée qu'éprouvait son tuteur à la perspective de ce *tête-à-tête* si imminent.

Mme Dew a ouvert la porte.

"Le jeune", annonça-t-elle, et son expression désapprobatrice se changea en une expression d'horreur pure alors que M. Wycherly se levait pour recevoir son visiteur.

C'était une jeune femme petite et corpulente, vêtue d'un manteau bleu vif et d'une jupe de la teinte connue par les drapiers sous le nom de « Royal ». Son chapeau était grand et était orné de roses roses tombées. Ses cheveux étaient crépus et flamboyants et ses bottes craquaient – M. Pensa Wycherly – infernalement.

« Je vous prie de vous asseoir, » dit-il courtoisement.

La jeune femme choisit une chaise le plus loin possible et rit affablement.

« Je comprends, » commença-t-il d'une voix faible, « que vous pensez que vous seriez capable d'assumer les fonctions de... euh... serviteur général à part entière – ce qui, je crois, est le terme correct ?

"J'ai toujours été générale", répondit la jeune femme, "même si j'ai pensé à m'améliorer, mais Mme Concer a dit que votre maison était un endroit difficile sans qu'aucune femme ne vous harcèle et j'ai pensé que cela pourrait convenir. moi donc je viens voir les choses. C'est une maison assez grande pour une personne mais je suppose que tu n'as pas beaucoup de cuisine et d'attente.

"Mais nous sommes trois", intervint M. Wycherly avec empressement. " J'ai peur que vous ne trouviez cela trop. Vous êtes plutôt jeune pour entreprendre toute la gestion de cette maison. Vous voyez qu'il y aurait le ménage à faire, les commandes, les livres à payer, etc., ainsi que le ménage proprement dit. " travail."

"Oh, je pourrais faire tout ça," répondit-elle avec assurance. "Je ferai les courses moi-même. J'aime m'échapper entre mes heures habituelles, et je verrais qu'ils ne vous ont pas trompé dans les livres, en écrivant des choses que vous n'avez jamais faites."

Miss Fairfield sourit joyeusement à M. Wycherly. Elle aimait son apparence. Elle était sûre qu'il serait facile à vivre avec lui et qu'il ignorerait probablement l'existence des adeptes. Comme toutes les femmes ayant jamais eu des relations personnelles avec lui, elle était certaine qu'il avait besoin de protection contre les autres, et a décidé sur-le-champ que c'était sa mission de veiller à ce qu'il ne soit pas exploité par quelqu'un d'autre.

"Quand aurez-vous besoin de mes services ?" elle a demandé.

M. Wycherly haleta. « Il me faudrait réfléchir à la question, » dit-il faiblement, « et il est habituel, n'est-ce pas, de donner quelques... »

"Ma dernière maîtresse me donnera un personnage. J'y suis resté six mois et elle a failli se mettre à genoux pour que je m'arrête ; mais je ne pouvais pas, c'était un endroit tellement difficile."

"Es-tu un bon cuisinier simple ?" » a demandé M. Wycherly, estimant qu'il s'agissait là en effet d'une question directrice ; certaines instructions de Lady Alicia lui revenaient peu à peu à l'esprit. « Pouvez-vous... euh... pêcher ? »

"Faire frire du poisson, pourquoi vous bénir, monsieur, mon dernier endroit était un magasin de poisson frit, c'est pourquoi je suis parti. On en a assez de faire frire matin, midi et soir. Je peux faire du puddin rôti nature, bouilli et au lait et ça, mais je ne prétends pas faire de pâtisserie.

"Merci", dit M. Wycherly, et il fit une pause. Pour se débarrasser d'elle, il était sur le point de dire qu'il examinerait ses qualifications et lui ferait part de sa décision plus tard, lorsque son sens délicat de l'honneur lui fit remarquer qu'une telle solution ne serait pas tout à fait simple. C'était une terrible jeune femme et son âme exigeante se révoltait à la seule pensée du magasin de friture, mais elle était jeune et c'était une femme ; il ne serait pas juste de la laisser partir avec l'impression qu'elle était une candidate probable alors que rien au monde ne pouvait l'inciter à l'embaucher.

« Je crains, » ajouta-t-il doucement, « que vous n'ayez pas assez d'expérience pour nous ici, et c'est pourquoi je ne dérangerai pas votre défunte maîtresse avec des demandes de renseignements. Je suis désolé que vous ayez dû venir en vain, si vous aviez fait quelque chose. frais?"

La jeune fille eut un petit rire. "Je n'ai parcouru qu'un demi-mile environ", a-t-elle déclaré. « Je suis désolé de ne pas te convenir ; je pense que je pourrais être très « heureux » dans ta situation.

Le pauvre M. Wycherly avait l'air très malheureux. Il se leva et sonna en disant :

"Mme Dew va vous montrer la sortie." Il lui ouvrit la porte avec la plus grande courtoisie et elle grinça en bas, se demandant pourquoi elle n'avait pas exigé au moins « 'arf a couronne » pour dépenses. "Je l'aurais bien compris aussi", pensa-t-elle, "mais il ne m'est jamais venu à l'idée de ne rien lui dire d'autre que la pure vérité et je suis si civil et affable."

M. Wycherly retourna à sa chaise et attrapa une brochure traitant de la philosophie d'Eubulide, qu'il pensait pouvoir apaiser, mais il n'était pas allé plus loin que la déclaration selon laquelle, "chez Eubulide, la foi positive était remplacée par le plaisir de son propre subtilité", quand on frappa à nouveau à sa porte et que Mme Dew se présenta à nouveau.

"Je vous demande pardon, monsieur, d'avoir osé vous déranger", dit respectueusement Mme Dew, "mais êtes-vous parvenu à un arrangement avec la jeune personne ?"

M. Wycherly a déposé Eubulides. "Oh, chérie, non," gémit-il, "elle était tout à fait impossible. Une fille très bien intentionnée, j'en suis sûr... mais..."

"Je le craignais, monsieur, à cause de son apparence très voyante, mais on espère toujours qu'ils seront meilleurs que leur apparence. N'étant que temporaire, j'aimerais savoir que vous avez trouvé quelqu'un de vraiment convenable."

"Regardez ici, Mme Dew", dit M. Wycherly, soudain repris courage. "Pourquoi ne serais-tu que temporaire ? Ne pourrais-tu pas t'installer avec nous ? Si tu trouves trop de travail quand mes pupilles sont à la maison, pourquoi ne pas demander à une jeune fille de t'aider ?"

" Vous êtes très gentil, monsieur ", dit Mme Dew en touchant son tablier et l'air embarrassée, " mais vous voyez, je ne suis pas sans entraves. Mari, je n'en ai pas, et mes enfants, je n'en ai pas, mais ce que j'ai J'ai une nièce et mes affaires. Je suis obligé de lui garder une petite maison pendant les vacances, c'est pourquoi je ne peux pas accepter une situation permanente. Vous voyez, personne ne veut qu'un enfant de douze ans soit cloué à un appartement. serviteur pendant des semaines à la fois.

"Mais écoutez, Mme Dew, il y a le cottage - le petit cottage à côté de la cuisine où se trouve actuellement votre chambre - pourquoi ne pas apporter vos affaires et le meubler ainsi que la chambre de la gouvernante et il y aurait une maison pour votre nièce ?"

Mme Dew est devenue très rouge. « C'est un genre de votre part très rare, monsieur, » dit-elle, « mais je n'aimerais pas profiter de vous. Vous voyez, c'est justement lorsque les jeunes messieurs seraient à la maison que les vacances arrivent, et peut-être... »

"Ce serait sûrement le moment précis où elle pourrait vous être le plus utile."

Mme Dew regarda M. Wycherly d'un air bizarre, puis, comme pour se forcer à parler contre sa volonté, elle dit lentement : « Vous voyez, monsieur, je dois être franc avec vous. Si Jane-Anne était comme certaines filles, comme quoi J'étais moi-même - je ne devrais pas hésiter à accepter votre offre très aimable, car cela ferait une grande différence pour moi. Je déteste couper et changer et si je peux me permettre, monsieur, vous avez besoin d'une personne sérieuse ici. pour s'occuper des choses, mais Jane-Anne est le genre d'enfant qui surgit continuellement, je *ne pouvais pas* lui promettre car elle resterait seule comme elle le devrait, monsieur. gardez-la dans notre propre partie de la maison, mais... "

Mme Dew fit une pause et secoua la tête. Chaque fois qu'elle était très sérieuse, elle reprenait le discours de sa jeunesse ; le discours sans émotion et aux voyelles larges du pays des Cotswolds d'où elle venait.

"Mais j'aimerais voir votre nièce à la maison", a déclaré M. Wycherly. "Ce sera agréable d'avoir une jeune fille qui grandit parmi nous, c'est bon pour moi et pour les garçons."

De nouveau, Mme Dew lança à M. Wycherly ce regard étrange, mi-dédaigneux, mi-admiratif.

"Vous ne devez pas penser, monsieur, qu'il y a un véritable bras chez Jane-Anne", dit-elle avec sérieux. " Elle n'a rien de coquine, je le dis ; mais... je ne sais pas comment le dire sans être dur avec l'enfant, et pourtant il ne serait pas juste pour vous, monsieur, de la laisser venir sans je te dis———"

Encore une fois, Mme Dew fit une pause et M. Wycherly parut plutôt anxieux.

"Elle fait une sorte de sensation partout où elle va et c'est tout." Et Mme Dew est retombé dans le Gloucestershire le plus vaste en laissant échapper ce fait surprenant.

"Remuez", répéta M. Wycherly, "remuez. Voulez-vous dire que c'est une enfant particulièrement bruyante ?"

"Non, monsieur, pas ça. Jane-Anne n'est pas ça, mais elle fait des choses qu'aucun autre enfant ne pense faire et vous ne pouvez pas vous en prémunir. Le tout premier mois où elle a été à l'asile, elle est allée et a passé son pied par la fenêtre d'un escalier pour essayer de voir des soldats qui passaient. Ils ont eu une réunion du conseil d'administration à ce sujet.

M. Wycherly a ri. "Il est inhabituel de mettre son pied à travers une fenêtre, mais c'était sûrement un accident et non une offense morale ?"

"C'était une fenêtre d'escalier, qui s'étendait sur tout un côté de cette aile", dit solennellement Mme Dew, "et la rampe était contre elle, et Jane-Anne se penchait par-dessus la tête pour voir ces soldats. , et elle a perdu l'équilibre et a basculé en arrière et a enfoncé son pied de part en part et lui a coupé la jambe si bien qu'elle saignait terriblement.

"Pauvre enfant", a déclaré M. Wycherly, "c'est une chose dont elle est tout à fait en sécurité ici. Elle ne sera pas tentée de mettre ses pieds par les fenêtres. A-t-elle perdu ses deux parents, Mme Dew?"

"C'est une autre chose", dit Mme Dew, baissant mystérieusement la voix, "comme je pense que vous devriez le savoir, et c'est que le père de Jane-Anne était grec."

"Vraiment", remarqua M. Wycherly, visiblement peu ému par ce que Mme Dew considérait comme un fait des plus préjudiciables. "Un Grec, comme c'est intéressant ! Quel était son nom ?"

"Le personnel monte", répondit rapidement Mme Dew. "Du moins c'est comme ça que je l'appelle, mais il l'a appelé quelque chose de plus long. J'ai essayé de l'anglais autant que possible pour qu'il corresponde à son prénom vraiment respectable."

« Est-ce que vous vous souvenez de la façon dont cela s'écrivait ? » a demandé M. Wycherly.

"Oui, monsieur, STAVRIDES."

« Ah », s'est exclamé M. Wycherly ; "Maintenant je l'ai. Stavrides. Un nom grec assez courant. De quelle partie de la Grèce venait-il ?"

" Athènes, monsieur, et c'est là qu'il a rencontré ma sœur, qui était la femme de chambre du cousin de Mme Methuen. Elle avait d'abord été bonne de classe, puis quand les jeunes filles ont grandi, elles lui ont enseigné la couture et Elle était coiffeuse et l'emmenait partout avec eux. Et quand Lady Lettice s'est mariée, elle a emmené ma sœur Jane avec elle, et ils ont beaucoup voyagé, et à Athènes, il y a eu un accident de voiture et ma sœur a été expulsée et abasourdie, et ce jeune homme était de passage et il l'a prise dans ses bras, et il semble qu'il soit tombé amoureux d'elle sur-le-champ, car tous ses yeux étaient gonflés par la bosse qu'elle avait - c'était une très jolie fille, c'était Jane - de toute façon, 'e Il ne s'est jamais reposé jusqu'à ce qu'il se soit marié. Il était, je suppose, dans une meilleure position qu'elle, cependant, à force d'être si constante avec les jeunes dames, ma sœur semblait avoir compris leurs jolies manières et parlait. exactement comme eux. Elle n'était pas du tout comme moi," dit simplement Mme Dew, "vous n'auriez jamais pensé que nous étions sœurs."

"Qu'était Stavrides ?" » a demandé M. Wycherly.

" Une sorte d'écrivain, monsieur, pour les journaux. Quand ils se sont mariés, il est venu à Londres et il a été correspondant pour un journal, un journal grec. Ce n'est pas un métier auquel je pense beaucoup, mais il gagnait beaucoup d'argent et il Et puis, tout comme lui, il a oublié de payer la prime, est tombé malade et est mort précipitamment alors que Jane-Anne n'avait que quatre ans, et ma sœur s'est retrouvée sans rien du tout. mais ils mettent environ quarante livres à la banque.

"La pauvre chose", dit M. Wycherly. "Qu'a-t-elle fait?"

"Elle faisait de la couture et elle a pris un locataire. Lady Lettice et les jeunes dames l'ont aidée autant qu'elles ont pu, et elle se débrouillait plutôt bien quand elle a pris et est morte, et elle m'a laissé Jane-Anne. Mon "usban" était vivant à l'époque - pas parce qu'il était d'une grande utilité, et j'ai fait de mon mieux, mais vous voyez, je ne suis qu'un serviteur et ne pas être régulièrement rend les choses plus difficiles, lui. elle a obtenu une nomination pour l'asile de Baresgill, mais je ne sais pas si elle peut s'arrêter là. Il fait très froid là-haut dans le Northumberland, et elle a la poitrine délicate. Elle est là depuis quinze mois, mais comme... et beaucoup de maladies, et je ne sais pas si elle peut continuer. Ils n'aiment pas ça, vous voyez, monsieur, tant de maladies.

"Je comprends que c'est une sorte d'orphelinat. Les garçons, vous savez, m'ont parlé de votre nièce, Mme Dew. J'ai hâte de faire sa connaissance. Reçoivent-ils une formation spéciale là où elle est ?"

" Oh, oui, monsieur, c'est un endroit des plus supérieurs où ils les forment pour les jeunes domestiques. Ils reçoivent leur éducation et leurs vêtements et une bonne et approfondie formation aux tâches ménagères, et quand ils ont dix-sept ans, ils les mettent dans de bonnes familles qui ils savent où ils s'intéressent aux domestiques et les traitent bien.

"Cela semble être une institution admirable", a déclaré M. Wycherly. "Est-ce que les enfants sont heureux là-bas ?"

" La plupart des filles, monsieur, sont heureuses comme des oiseaux. C'est vraiment un bon endroit, monsieur, il y a plein de nourriture saine, de belles pièces aérées, mais là ! Jane-Anne, elle s'inquiète de quelque chose d'horrible. Parfois, j'ai peur qu'elle ne réussisse jamais. bonne servante fiable. Si c'est l'apprentissage des livres, maintenant, elle s'y met comme un chat sur une souris, il n'y a jamais de plainte là-bas, mais on ne sait jamais quelle légèreté Jane-Anne recherchera.

"Vous voyez," dit M. Wycherly avec indulgence, "elle n'est encore qu'une enfant. Nous devons faire preuve de patience. Quoi qu'il en soit, Mme Dew, j'espère que cela est réglé. Envoyez chercher vos meubles et Jane-Anne..."

"Je vous suis profondément obligé, monsieur," dit sincèrement Mme Dew, "et je m'efforcerai de vous servir fidèlement. Je m'arrangerai avec Miss Morecraft, elle avec qui je partage la maison, et j'irai chercher Jane- Anne, heureusement, quand elle peut être déplacée——"

« Alors, est-elle malade ?

"Elle a réussi à attraper un rhume des plus effrayants sur sa poitrine; oh, je ne peux pas concevoir, mais c'est ainsi; elle est si rauque et si croupeuse, la gardienne de Miss Morecraft au lit, et ce que je suis vraiment venu demander, monsieur, c'était si je pouvais passer après le dîner pour voir comment va l'enfant.

"Bien sûr, Mme Dew, et chaque fois qu'elle peut être déplacée, amenez-la ici. Ensuite, vous pourrez vous occuper d'elle vous-même."

M. Wycherly était très épuisé après cette longue conversation. Il s'allongea sur sa chaise et ferma les yeux avec un sentiment de repos bien mérité. Quelle que soit cette enfant, cette petite fille briseuse de vitres, « recadrée », généralement inquiétante, elle ne pouvait pas être à moitié aussi terrible que le genre de domestique dont M. Wycherly se voyait esclave si Mme Dew l'abandonnait. De plus, Mme Dew elle-même serait là pour la maintenir en ordre.

"Ces soins domestiques sont très désorganisateurs", réfléchit-il. À ce moment-là, il éprouvait un dégoût positif pour l'École de philosophie migrante. Le pamphlet sur Eubulide était ouvert sous son coude, mais il l'ignora. Au lieu de cela, il se dirigea vers sa bibliothèque et en sortit « Tristram Shandy », qu'il aimait beaucoup. Il l'ouvrit au hasard, debout là où il était, et ses yeux tombèrent sur ce passage :

« Je ne peux pas sortir, je ne peux pas sortir », a déclaré l'étourneau.

" Je regardais l'oiseau ; et à chaque personne qui passait par le passage, il courait en flottant du côté vers lequel ils s'approchaient, avec la même lamentation de sa captivité. " Je ne peux pas sortir ", dit l'étourneau. 'Que Dieu t'aide !' dis-je, mais je te laisserai sortir, coûte que coûte. "

"Je me demande maintenant", pensa M. Wycherly, "si cette pauvre petite fille à moitié grecque se sent comme l'étourneau de Sterne."

CHAPITRE VII

JANE-ANNE JURE FIDÉLITÉ

« Les esprits se conduisent dans des directions contraires, se traversent en d'innombrables points et se saluent enfin à la fin du voyage. Un vieillard et un enfant parlaient ensemble ; et le vieillard était conduit sur son chemin et l'enfant partait. pensée." JOHN KEATS.

Jane-Anne avait réussi à attraper un très gros rhume. Courir sur l'herbe mouillée en bas, si l'on porte ensuite les bas toute la soirée, n'est pas une démarche sage pour une personne délicate. Et quand, le lendemain, elle alla célébrer son rendez-vous avec Edmond, elle comprit bien que son poumon avait repris ses vieux tours ; et que si elle avait été « au Bainbridge », la matrone aurait fait venir le médecin. Il l'aurait écoutée dans son dos avec son drôle de tube indien, et aurait alors marmonné quelque chose de mystérieux sur la « crépitation ».

Jane-Anne avait sa propre idée de la « crépitation », qu'elle abrégée en « les creppits ». Elle a toujours représenté ce malheureux poumon comme une personne courbée et âgée se faufilant « avec des jambes qui claquaient comme des hommes qui craignent de tomber ».

C'était fatiguant ce poumon ; car chaque fois que le spectacle commençait, elle se sentait si mal. Sa tête lui faisait mal et ses jambes semblaient peser des tonnes ; sa gorge était chaude et douloureuse, et quelque chose semblait flotter dans la paume de ses mains comme un oiseau emprisonné.

Plus morte que vivante, elle revint en rampant de sa rencontre avec la princesse jusqu'à la petite maison étouffante "à St. Clement's" que sa tante partageait avec Miss Morecraft, sachant très bien que le lit serait sa part dès que quelqu'un remarquerait à quel point elle avait l'air malade.

Miss Morecraft, une couturière au tempérament très respectable et mélancolique, n'était pas observatrice, et il se trouvait qu'à ce moment-là elle était très occupée, car ses clients étaient presque tous des domestiques, et une nouvelle robe à la Pentecôte est une question de rituel sacré dans cette classe.

.

Elle remarqua, il est vrai, que Jane-Anne était « une gourmande délicate » lorsque l'enfant laissait son dîner presque intact, mais elle ne « tenait pas à choyer les enfants », et après avoir mangé son propre dîner avec beaucoup de délectation, retourna à son travail, après avoir engagé Jane-Anne au service pour faire un peu d'arrosage.

Ce n'est que lorsque l'enfant s'est presque évanoui au cours de l'après-midi que Miss Morecraft a réalisé que Jane-Anne était vraiment malade. Elle avait bon cœur et était plutôt choquée d'avoir obligé l'enfant à coudre alors qu'elle était manifestement inapte à un tel effort. Elle la mit au lit, lui prépara une tasse de thé et persuada le laitier d'appeler et de dire à Mme Dew comment allaient les choses.

Au cours de la soirée, Mme Dew "est venue", a pris la température de Jane-Anne, l'a frottée avec du liniment, l'a bien grondée, l'a embrassée et l'a bordée dans son lit, et l'a laissée inexplicablement réconfortée et réconfortée.

Le lendemain matin, un nouveau médecin étrange est arrivé. Lui aussi écoutait dans le dos de Jane-Anne avec son drôle de double téléphone. Lui aussi secoua la tête et murmura quelque chose à propos de crépitation et de congestion, tout comme le médecin de « Bainbridge ».

"Est-ce que je pourrai retourner à l'école ?" Jane-Anne coassa avec impatience. Elle était enrouée comme un corbeau.

"Quand commence l'école ?" demanda le docteur.

"Ça commence le 5 mai. Je dois monter le 4. C'est tellement long."

"Et nous sommes le 29 avril. Non, certainement pas. Vous ne serez pas apte à l'école avant quinze jours, si cela se produit. Etes-vous désolé ?"

"Non", dit franchement Jane-Anne, " *je* ne suis pas désolée, mais tante Marthe le sera vraiment."

Le docteur a ri. "Eh bien, vous devez faire de votre mieux pour vous rétablir, c'est tout ; mais cela ne sert à rien d'aller nulle part tant que ce poumon n'a pas cessé de crépiter."

Miss Morecraft était beaucoup trop occupée pour s'occuper elle-même de Jane-Anne, et Mme Dew, imprudemment extravagante s'il y avait de réelles raisons de s'inquiéter en ce qui concerne l'enfant de sa sœur, envoya une infirmière qualifiée.

L'infirmière faisait son devoir auprès de Jane-Anne, mais considérait ce poste un peu indigne de sa dignité et ne s'intéressait pas à la petite fille agitée aux grands yeux qui faisait monter sa température d'une manière aggravante en s'excitant pour des bagatelles.

Un soir, alors que la température était redevenue normale, Mme Dew informa Jane-Anne de son arrangement avec M. Wycherly.

"Allons-nous vraiment vivre là-bas ? Sera-ce notre propre maison, non partagée ?" » demanda l'enfant avec une joie incrédule.

"S'il y a un partage, c'est M. Wycherly qui partage sa maison avec nous", a déclaré Mme Dew. "Je dois avoir la maison pour moi, et nous aurons la chambre de la gouvernante comme salon."

"Et je vivrai dans la maison avec ces gentils garçons ?" Jane-Anne poursuivit : « directement dans la même maison ».

"Oui", a déclaré Mme Dew; "Mais vous devez vous rappeler que vous appartenez à la cuisine et qu'il ne doit y avoir aucune intrusion. Cela ne fonctionnerait jamais pour vous de jouer avec les jeunes messieurs comme si vous étiez l'un des leurs. Vous devez comprendre cela dès le début. Ce n'est pas sans raison, ce sont des jeunes messieurs très gentils, qui vous poursuivent encore et encore, et M. Wycherly également, il veut venir vous voir avant de retourner à l'école.

"Oh, tante Martha, laisse-le. Je devrais aimer ça. Je promets que je ne monterai pas, je resterai normal, je le ferai vraiment."

"Je n'y crois pas une seule minute, Jane-Anne; eh bien, si je devais prendre ta température maintenant - seulement je ne le ferai pas - je sais qu'elle dépasserait la centaine, avec toi si rose et tout Non, je n'accepte pas que Maître Edmund vienne vous voir ici. Je n'ai jamais été vraiment occupé dans cet endroit — il y a trop de sujets et de bribes à mon goût et ça sent le magasin de drapier à longueur de journée. Je n'ai aucun souhait puisque Maître Edmund vous voit ici... Maintenant, n'allez pas crier avant d'être blessé. Attendez que je puisse vous dire... "

"Oh, tante, quoi... fais vite."

"Le médecin dit que vu le beau temps, vous pouvez être déplacé à tout moment à condition d'aller directement au lit une fois sur place——"

"Et tu vas me déplacer... oh, tante Marthe, comme c'est beau... aujourd'hui ?"

"Non, pas aujourd'hui, mais demain, la nourrice vous amènera une mouche. Et vous devez promettre de rester calme et de ne pas sauter, s'exclamer et courir jusqu'à cent pour rien du tout."

"Tante Martha, je me comporterai comme une image collante", protesta Jane-Anne.

"Tu ressembles plus à un Jack-in-the-box qu'à n'importe quelle image que j'ai jamais rencontrée, mais je pense que ce sera mieux pour moi de t'avoir là où je peux m'occuper moi-même de ta nourriture. Je Je ne semble pas avoir confiance dans le thé au bœuf de cette infirmière ni dans les trucs grumeleux de cette infirmière, ce que j'ai vu. Et si vous voulez être assez fort pour retourner au Bainbridge dans les trois prochaines semaines (je ne le fais pas). Je ne sais pas comment ils vont prendre ce nouveau souci), tu dois en avoir marre. Alors maintenant, tu dois te lever pour ton thé et te recoucher immédiatement après, et tu dois te taire et ne pas te lever. dans une fantaisie ni faire un palladum pour rien. Tu m'entends, Jane-Anne ?

"Oui, tante Marthe, mais je pense que les fantiques et les palladums doivent être de belles choses ; ils sonnent ainsi, et j'ai hâte de les faire, seulement je ne sais pas comment."

"Il me semble que ce n'est pas grand-chose d'autre que vous ferez jamais. Maintenant, allongez-vous sur le lit car je dois courir. Le maître a été très prévenant, me laissant sortir à tout moment pour vous voir, et j'espère que vous vous en souviendrez et que vous essaierez. et rends-toi utile quand tu reviendras, au revoir, mon enfant, et nous ne serons plus séparés très longtemps, ce dont je remercie le Seigneur qui nous a créés tous les deux.

Cela marqua un changement dans l'attitude de Mme Dew envers la maison de Holywell qu'elle parla de M. Wycherly comme de « le maître ». Cela suggérait une permanence dans leurs relations qui lui aurait été très rassurante s'il l'avait entendu. Jane-Anne aussi remarqua la phrase, et quand sa tante fut partie, elle se répéta joyeusement :

"Basculante Margery Daw,

Jenny aura un nouveau maître,

Elle n'aura qu'un centime par jour

Parce qu'elle ne peut pas travailler plus vite."

 "Ce n'est pas vraiment Jenny, c'est Johnny, mais Jenny aussi, et je travaillerai sans le sou", pensa Jane-Anne, "si seulement ce beau vieux monsieur était mon maître aussi."

Edmund avait choisi d'emmener son tuteur faire une promenade avant le thé et l'avait conduit sur le pont de la Madeleine, sur Cowley Road et enfin sur Jeune Street.

"Pourquoi m'emmènes-tu comme ça ?" » a demandé M. Wycherly. "Cela ne me semble pas être un quartier particulièrement agréable."

"Ce n'est pas le cas", acquiesça franchement Edmund, "mais maintenant que nous sommes ici, autant aller voir Jane-Anne; elle doit s'asseoir un peu cet après-midi, Mme Dew l'a dit, et elle a dit que je devais Ce n'est pas la peine d'aller la voir parce qu'elle vient chez nous demain, mais je pense que nous devrions y aller, tu sais, d'autant plus que nous sommes ici, tu ne l'as pas vue, et elle préférerait venir si. elle t'a vu."

"Edmund", dit M. Wycherly en s'arrêtant au milieu de la route, "reconnaissez que vous m'avez amené ici avec l'intention délibérée de rendre visite à la nièce de Mme Dew."

"Eh bien, Guardie, j'y *ai* pensé. Ne penses-tu pas que c'est la bonne chose à faire ?"

À ce moment-là, ils avaient atteint la porte, sur quoi Edmund frappa bruyamment sans attendre de plus amples discussions.

Miss Morecraft était très troublée.

"Oui, ils pourraient voir la petite fille si cela ne les dérangeait pas de monter. Elle venait juste de se lever et l'infirmière était sortie prendre une bouffée d'air frais. Très chaud pour la période de l'année, n'est-ce pas."

Miss Morecraft ouvrit la porte de la chambre et, sans aucune annonce, se colla contre le mur extérieur pour que M. Wycherly puisse entrer.

Jane-Anne était assise dans un fauteuil près de la fenêtre, l'air fragile comme un soupir. Elle portait une robe de chambre en flanelle rose vif qui accentuait sa pâleur. Elle aimait beaucoup ce vêtement, car l'habillement des adultes n'était pas inclus dans l'uniforme du « Bainbridge ». La plupart des filles étaient bien trop fortes et en bonne santé pour en avoir besoin, et Mme Dew avait préparé cela pour Jane-Anne lors d'une de ses nombreuses maladies.

M. Wycherly se tenait dans l'embrasure de la porte étroite et le soleil de l'après-midi brillait sur lui, sur ses cheveux argentés et son visage doux et noble.

« Pouvons-nous entrer, ma chérie ? Il a demandé. "Tu te sens assez bien pour nous voir ?"

La pauvre Jane-Anne était trop faible pour se lever et faire la révérence. Elle rougit et pâlit, et pâlit et rougit alors qu'elle tournait son petit visage mince et sensible vers M. Wycherly, mais il n'y avait aucun doute sur l'accueil dans ses grands yeux, alors qu'elle murmurait : « S'il vous plaît, monsieur, je suis vraiment désolée. Je ne peux pas me lever et te mettre une chaise. »

"Je vais lui chercher une chaise", dit Edmond en se poussant sous le bras de son tuteur, car la porte était très étroite. "Je pensais te le montrer avant que tu viennes demain, comme ça tu ne te sentiras pas étrange avec aucun de nous."

Il n'y avait pas beaucoup de place dans cette chambre. Le lit occupait la majeure partie du sol et il n'y avait qu'une seule autre chaise en plus de celle de Jane-Anne, alors Edmund s'assit au bout du lit.

« Vous devez vous dépêcher et prendre des forces, » dit gentiment M. Wycherly, « et si ce beau temps continue, vous pourrez vous asseoir dans le jardin et ainsi prendre beaucoup d'air frais ! Et quand vous le pourrez, nous devrons pense à faire un petit tour. Cela devrait être bon pour toi.

"Oh!" s'exclama Jane-Anne. "Oh ! je ne sais pas comment j'attendrai jusqu'à demain, j'ai tellement envie de venir."

"Prenons un taxi et prenons-la maintenant", suggéra Edmund ; "ce serait une plaisanterie, et une telle surprise pour Mme Dew."

Jane-Anne regarda tour à tour Edmund et M. Wycherly, mais vit que la proposition enchanteresse ne trouvait aucune faveur à ses yeux.

"Nous ne devons pas faire cela", dit-il, "nous n'avons pas obtenu la permission du médecin et je ne pense pas que Mme Dew ait encore sa chambre prête."

"Ce lit vient pour moi demain", dit timidement Jane-Anne. "Les choses dans cette pièce appartiennent à tante."

"Vous ne serez pas si embarrassant dans la pièce que vous allez avoir", remarqua Edmund. "Ce n'est pas une grande pièce mais tu pourras mieux contourner les meubles."

"Ce sera tellement agréable d'avoir ma propre petite chambre", dit doucement Jane-Anne.

"J'espère que vous y dormirez bien et que vous deviendrez forts", a déclaré M. Wycherly. "Et je suis sûr que Mme Dew fera en sorte que ce soit aussi joli que possible pour vous. Et maintenant, mon enfant, nous devons y aller. Je ne pense pas que vous soyez encore très apte à recevoir des visiteurs, et nous ne devons pas vous fatiguer. Nous venons de passer vous dire à quel point vous serez les bienvenus demain. »

"Nous avons une salle de bain, tu sais," dit fièrement Edmund, soucieux de faire les honneurs de leur maison. "Chaud et froid et un truc qui coule pour se laver la tête, tu peux l'utiliser pour le reste d'entre toi aussi, si tu veux, mais ça fait plutôt du désordre. C'est vraiment dans la bassine, et on se fait parfois l'un l'autre. Je tu aimes les toilettes, n'est-ce pas ? »

Jane-Anne murmura son appréciation de ce luxe, et M. Wycherly lui tendit la main, et elle lui donna la sienne ; une petite main si nerveuse, si mince, si agitée et si palpitante : pourtant elle s'immobilisait tandis qu'elle reposait dans la sienne, et il semblait y avoir un contact subtil dans sa douce étreinte.

Les yeux de l'enfant et ceux du vieil homme se rencontrèrent dans un long regard qui demandait et promettait beaucoup.

Le petit visage impatient et affamé est devenu une pensée obscure pour M. Wycherly, c'était si mélancolique et si pâle. Au lieu de lui dire au revoir, il dit : « Que Dieu te bénisse, mon enfant, que Dieu te bénisse » et sortit assez rapidement de la pièce.

Les adieux d'Edmund furent plus longs et M. Wycherly l'attendait patiemment dans la rue ensoleillée. Il était sorti si doucement que Miss Morecraft ne l'avait jamais entendu.

Elle entendit cependant Edmond et se précipita vers la porte pour accélérer l'arrivée de l'invité.

Jane-Anne, évanouie de ravissement, gisait recroquevillée sur sa chaise.

"Il m'a regardé", murmura-t-elle, "il m'a regardé comme il l'avait regardé ce soir-là quand j'ai regardé par la fenêtre - tout aussi gentil.

"Basculante Margery Daw,

Jenny a un nouveau maître.

CHAPITRE VIII

JANE-ANNE ASSISTE À LA PROVIDENCE

"Être malade, c'est jouir de la monarchie

Prérogatives." *Elia* .

Le médecin était le médecin de Mme Methuen, et elle lui avait parlé de Mme Dew et de sa petite patiente ; de la façon dont cette digne femme avait abandonné place après place au cours des cinq dernières années afin de pouvoir garder « un « ome » pour sa nièce orpheline ; de la façon dont Jane-Anne est née à Athènes et amenée à Londres quand elle était bébé ; de la modeste et belle femme de chambre, sa mère, et du brillant jeune journaliste irresponsable, son père, de sorte qu'il éprouvait un aimable intérêt pour sa petite patiente excitable et était sympathiquement heureux qu'un « ome » ait été trouvé pour tante et nièce qui semblait promettre à tous deux confort et stabilité enracinés.

Aussi, lorsque, le matin fixé pour le déplacement de Jane-Anne à Holywell, il vint sanctionner ou interdire ce déplacement, il s'abstint de prendre sa température et dit que l'enfant pouvait y aller.

Alors les forces de Jane-Anne furent décuplées, de sorte qu'une fois habillée, elle traversa seule la pièce et s'assit sur une chaise près de la fenêtre pendant que l'infirmière préparait sa malle de fer blanc.

Puis vint le grand, le terrible moment où la mouche se tenait devant la porte, et la jeune et forte infirmière la porta en bas et l'y plaça, avec un coussin pour son dos et un tapis envoyé par M. Wycherly sur ses genoux.

Le trajet s'est déroulé comme un rêve brillant. Les hommes étaient debout et les rues animées étaient pleines de vie trépidante et de gaieté juvénile. Jane-Anne s'assit en avant sur son siège, la couleur vacillante de ses joues était vive, et même le plat à tarte inversé ne pouvait pas complètement occulter la gaieté brillante de ses yeux. Bien trop vite, ce fut fini et ils s'arrêtèrent devant l'arche de Holywell où Mme Dew attendait pour aider sa nièce à entrer par la porte latérale.

Cela semblait un peu dur d'être poussée jusqu'à la chambre de sa tante, puis de se déshabiller et de se coucher — une fin apprivoisée à une expérience si passionnante ; mais une fois entre les draps, Jane-Anne découvrit qu'elle était inexplicablement et extraordinairement fatiguée. Elle but docilement l'œuf battu dans le lait tiède que sa tante lui avait apporté, s'allongea sur l'oreiller et s'endormit aussitôt.

Depuis le début du trimestre, Edmund avait été extrêmement occupé. Jamais auparavant il n'avait vu autant de jeunes hommes rassemblés.

Jusqu'à présent, ses relations se faisaient presque exclusivement parmi des personnes âgées ou des garçons de son âge. Il y avait certes deux jeunes maîtres dans son école préparatoire, mais le simple fait qu'ils soient maîtres les plaçait sur un plan lointain et indésirable pour Edmond.

Mais maintenant des jeunes gens, des jeunes gens étaient tout autour de lui : dans les maisons d'en face, sur les trottoirs, dans les cours jusqu'alors si majestueuses et silencieuses, au bord de la rivière, dans les terrains de jeux.

Une nuit, alors qu'il était au lit, Edmund avait entendu un grand nombre de taxis circuler dans Holywell, et le matin, cette transformation s'était produite. La marée de la vie juvénile inondait chaque recoin. Même les bâtiments gris et graves semblaient ouvrir des yeux endormis, se rire et se cligner des yeux en jouissant de ce torrent irrésistible, et toute la sociabilité inhérente à la nature d'Edmund jaillissait pour se joindre et se mêler au courant joyeux.

En moins de trois jours, il avait des amis dans une demi-douzaine de collèges. Sa méthode de procédure était assez simple. Il sortit sans Montagu, qui était timide et exclusif et serait mort plutôt que de s'adresser à un étranger sans raison légitime, et sélectionnant un jeune apparemment aimable et manifestement oisif, il lui demanda son chemin quelque part dans le dorique le plus large. A deux reprises, il rencontra par hasard un compatriote, et aussitôt qu'il s'en aperçut, il parla d'une manière ordinaire, et ils furent immédiatement amis. Il expliquait généralement de manière exhaustive qui il était et d'où il venait, où il habitait et les ressources de l'établissement d'Holywell, et ses nouveaux amis trouvaient évidemment sa conversation amusante, car ils ne snobaient ni ne réprimaient sa bavarderie.

Le jour de l'arrivée de Jane-Anne, il était resté dehors toute la matinée pour se déplacer dans Oxford par les moyens indiqués, et n'était revenu qu'au moment où Mme Dew préparait le déjeuner.

"Est-ce que Jane-Anne ne vient que dans l'après-midi ?" Il a demandé.

"Jane-Anne est là, Maître Edmund, elle est ici depuis deux heures."

"Ici ! et on ne nous l'a jamais dit ni vu. Où est-elle ?"

« Elle dort profondément dans mon lit, elle est si faible, mais je ne crois pas que la déplacer lui ait fait un peu de mal, elle dort comme un bébé et a l'air si contente... »

"Pouvons-nous aller la voir ?" demanda Montagu.

"Non, monsieur, s'il vous plaît, monsieur, je préfère qu'elle dorme aussi longtemps qu'elle le peut. Elle n'a pas beaucoup dormi la semaine dernière et je la laisserai tranquille jusqu'à ce qu'elle se réveille."

"Veux-tu nous le dire à chaque fois qu'elle se réveillera ?" Edmond a persisté. "Tu vois, nous retournons à l'école dans deux jours maintenant donc nous ne la verrons pas beaucoup, surtout si nous ne commençons pas tout de suite."

"Vous, jeunes messieurs, feriez mieux de continuer à vaquer à vos occupations et de ne pas vous soucier de Jane-Anne. Elle doit aussi aller à l'école, dès qu'elle ira assez bien", dit Mme Dew d'un ton sérieux. Elle posa symétriquement les dernières cuillères et fourchettes à leur place et retourna à la cuisine pour préparer le déjeuner.

Edmund regarda Montagu. « Je m'arrêterai cet après-midi et je vais voir Jane-Anne », murmura-t-il obstinément ; "elle est chez nous."

"Moi aussi", dit Montagu avec une brève décision.

Le lit et les « meubles » sont arrivés de la rue Jeune dans l'après-midi, et le bruit des hommes qui transportaient les choses dans les escaliers sans tapis ont réveillé Jane-Anne, qui est restée une minute à regarder la pièce inconnue et à se demander où elle était.

C'était une pièce assez grande, avec une large fenêtre grillagée qui donnait sur la cour du tailleur de pierre, car la chaumière était à côté de la maison et ses trois fenêtres donnaient vers cela. Des rideaux de mousseline propres étaient accrochés à la fenêtre, de sorte que Jane-Anne ne pouvait voir dehors que lorsqu'ils bougeaient avec la brise. Le plafond était bas et une poutre en chêne le traversait. La plupart des pièces de la partie principale de la maison étaient lambrissées, mais ici elles étaient recouvertes de papier peint, et le papier était d'un joyeux motif chintzy avec des guirlandes de petites roses roses.

Les meubles étaient tous en acajou brillamment poli qui se trouvaient dans la chambre d'Elsa à Remote, et ils avaient cet aspect individuel caractéristique que l'on ne retrouve que dans les vieux meubles bien entretenus par des mains soigneuses pendant de nombreuses années.

Les Chippendale Talboys avaient un dessus à volutes avec un piédestal au centre, et sur ce piédestal se trouvait un petit hibou en laiton. Les poignées avaient perdu leur laque avec le temps, mais le bois rouge chaud était comme un miroir dans son éclat, et dans la grande « presse » – une armoire en deux parties avec de profondes étagères coulissantes – Jane-Anne regardait le reflet du rideau flottant. avec une satisfaction endormie.

Elle ne savait pas pourquoi elle préférait ces choses aux bois peints qui meublent la chambre de la rue Jeune, mais elle les aimait étonnamment, et leur présence la remplissait d'une telle satisfaction qu'elle lui fit oublier pendant un moment à quel point elle avait faim.

Bientôt, la porte fut entrouverte et une tête blonde et bouclée passa avec précaution. Jane-Anne était allongée dos à la porte, et tout ce qui était visible d'elle était une nuit de cheveux noirs coulant sur la couette et une longue motte mince dans le lit où gisait son corps. Elle était si immobile qu'Edmond crut qu'elle dormait et qu'elle s'éloignait encore quand quelque chose, un petit bruit, la fit se retourner et elle le vit.

Edmund disparut comme un éclair et elle entendit sa voix de stentor proclamer : « Elle est réveillée, Mme Dew ; vous pouvez apporter ce poulet.

Puis il revint, et, lui faisant un signe de tête très amical, s'assit au bout du lit, en disant :

« Quelle quantité de cheveux tu as ; n'est-ce pas terriblement chaud ? »

"Je ne peux jamais garder les rubans dessus au lit. Cela ne me dérange pas. J'aime plutôt avoir chaud."

Les deux se regardèrent et Edmund décida que Jane-Anne était plus jolie au lit que lorsqu'elle était debout. Les masses douces et sombres de ses cheveux étaient infiniment plus seyantes que le plat à tarte. Son front était lisse et placide. Il n'y avait aucune ride profonde entre ses sourcils noirs.

"Je suis content que vous soyez ici", dit Edmond avec générosité; "Mais c'est dommage que tu sois au lit. Tu aurais pu faire un peu plus de terrain si tu avais été debout."

"Je suis vraiment désolée de ne pas pouvoir courir après les balles pour vous, monsieur", dit doucement Jane-Anne, "mais je ne peux pas être désolée d'être au lit, car si je ne l'étais pas, j'irais Je suis retourné presque immédiatement au Bainbridge, et maintenant le médecin dit que je ne peux pas y aller avant quinze jours.

"Et tu es content de ne pas y aller ? Pourquoi ?"

"Parce que..." dit Jane-Anne ; mais à ce moment Mme Dew apparut avec un plateau. Elle entraîna Edmond hors de la chambre, regonfla les oreillers de la malade, lui enfila une camisole, puis se tint au-dessus d'elle tandis que, avec la meilleure volonté du monde, Jane-Anne rendait pleinement justice à son dîner.

"Quelle jolie pièce c'est, tante Marthe", dit-elle après avoir mangé la dernière cuillerée de pudding. "Qu'est-ce qui le rend si joli ?"

"Les choses qui s'y trouvent sont toutes bonnes", répondit Mme Dew, "toutes vieilles et bonnes ; ce n'est pas du tout ce qui convient à une chambre de domestique, si vous me demandez. Mais ils étaient là quand je suis arrivé, et, bien sûr, ce n'est pas à moi de trouver à redire. Les autres choses sont arrivées et je les ai arrangées, mais le tapis n'a pas pu être cloué de peur de vous réveiller. Elles ont un aspect très différent dans une pièce de bonne taille. ce qu'ils ont fait dans la rue Jeune, je peux te le dire, je suis très content de voir mes propres affaires à quoi je suis habitué. Tu auras cette chambre, Jane-Anne, pendant que tu es là, je déménagerai les miennes. Habillez-vous demain et mettez les vôtres. S'il ne s'agit pas encore de maître Edmund et de maître Montagu avec eux, je n'ai jamais connu de jeunes vermines aussi persévérantes, et les fois où je les ai renvoyées, on penserait à vous. C'était une sorte d'exposition, cela se ferait. Oui, messieurs, vous pouvez entrer, mais vous ne devez pas vous arrêter longtemps. On penserait que vous n'avez jamais vu une personne malade auparavant, et je n'en ai pas eu le temps. autant lui laver le visage avant votre retour. Quoi ! M. Wycherly veut venir la voir après le thé ? Eh bien, c'est un grand honneur et très gentil de sa part après y être allé hier et tout.

Cette fois, l'entretien fut bref et insatisfaisant, car Mme Dew resta dans la pièce et Montagu, par conséquent, était absolument stupide, tandis que Jane-Anne était trop nerveuse pour faire plus que marmonner des négatifs ou des affirmatifs aux innombrables questions posées par le tout à fait insatisfaisant. Edmond sans embarras.

Après cinq minutes, les garçons sont partis d'eux-mêmes.

Jane-Anne dormit de nouveau du déjeuner jusqu'à l'heure du thé, et après le thé, M. Wycherly vint la voir.

Cette fois, Mme Dew n'est pas restée. Elle lui installa une chaise et les quitta. Jane-Anne était assise dans son lit, vêtue d'une veste blanche de Mme Dew. Ce vêtement était volumineux et beaucoup trop grand pour celui qui le portait, de sorte que le visage et les cheveux de Jane-Anne semblaient émerger d'une mer houleuse d'obscurité. Ses cheveux étaient encore dénoués et flottaient sur le lit. Mme Dew avait voulu le tresser, mais Jane-Anne a dit que les tresses épaisses lui faisaient mal à la tête lorsqu'elle s'allongeait, alors sa tante a cédé.

"Vous avez meilleure mine, mon enfant", a déclaré M. Wycherly.

"Je vais mieux, monsieur; je vais presque bien, j'en ai peur."

"Peur ! mais tu veux sûrement aller bien ?"

"Je le devrais si je devais rester ici", dit Jane-Anne avec sérieux. "Monsieur, pensez-vous que vous pourriez m'empêcher de retourner au Bainbridge ?"

"Arrêtez-vous", répéta M. Wycherly, très perplexe. "Mais je pensais———"

"Je suis sûre", interrompit Jane-Anne avec empressement, "si c'est pour apprendre à être une servante que je dois y retourner, tante pourrait tout aussi bien m'apprendre, mieux, je pense. Elle peut faire tout ce qu'elles font. là, et faites-le plus gentiment que les gens qui nous enseignent. C'est une bonne servante, n'est-ce pas, monsieur ?

"Votre tante est une personne tout à fait admirable", dit gravement M. Wycherly, "et très accomplie dans tous les arts ménagers; mais d'après ce qu'elle m'a dit, j'ai compris que cette école est très bonne et qu'elle a été d'une grande aide pour c'est à elle de t'avoir mis dedans.

Le visage impatient de Jane-Anne pâlit. "S'il vous plaît, monsieur," murmura-t-elle, "si je promets de manger très peu et de travailler très dur, me laisserez-vous rester avec vous et ma tante ?" Elle joignit les mains et se pencha en avant, dévorant le visage de M. Wycherly de ses grands yeux tragiques. "Tante serait très en colère si elle savait que je t'ai parlé ; mais tu pourrais m'empêcher de partir si tu le voulais, et si j'y retourne, je mourrai, je sais que je le ferai."

"Qu'est-ce qui te déplaît tant ?" » a demandé M. Wycherly.

"Tout cela, sauf les leçons, est magnifique. Je n'arrive pas à le faire, j'ai tellement mal au dos et il fait si froid."

"Mais il ne fera pas froid cette fois. L'été est presque là."

« Ce n'est pas le temps, c'est mon cœur », s'écria Jane-Anne ; "C'est que c'est si froid. Personne ne se soucie beaucoup de moi, ils me trouvent étrange et drôle. Me trouvez-vous étrange et drôle, monsieur ?"

M. Wycherly l'a certainement fait, mais il a posé une de ses belles vieilles mains sur celles de Jane-Anne, en disant doucement : « Je pense que vous n'êtes pas encore très fort, et je suis tout à fait sûr qu'il est mauvais pour vous de vous inquiéter de partir. Tu ne peux pas rentrer avant quinze jours, ta tante l'a dit, et qui sait ?

M. Wycherly n'avait pas du tout l'intention de dire cela en dernier lieu. C'était très imprudent et trompeur, mais les yeux marrons fixaient les siens et l'obligeaient à les réconforter. Il a essayé de réparer son erreur en disant, d'un ton neutre : "Suppose que Montagu ou Edmund me supplient de ne pas le renvoyer à l'école, que dois-je faire ? Parce que, vois-tu, je sais que l'école est le meilleur endroit." pour eux, mais pour moi, le soleil se couche et ne se lève jamais jusqu'à leur retour. Nous devons tous faire des choses que nous n'aimons pas.

"Mais ils aiment l'école, ils me l'ont dit."

"Vous l'aimeriez probablement aussi, si vous décidiez de le faire."

" J'ai tellement essayé, monsieur. Vraiment. Vos jeunes messieurs ne sont pas obligés de porter des vêtements horribles dans leur école ; vous ne savez pas à quel point c'est lamentable. Je crois que si je pouvais vivre ici avec vous et ma tante, Je n'aurais plus jamais ces crétins ; je serais si chaleureux et si heureux dans mon cœur. "

"Eh bien, vous devez continuer à être chaleureux et heureux, et à devenir fort et joyeux - et ensuite - nous verrons ce qui peut être fait."

Oh, M. Wycherly, faible et au cœur tendre ! Contre sa volonté, contre son meilleur jugement, les mots s'échappèrent.

Jane-Anne, blanche mais radieuse, s'allongeait épuisée sur ses oreillers. M. Wycherly s'est levé pour partir. « Promets-moi, dit-il, que tu ne t'inquiéteras pas, que tu mangeras et dormiras autant que tu pourras, que tu feras tout ce que ta bonne tante et le médecin te diront, et que tu t'efforceras d'être sage. heureux et à la maison.

Jane-Anne se rassit à nouveau. " M. Wycherly, monsieur, " dit-elle à bout de souffle, " vous n'oublierez pas, vous essaierez de faire en sorte que tante me garde ? Oh, j'ai pleuré et pleuré, et prié et prié, et je ne pense pas que Dieu puisse s'attendre à ce que ma tante me garde. c'est plutôt une petite fille comme moi, n'est-ce pas ? »

"Pleurer est absolument interdit. Tu dois me promettre que tu ne pleureras plus."

"Je te le promets," dit-elle docilement, avant de se rallonger sur ses oreillers. "Mais toi aussi, tu n'oublieras pas ?"

"Je n'oublierai certainement pas. Maintenant, je dois vraiment y aller."

Il avait atteint la porte, lorsqu'un cri impératif venant du lit l'arrêta.

"Tu ne l'as pas dit."

"J'ai dit quoi ?" et M. Wycherly tremblait de peur qu'elle ne le force à jurer sur-le-champ qu'elle ne retournerait pas au Bainbridge.

"Ce que vous avez dit hier après-midi. S'il vous plaît, dites-le, et alors peut-être qu'Il le fera."

"Que Dieu vous bénisse, mon enfant", marmonna M. Wycherly, très embarrassé.

Alors qu'il traversait la chambre de la gouvernante pour rejoindre sa propre partie de la maison, il se dit que Mme Dew avait certainement raison lorsqu'elle décrivait sa nièce comme « faisant du bruit ». Elle avait assurément remué son cœur d'une manière assez douloureuse. Il était ému, perturbé et perplexe comme il ne l'avait pas été depuis bien longtemps, et à travers toute sa réflexion, les paroles de Sterne à l'étourneau emprisonné résonnaient : " "

Que Dieu t'aide, mais je te laisserai sortir, coûte que coûte. .' "

CHAPITRE IX

LA QUÊTE

"Ma voix se mélangera à tes visions futures,

Et atteint ton cœur, quand le mien est froid,

Un jeton et un ton...." *Childe Harold* .

Le lendemain, Jane-Anne fut autorisée à s'asseoir dans le jardin, sous le pommier : une étrange petite silhouette voûtée, vêtue d'une robe moulante et d'un châle. Elle portait également le plat à tarte, car Mme Dew faisait partie de ces personnes qui considéraient qu'il était presque peu recommandable de sortir la tête nue.

Elle était assise dans un fauteuil panier et sur ses genoux gisait son prix le plus récent, « Home Influence », un gros et beau volume relié en tissu violet avec des tranches dorées. Pour les cours, Jane-Anne avait remporté tous les prix qui lui étaient offerts à l'asile. Même si elle n'y était que depuis un an, et cette année-là constamment interrompue par de longues périodes de maladie, elle avait acquis sept livres. Ceux-ci, qui comprenaient une Bible, un livre de prières et un cantique religieux, constituaient ensemble toute sa bibliothèque. Les prix étaient tous d'un caractère moral et édifiant, et Jane-Anne les avait lus maintes et maintes fois avec avidité, avec l'intérêt passionné et l'enthousiasme qu'elle portait à tout ce qui n'était pas ses tâches quotidiennes. Et même si elle les admirait de tout cœur, elle était pourtant inconsciemment critique et insatisfaite. Elle considérait ses prix avec le plus grand respect. Jusqu'à présent, leur familiarité ne lui avait engendré aucun mépris à leur égard, mais elle sentait tout le temps qu'il manquait quelque chose. Même si c'étaient les seuls livres qu'elle possédait, ce n'étaient pas les seuls qu'elle avait lus. L'automne précédent, la maîtresse de sa mère, Lady Dursley, avait ordonné à sa tante d'emmener l'enfant chez elle dans le Gloucestershire, en accompagnant l'ordre d'un chèque libéral pour frais de voyage. La famille était en Écosse et la plus grande partie de la grande maison était fermée, et presque tous les domestiques étaient en vacances, à l'exception de la gouvernante, une vieille amie de Mme Dew et d'une vieille servante de cuisine. Mais la grande bibliothèque était ouverte, car un jeune homme avait été envoyé pour cataloguer les livres. C'était un jeune homme intelligent qui aimait Jane-Anne et l'avait beaucoup avec lui. Il trouva ses livres qu'il jugeait bons pour elle et, en partant, lui présenta le petit « Trésor des enfants » à couverture verte, compilé par Palgrave.

Jane-Anne y lisait constamment et attentivement, non pas parce qu'elle était particulièrement attirée par les poèmes, même si elle aimait et apprenait certains d'entre eux par cœur, mais parce que chaque fois qu'elle tombait sur une poésie, elle la cherchait avec avidité dans l'espoir d'en trouver une. poème que son père lui répétait. Elle avait lu et relu sans cesse le petit livre vert, mais nulle part elle ne trouvait son poème.

Son père est mort avant l'âge de cinq ans, mais le souvenir que Jane-Anne avait de lui était curieusement vif, et à ce moment précis, son esprit s'efforçait de matérialiser un souvenir insaisissable à certains égards comme une bouffée de fumée, aigu et défini chez d'autres comme un langue de flamme bondissante contre un ciel de minuit.

Au moment où Mme Dew eut disparu en toute sécurité dans la maison, l'enfant arracha le plat à tarte et le jeta violemment sur l'herbe à ses pieds. Puis elle s'allongea sur sa chaise, les yeux rêveurs et pensifs, même si elle fronçait sans cesse ses sourcils noirs dans son effort pour se souvenir.

Ses mains fines reposaient sur ses genoux au-dessus du volume non ouvert et elle restait assise très immobile.

Il faisait chaud et agréable dans le jardin de M. Wycherly ; une grive chantait dans les branches au-dessus de sa tête, et de temps en temps des pétales roses et blancs tombaient doucement sur ses cheveux. Un battement de vent soufflait sur un gros bouquet de narcisses portant leur parfum sur ses ailes, et ce parfum lourd était chargé de souvenirs pour Jane-Anne.

Elle vit une longue pièce aux plafonds bas, éclairée par des lampes, avec une fenêtre à chaque extrémité et tous les meubles disposés autour des murs afin qu'un chemin libre puisse être ouvert aux allées et venues agitées de quelqu'un qui n'était jamais trop occupé ou trop occupé. absorbé par le fait d'être à la disposition d'une petite fille souvent agitée. Comme dans une vision, elle voyait cet homme « avec tout son aspect usé et sa grâce grecque » marchant d'avant en arrière et tenant dans ses bras un enfant fatigué et agité qui ne pouvait pas dormir.

Il allait et venait, et avec ce mouvement apaisant résonnait des mots tristes et majestueux, musicaux dans leur rythme et leur équilibre : des mots dont la pauvre Jane-Anne ne pourrait jamais se souvenir même si elle sentait qu'ils étaient écrits de manière indélébile dans l'esprit et le cœur, mais couvert, recouvert profondément de couche après couche de choses fugitives de peu de valeur. Un jour, elle en était convaincue, elle retrouverait cette poésie et avec elle mille choses sur son père qu'elle avait oubliées. Il portait souvent un narcisse à sa boutonnière, et comme la tête reposait sur son épaule, la fleur écrasée exhalait un double parfum.

C'était ce parfum familier, fort dans le chaud vieux jardin d'Oxford, qui semblait l'entourer dans une atmosphère de souvenirs, de souvenirs d'une époque où elle aussi était toujours chaleureuse, soucieuse, planifiée, entraînée par l'amour de toutes parts.

Les lignes entre les sourcils noirs étaient lissées comme par une main tendre. Le poème dont on ne se souvenait plus ne l'inquiétait plus. Elle le trouverait un jour. Pendant ce temps, elle était sûre que son père savait qu'elle l'aimait. Il y avait quelque chose dont il lui avait dit de se souvenir et elle l'avait oublié, mais seulement pendant un petit moment. Cela reviendrait, elle était sûre que cela reviendrait. Ici, dans cette maison où il y avait tant de livres, peut-être qu'elle les trouverait.

Elle revit sa belle et douce mère, toujours si calme et si patiente. Mme Dew avait soin de faire comprendre à Jane-Anne qu'elle ne ressemblait en rien à sa mère, et l'enfant n'a jamais ressenti ce reproche, car cette mère même ne s'était-elle pas réjouie de ressembler à son père ? « Ma petite Pucelle d'Athènes », était le nom que sa mère avait donné à Jane-Anne, et Jane-Anne le gardait précieusement dans son esprit. Elle savait que sa digne tante n'avait jamais aimé ni approuvé son père, et cela ne faisait que la rendre plus passionnément fidèle à sa mémoire. Elle réfléchissait à ces choses dans son cœur, parfois perplexe et peinée, mais jamais intimidée par sa fierté. Ce n'était pas d'un mauvais pays que son père était venu, elle en était sûre. Elle ne connaissait pas grand-chose de la Grèce, rien de sa grande histoire, mais des phrases fortuites qu'elle avait entendues dans son enfance restaient dans son esprit. Elle était sûre qu'il y avait quelque chose à savoir, quelque chose qui valait la peine d'être connu, et qu'elle le saurait un jour.

Elle ne parlait jamais de ses parents à ses compagnes de l'asile ; et bien que Mme Dew parlait souvent avec tendresse et fierté de sa mère et que Jane-Anne l'aimait pour cela, le silence de sa tante à l'égard du père qu'elle adorait remplissait l'enfant d'un ressentiment non moins amer qu'il ne trouvait jamais d'expression. Jane-Anne était parfaitement consciente de son attitude hostile, même si Mme Dew prenait soin de ne jamais dire un mot dénigrant à l'égard d'un homme qu'elle avait été tout à fait incapable de comprendre ; qu'elle n'aimait pas du tout.

"Je me demande pourquoi je pense autant à mon père depuis que je suis arrivé ici ?" Pensa Jane-Anne. "Je suppose que c'est parce que je suis plus heureux."

Bientôt, sur l'herbe, Montagu arriva vers elle, très longue dans la jambe et courte dans la manche. Edmund était en train de chercher avec enthousiasme son chemin à travers Oxford à la manière qu'il avait récemment découverte.

Montagu s'assit sur l'herbe aux pieds de Jane-Anne et la regarda avec un large sourire, mais ne dit jamais un mot avant d'apercevoir le livre sur ses genoux.

"Qu'est ce que c'est?" Il a demandé.

"Un de mes prix, monsieur," répondit Jane-Anne d'un ton sévère.

"Est-ce que c'est décent ?"

"C'est très intéressant."

"Puis-je le regarder ?"

Le livre changea de mains et Montagu commença à lire. Il tournait les pages très vite, au grand étonnement de Jane-Anne, qui n'avait jamais vu personne lire de cette façon.

Il était allongé face contre terre sur l'herbe devant elle, et elle observait ses yeux alors qu'ils balayaient la page de haut en bas, apparemment en un seul regard. Elle aimait son visage mince et brun, avec ses grands yeux aimables et sa bouche ferme et capable qui était toujours fermée quand il ne parlait pas, mais juste à ce moment-là, elle pensa que son expression était moins agréable que d'habitude, qu'il y avait quelque chose de méprisant et presque sinistre. à propos de sa bouche, et pourtant elle était sûre que, d'une manière étrange, il s'amusait. Pourquoi?

Jane-Anne n'avait jamais rien trouvé d'amusant dans l'ouvrage en question ; intéressant, certainement ; « toucher » (la dame qui leur donnait les cours du dimanche à l'asile aimait le mot « toucher ») fréquemment ; mais humoristique jamais. Les autorités qui ont choisi des livres pour les orphelines de Bainbridge n'ont en aucun cas considéré le développement du sens de l'humour comme un élément nécessaire de la formation.

Bientôt, Montagu commença à plonger dans le livre ici et là, lisant toujours avec cette rapidité fulgurante qui étonnait tant Jane-Anne.

Au bout de cinq minutes, il la ferma bruyamment, leva les yeux vers elle et rit.

"Quelle horrible pourriture", remarqua-t-il cordialement, comme s'il était certain de sa sympathie.

Jane-Anne le regardait avec consternation. "Pourrir?" elle a hésité.

"Coussin effrayant ; tu ne veux pas dire que tu l'aimes vraiment ?"

"Je ne sais pas ce que vous voulez dire", dit-elle, si offensée qu'elle en oublia complètement le respectueux "monsieur".

"C'est tellement guindé, grandiloquent et contre nature. Le style" - ici Montagu a inconsciemment imité parfaitement les manières de son maître de maison - "est si bon marché et si simple."

"Je ne comprends pas le style dans les livres", a déclaré Jane-Anne, toujours très embarrassée. "Tu veux dire la reliure ?"

"Mon Dieu, non. Je veux dire la façon dont c'est écrit. Écoutez ceci" - et Montagu ouvrit le livre au hasard et lut à haute voix l'extrait suivant: - "" Il avait été ministre d'une église préférée dans l'une des villes du sud, et maître d'un établissement pour jeunes gens de haut rang, dans lesquels il avait donné une satisfaction universelle. La conduite répréhensible de certains de ses élèves, conduite d'abord si secrètement qu'elle échappait à sa connaissance, devint enfin si notoire qu'elle exigea un examen. Il avait d'abord refusé toute crédibilité, mais lorsque cela fut prouvé par les réponses confuses de tous et les demi-aveux de certains, il leur exposa brièvement et avec insistance l'énormité de leur conduite et déclara que la confiance était entièrement rompue entre eux. , il renoncerait à l'honneur de leur éducation, refusant de les admettre plus longtemps comme membres de son établissement. Là!" Montagu s'est exclamé, "pourriez-vous avoir quelque chose de pire ?"

"Je pense que tout est dit très correctement et avec grandeur", protesta Jane-Anne. "Je ne vois pas du tout quel est le problème."

Montagu se retourna sur l'herbe et se redressa. "C'est la grandeur qui est si détestable."

"C'est mon plus beau prix", s'est-elle indignée.

"Je suis désolée", dit Montagu, voyant qu'elle était vraiment blessée, "mais vous interrogez Guardie sur ce genre d'écriture."

"C'est imprimé", a lancé Jane-Anne.

Montagu la regardait avec une perplexité désespérée. Il ne s'était jamais disputé avec une fille auparavant.

Ses joues étaient rouges et ses yeux remplis de larmes de colère. Elle serra ses petites mains maigres et se mordit les lèvres pour ne pas éclater en sanglots.

"Je dis," s'exclama Montagu avec une véritable contrition, "pourquoi ça vous dérange ? Qu'importe ce que je pense ?"

« Si vous, » haleta Jane-Anne, « aviez aussi peu de livres que moi et que vous les aimiez tous tendrement, et qu'ensuite quelqu'un arrive et les maltraite et les traite de « pourriture », de « joyeux quelque chose » et de « écrasement », *vous* ça ne me plairait pas."

Cette fois, les grosses larmes s'échappèrent, roulèrent sur ses joues, tombant en éclaboussures sur le châle à carreaux qui recouvrait ses genoux.

Et à ce moment critique, M. Wycherly sortit de la maison et traversa l'herbe vers eux. Il avait vu les enfants depuis la fenêtre de son bureau et, se souvenant que les garçons retournaient à l'école le lendemain, il décida de rechercher leur société à l'ombre agréable du pommier.

Montagu se dirigea vers la remise à outils pour chercher une chaise pour son tuteur et arriva avec elle alors que M. Wycherly atteignait le pommier. Jane-Anne avait perdu son mouchoir, les larmes brillaient sur ses joues et elle reniflait de la manière la plus indubitable au moment où M. Wycherly les atteignait. Mais elle se releva et fit la révérence, les yeux baissés et les joues brûlantes, et au même instant Montagu revint portant une chaise pour son tuteur.

"Quel est le problème?" » a demandé M. Wycherly.

Jane-Anne resta debout et leva ses yeux lavés par les larmes vers son visage. Si cela avait été sévère ou sévère, elle n'aurait jamais pu répondre un mot ; en fait, elle a dit tout simplement : « Il n'a pas aimé mon prix et cela m'a dérangé.

M. Wycherly s'assit dans la chaise que Montagu avait apportée et regarda tour à tour Jane-Anne, peinée et indignée, puis Montagu visiblement perplexe et affligé.

"Supposons que nous nous asseyions tous et essayions de parvenir à une meilleure compréhension", a-t-il déclaré.

Jane-Anne s'enfonça lourdement dans son fauteuil. Elle était encore faible, et même le petit effort pour saluer M. Wycherly avec le respect qui lui était dû faisait trembler ses jambes et son cœur battait à tout rompre dans ses oreilles.

Elle appuya sa tête contre le dossier de la chaise et parut si blanche que pendant un instant M. Wycherly crut qu'elle était sur le point de s'évanouir. Mais elle n'a rien fait de tel.

Au lieu de cela, elle dit d'une voix qui démentait totalement son apparence épuisée : « Avez-vous lu « Home Influence », monsieur ?

"Je ne le pense pas", a déclaré M. Wycherly; "est-ce le nom du livre en discussion ?"

Jane-Anne le lui tendit ; il le lui prit avec précaution, mit ses lunettes sur son nez, l'ouvrit au hasard et se mit à lire.

Exactement la même chose s'est produite avec Montagu. Ses yeux cherchaient une page et il la tourna. Cette manière extraordinaire de lire n'était pas particulière à Montagu, cela était évident. Mais sur le visage de M. Wycherly n'exprimaient ni mépris ni amusement, seulement un intérêt poli.

Au bout de trois minutes, Montagu dit : « Eh bien ?

M. Wycherly a fermé le livre. « On ne peut pas s'attendre à ce que je puisse, » dit-il, « exprimer une opinion après un si rapide coup d'œil sur le contenu. Montagu, va demander à Mme Dew un verre de lait ; cet enfant a l'air faible ; apporte aussi des biscuits.

Montagu s'éloigna en courant et se tourna vers Jane-Anne.

"Ne vous occupez pas de lui," dit-il gentiment. "Les garçons intelligents de Winchester sont toujours intolérants, tant qu'ils sont des garçons. Montagu lit beaucoup plus qu'il ne peut digérer, et les personnes souffrant d'indigestion sont proverbialement capricieuses."

Jane-Anne ne comprit pas du tout ce qu'il voulait dire, mais elle se sentit immédiatement et immensément réconfortée. À tel point qu'elle a été poussée à parler à M. Wycherly de ses pensées lors de son premier coming-out.

"S'il vous plaît, monsieur", dit-elle, rejetant calmement les avantages ou les inconvénients de "l'influence domestique" qui semblait si vitale il y a un instant. « Connaissez-vous un morceau de poésie sur les montagnes ?

"Beaucoup de poésie a été écrite sur les montagnes", répondit prudemment M. Wycherly.

"C'est un morceau de poésie que je veux retrouver", dit Jane-Anne, "que j'ai entendu plusieurs fois il y a longtemps, et je ne me souviens de rien à part qu'il y avait des montagnes. Je pensais que peut-être vous le sauriez. "

Ici, Montagu est apparu avec un verre de lait et quelques biscuits. Le lait s'était répandu sur les biscuits « d'une manière inexplicable », expliqua-t-il ; mais leur état déprimé ne les gâta pas pour Jane-Anne, qui grignota tout à fait joyeusement et lui sourit de son large sourire extatique pour montrer qu'elle avait pardonné ses remarques cruelles sur « Home Influence ».

Bientôt, le médecin est venu la voir et Mme Dew est allée la chercher pour la faire sonder.

Dès qu'elle fut partie, Montagu se tourna vers son tuteur et lui demanda sévèrement : "Eh bien, n'est-ce pas un écrasement désespéré ?"

"C'est son prix", dit doucement M. Wycherly.

"Eh bien, c'est exactement ce qu'elle a dit," s'exclama Montagu avec étonnement lorsque son tuteur, habituellement logique, prit cette ligne.

"Vous découvrirez", a déclaré M. Wycherly, "au fil de votre vie, qu'il n'est jamais prudent d'abuser violemment des choses avant d'avoir compris le point de vue de votre auditeur. Vous pourriez offenser profondément."

"Il faudrait être très malhonnête pour toujours penser à cela", répondit Montagu avec indignation.

"Vous serez très grossier et désagréable si vous n'y pensez jamais", rétorqua M. Wycherly. "D'ailleurs, est-ce qu'elle t'a demandé ton avis ?"

"Eh bien, non, mais cela semblait vraiment dommage de continuer à aimer de telles choses. Il faudra bien qu'un jour les gens commencent à apprendre ce qui est bon et ce qui est mauvais, et je ne devrais pas penser qu'elle est stupide."

"Je suis tout à fait sûr qu'elle n'est pas stupide, et je suis également sûr qu'elle est douloureusement sensible et que tu as été plus qu'un peu stupide de ne pas le voir."

"Moi, stupide !" répéta Montagu avec surprise. "Personne ne m'a jamais appelé comme ça auparavant."

M. Wycherly rit. "Je pensais," dit-il, "que la présence d'une jeune fille parmi nous serait mentalement stimulante. Elle n'est pas dans la maison depuis deux jours et pourtant, voyez-vous, déjà elle vous a suggéré de nouvelles possibilités en vous-même. Par en chemin, notez simplement tous les poèmes qui vous viennent à l'esprit concernant les montagnes.

"Eh bien, il y en a des milliers", s'écria Montagu, consterné.

"Sûr d'être à Wordsworth", a déclaré M. Wycherly. "Quoi qu'il en soit, nous marquerons les lieux."

CHAPITRE X

LA ROUE DE LA FORTUNE

"Mais c'est tout ce qui se passe derrière moi

Il y a longtemps et à l'écart. "

RUDYARD KIPLING.

Les garçons étaient de retour à l'école depuis quinze jours. Jane-Anne était en convalescence et se leva pour petit-déjeuner, mais la date de son retour au Bainbridge était encore indécise.

Le médecin venait à des intervalles plus longs, mais à chaque fois il déclarait encore qu'il y avait « une rugosité » dans le poumon de Jane-Anne, et que ce serait une folie de l'envoyer vers le Nord jusqu'à ce que cette rugosité soit apaisée.

Nuit et matin et plusieurs fois dans la journée, Jane-Anne bombardait le ciel de supplications pour que « la rudesse » augmente peut-être un peu, puisqu'elle ne lui causait aucun inconvénient ; en tout cas, cela pourrait rester suffisamment rauque pour confirmer le médecin dans son opinion que son retour au Bainbridge était actuellement hors de question.

Mme Dew, bien que respectueuse envers le médecin en tant qu'amie de Mme Methuen, estimait néanmoins que dans ce cas-ci, il poussait la prudence professionnelle au bord du ridicule. Ici, Jane-Anne mangeait et dormait aussi bien qu'elle pouvait l'être, avec des joues plus roses et plus rebondies qu'elle ne l'avait eu depuis de longues journées, ressemblant en fait, comme le disait sa tante, à « l'image de la santé », même si certaines personnes pourraient le croire. J'ai trouvé le tableau plutôt insaisissable et trompeur ; voici Jane-Anne mangeant le pain de l'oisiveté avec une satisfaction presque agressive à Holywell alors qu'elle aurait dû récolter les fruits de sa « nomination » dans le Northumberland.

Pourquoi tout ce bruit à propos d'une légère aspérité ? "Notez mes mots et n'importe qui peut entendre n'importe quoi pendant qu'il écoute", a déclaré Mme Dew.

Finalement, M. Wycherly a interrogé le médecin, qui lui a dit clairement ce qu'il avait craint de dire à la tante de l'enfant.

Le médecin était un jeune homme au franc-parler, à tendance sportive. Il portait un chapeau blanc plutôt d'un côté et conduisait un cheval d'une qualité inhabituelle, et à M. Wycherly il dit : « C'est comme si on demandait à une pouliche pur-sang de tirer une charrette de briques en s'attendant à ce que cet enfant fasse le ménage dans son état actuel. Elle ne devrait rien faire pendant trois mois, et même alors, je devrais dire qu'elle est singulièrement inapte au genre de vie qu'elle mène là-bas, excellentes pour les grandes filles fortes, mais cette enfant n'est pas forte. tous les nerfs et le cerveau et le cœur vide et affamé. Les problèmes pulmonaires ne sont pas graves s'ils sont contrôlés à temps, mais si elle y retourne, elle sera épuisée et attrapera à nouveau froid. Je suis désolé pour sa tante, mais qu'est-ce qui peut arriver. Je dis ? Je ne serai pas responsable de la renvoyer.

Le médecin parla avec colère. Il détestait se mêler des affaires des autres et il pensait qu'il était extrêmement probable qu'un vieux monsieur vivant seul puisse fortement s'opposer à ce qu'on lui impose une petite fille pour une période indéterminée.

"Il me semble", dit doucement M. Wycher, "que ce serait une stupidité criminelle de lui permettre de repartir."

Le médecin parut plutôt étonné.

"Mais que va devenir l'enfant ?" Il a demandé.

"Sûrement rien ne l'empêche de rester ici avec sa tante, et quand elle est assez forte, n'y a-t-il pas de bonnes écoles à Oxford ?"

Le docteur ramassa son chapeau blanc. « Bien sûr, dit-il, si vous n'avez pas d'objection à ce qu'elle reste ici, tout est parfaitement simple, mais j'ai compris de sa tante que l'arrangement était que l'enfant ne serait ici que pendant ses vacances, et elle semblait tristement. J'ai peur de trahir votre bonne humeur en la gardant ici aussi longtemps que ça. C'est une femme très convenable et honnête, mais… »

M. Wycherly se leva et sonna pour appeler Mme Dew.

Et à la fin, quelqu'un a écrit à Lord Dursley. La « nomination » de Jane-Anne au Bainbridge fut présentée à une fille dont le physique était plus méritant, et Sa Seigneurie, au lieu d'être ennuyée, comme Mme Dew l'avait craint, de l'incapacité de Jane-Anne à bénéficier de ses bonnes intentions en son nom , se déclarait tout à fait prêt à payer sa « scolarité » à Oxford chaque fois que cet homme agité, le médecin, la considérerait capable de suivre une instruction.

"Pas avant l'automne", dit le docteur à Mme Dew. "Elle peut t'aider d'ici là, tu ne la surchargeras pas, j'en suis sûr."

Jane-Anne savait parfaitement que son sort était en jeu lorsque le médecin sollicitait son entretien avec M. Wycherly et que le résultat de cet entretien lui était communiqué à contrecœur et avec de nombreuses injonctions quant à la conduite convenable, par sa tante. , elle éprouvait un tel amour passionné et une telle gratitude envers le maître aux manières douces qui avait rendu possible cet état de choses béatifique qu'elle ne pouvait se reposer cette nuit-là sans aller le remercier.

Aussi, sans consulter sa tante, elle alla chercher son bureau après le dîner et frappa timidement à la porte.

M. Wycherly était, comme d'habitude, assis à son bureau, en train d'écrire ; la lumière tamisée était baissée sur ses papiers, créant une petite flaque de luminosité dans le crépuscule gris de la pièce. La grande fenêtre était grande ouverte et un parfum de giroflée flottait du jardin en contrebas.

"Entrez, mon enfant, entrez", dit la voix aimable et accueillante en apercevant la silhouette timide à la porte.

Et Jane-Anne entra nerveusement, mais elle n'oublia pas de fermer la porte derrière elle.

Elle se laissa tomber à genoux à côté de lui et saisit sa main, l'embrassant passionnément, à sa grande confusion. Il était tout à fait peu habitué aux manifestations violentes de sentiments, et son long séjour en Écosse avait accru sa réserve naturelle.

"Je sais que c'est vous qui avez fait en sorte que je n'y retourne pas, et je tiens à vous remercier. Vous ne savez pas ce que je ressens. S'il vous plaît, monsieur, j'essaierai de vous être utile. Tout ce que vous voudriez de moi. faire--"

Très doucement, M. Wycherly retira sa main. "Supposons que vous vous asseyiez sur une chaise", suggéra-t-il, "et que nous discutions ensemble."

Avec une courtoisie majestueuse, il plaça une chaise pour Jane-Anne et, de nouveau assis dans son propre fauteuil tournant, se tourna pour lui faire face.

Comme toujours, lorsqu'elle était très émue, elle était très blanche, et ce soir ses grands yeux étaient doux et semblables à ceux d'un chien dans leur dévotion.

" À propos, " dit M. Wycherly, " je n'ai pas oublié votre demande sur le poème dont vous ne vous souvenez pas, et j'ai annoté dans un volume de Wordsworth un certain nombre de vers traitant des montagnes. Peut-être voudriez-vous regarder parcourez-le à votre guise.

"Merci, monsieur", murmura Jane-Anne.

"Je ne sais rien", a poursuivi M. Wycherly, "de plus ennuyeux qu'une citation à moitié mémorisée. J'espère sincèrement que vous la retrouverez bientôt."

Il y eut un moment de silence, puis :

"Monsieur," dit sincèrement Jane-Anne, "êtes-vous très seul maintenant que les jeunes messieurs sont retournés à l'école ?"

"Ils me manquent énormément, bien sûr."

" Vous souvenez-vous, monsieur, quand vous êtes venu me voir, quand j'étais au lit le premier jour de mon arrivée ici, vous avez dit en revenant que le soleil s'était couché pour vous... "

"Ai-je?" dit M. Wycherly, plutôt surpris de lui-même.

" Vous l'avez vraiment fait, monsieur, et je me demandais si – même si le soleil s'est couché – si vous me laisseriez essayer – d'être une petite étoile – juste pour que vous ne vous sentiez pas aussi seul. "

La main de M. Wycherly picotait encore au contact de ces lèvres douces et inhabituelles de jeune fille, néanmoins il la lui tendit en disant : « Ce sera très gentil de votre part.

Jane-Anne y plaça la sienne et elle n'essaya pas d'embrasser à nouveau la main de M. Wycherly, mais elle le regarda comme si elle allait lire dans son âme et lui demanda : « Monsieur, avez-vous déjà entendu parler d'un endroit appelé Grèce. ?"

M. Wycherly a ri. "Pendant une grande partie de ma vie", a-t-il répondu, "je n'ai entendu parler que de peu d'autres choses."

« Me raconterez-vous des choses de temps en temps, monsieur ?

"Je serai très heureux", a déclaré M. Wycherly. "Vous devriez certainement en savoir le plus possible sur le pays de votre père – et il y a tellement de choses à savoir."

"J'ai un autre nom", dit-elle soudainement et avec une apparence hors de propos. "Dois-je vous le dire ? Très peu de gens le savent."

"Voulez-vous dire Stavrides?" » a demandé M. Wycherly.

"Non, monsieur, pas ça ; j'ai un autre prénom. Allegra ; ne trouvez-vous pas qu'il est très joli ?"

"Très", a déclaré M. Wycherly; "c'est un beau nom, mais ce n'est pas grec."

"Je porte le nom de la fille de quelqu'un qui est décédée. Je ne sais pas qui elle était; ma mère le savait. Mon père aimait ce nom. J'ose dire que je découvrirai un jour tout sur elle."

"Je suppose que vous le ferez", a déclaré M. Wycherly en regardant attentivement Jane-Anne.

"Comment aimeriez-vous m'appeler ?" elle a demandé.

"Je vous appellerai Jane-Anne, pas Allegra", dit résolument M. Wycherly.

"C'est un joli nom", dit-elle avec nostalgie.

"Cela a pour moi des associations plutôt tristes", a-t-il ajouté.

L'horloge sur la cheminée sonna neuf heures. Jane-Anne se leva. "Je dois y aller, monsieur, maintenant ; bonne nuit et merci."

"Bonne nuit, mon enfant. Fortifie-toi et repose-toi, joyeux. Et voici le Wordsworth ; dis-moi quand tu trouveras ton poème."

Elle lui prit un grand volume brun hérissé de bouts de papier insérés. Il traversa la pièce et lui ouvrit la porte, et Jane-Anne sortit la tête haute. "Tout comme il l'a fait pour Mme Methuen", réfléchit-elle avec extase.

Quand elle fut partie, M. Wycherly alla se placer à la fenêtre et regarda la nuit. Le ciel était sans nuages, d'un bleu profond, doux et apaisant, et juste dans l'alignement de sa fenêtre brillait une étoile.

"Je me demande", réfléchit-il, "ce qui l'a poussé à lui donner le nom de la fille de Byron."

Lorsque Jane-Anne arriva dans la cuisine, portant fièrement son volume de Wordsworth, elle trouva sa tante assise à la table de la cuisine fraîchement nettoyée, en train de raccommoder un bas.

"Pourquoi as-tu arrêté si longtemps ?" » Demanda sèchement Mme Dew, « gênant et inquiétant le maître. Il ne faut pas une demi-heure pour dire « merci et mon devoir envers vous ».

"Le maître m'a installé une chaise et m'a parlé", répondit glorieusement Jane-Anne, "et quand je suis partie, il m'a ouvert la porte, tout comme il l'a fait pour Mme Methuen lorsqu'elle est venue l'autre jour, et il est m'a prêté un très gros livre de poésie. Regardez-le ! Oh, ma tante, je crois que le Tout-Puissant doit être comme M. Wycherly.

Mme Dew a failli laisser tomber son bas. « Jane-Anne ! » s'exclama-t-elle sur un ton d'étonnement horrifié, "comment tu peux rester là et dire de telles choses me dépasse. Va te coucher cette minute, espèce d'enfant inyuman. Tu devrais avoir honte de toi, tu devrais."

"Mais, ma tante", a postulé Jane-Anne, "Miss Stukely, la dame qui nous enseignait le dimanche, elle a dit que nous devons aimer Dieu, l'aimer toujours et toujours parler de lui; nous ne pouvions pas trop penser et parler de lui." Lui ; plus nous le ferions, plus nous serions en forme pour le ciel, et je n'ai jamais vu personne auparavant comme j'aimerais qu'il soit - alors où est le mal ? »

L'enfant parlait avec une sincérité haletante.

Mme Dew la regarda, intensément désapprobatrice.

« Comment pouvez-vous rester là », répéta-t-elle ; "Comment pouvez-vous avoir le visage pour rester là et parler du Tout-Puissant *comme* n'importe qui, comme s'il était votre voisin d'à côté, cela me refroidit. Où est ton respect ? Où est ton sens de la décence ? Je n'en aurai aucun." vos manières de réveil ici, je peux vous le dire ; j'ai toujours été une église calme et respectable, sans que rien de tout cela ne se passe. C'est tout à fait suffisant pour la plupart d'entre nous de faire notre devoir dans cette situation de vie sans parler familièrement d'amour et. va *te* coucher, te dis-je, et ne me laisse plus entendre de tels fanfaronnades, et je viendrai dans dix minutes chercher ta bougie et t'apporter ce lait chaud qui est sur ta peau depuis si longtemps. Maintenant, occupez-vous d'être plus intelligent.

Jane-Anne s'affairait.

Mme Dew se renversa sur sa chaise, incapable de faire face à la force des circonstances.

"Mes étoiles ! Bons pères !" s'exclama Mme Dew. "Si c'est le genre de chose qu'on enseigne à Bainbridge, il est plus que temps que ma nièce soit emmenée."

Très tôt le lendemain matin, Jane-Anne sortit du lit, remonta son store et saisit le volume de poésie que M. Wycherly lui avait prêté. Elle lisait jusqu'à ce que ses yeux lui fassent mal et que sa tête tourne ; elle lisait sans la moindre compréhension ni plaisir, mais avec le plus grand soin et la plus grande application, et bien qu'il y ait beaucoup de choses sur les montagnes, rien ne touchait la moindre corde sensible de la mémoire de Jane-Anne. Quoi que son père lui ait répété quand il la portait, ce n'était pas là. Et pourtant, elle était certaine des « montagnes ». Oui, c'était « les montagnes ».

"J'ai peur qu'il doive regarder à nouveau", se dit-elle. Elle n'avait pas le moindre doute sur l'aide de M. Wycherly.

C'était un mois de mai très chaud, et comme le médecin lui avait dit qu'elle ne pouvait pas trop être au grand air, sa tante, cet après-midi-là, lui installa une petite table et une chaise sous le pommier, lui donna quelques travaux d'aiguille. , et lui faisant écouter la cloche qui pourrait sonner, lui annonça son intention de sortir faire quelques courses de ménage. "À moins que quelqu'un n'appelle pour voir le maître, il est peu probable que quelqu'un vienne", a déclaré Mme Dew, "et la sonnette de la porte d'entrée est si forte que vous l'entendrez assez bien si c'est le cas, car vous n'entendez pas la lune. . Je ne serai pas là plus d'une heure.

Peu de temps après le départ de Mme Dew, M. Wycherly s'est approché de sa fenêtre et a regardé dehors.

Jane-Anne était assise à la petite table recouverte d'un tas de couture blanche, et il pensait quelle image agréable elle faisait dans sa robe chamois raide, si vierge et si douce, si convenablement et si judicieusement employée en cet après-midi ensoleillé au milieu de le vieux jardin verdoyant, plein de tulipes et de giroflées odorantes.

Soudain, Jane-Anne se baissa et ôta ses lourdes chaussures et là, elle les jeta l'une après l'autre de l'autre côté de la pelouse. Puis elle enleva ses bas. M. Wycherly avait l'air fasciné. De quoi parlait l'enfant ?

Cela devint bientôt une évidence déplorable.

Jane-Anne enlevait sa robe.

M. Wycherly a estimé qu'il devrait s'éloigner de cette fenêtre, mais il ne l'a pas fait. Il est resté là où il était et, en plus, il a mis ses lunettes sur son nez.

Elle se secoua d'une manière compliquée et l'abomination chamois tomba autour de ses pieds en plis raides et protestants.

Délicatement et délibérément, elle en sortit comme pour retirer ses pieds de quelque chose de sale et de mauvais goût. Elle portait un petit jupon en coton à rayures bleues et blanches ; corps et jupe d'un seul tenant, il lui arrivait jusqu'aux genoux, mais sans manches, et ses bras longs et minces étaient nus.

Une grive chantait dans le pommier et un merle gazouillait bruyamment dans un buisson de lilas pour tenter de noyer la grive. Ils chantaient comme si l'hiver n'existait pas dans le monde, et aucun d'eux ne se souciait le moins du monde de Jane-Anne et de son déshabillement.

Levant ses bras blancs au-dessus de sa tête, elle dansa au milieu de la pelouse sur ses pieds blancs minces et scintillants et continua à danser partout avec le plus grand abandon et le plus grand plaisir, tandis que ses longues nattes noires se cognaient joyeusement. Si légère, si diversement gracieuse dans sa gracieuse souplesse, avec une gravité si divine et un décorum si délicat que M. Wycherly qui regardait fut obligé d'enlever ses lunettes et de les essuyer, car soudain il ne pouvait plus voir aussi clairement qu'il le souhaitait. Son visage radieux était pâle, mais ses yeux écarquillés étaient pleins d'une joie qui semblait refléter l'éclat de cet après-midi de mai, et le petit jupon était comme le fourreau d'une fleur enveloppant et déployant toute cette grâce heureuse.

Le merle chantait bruyamment, le muguet gazouillait vigoureusement, et Jane-Anne dansait sur leur orchestre, et pendant qu'elle dansait, son esprit ne cessait de dire : « J'en ai fini avec ça, j'en ai fini avec ça. Je n'y retournerai jamais. La vie est devant moi, une nouvelle vie ; une vie pleine de merveilles, et une chambre pour moi, avec des meubles comme des miroirs ; une vie avec une tante gentille, sensée, quoique mondaine, qui donne aux petites filles de délicieux puddings qu'elles aiment. Une vie avec des livres, de gros livres

; pas intéressants, peut-être, mais très grandioses et splendides pour en avoir prêté un. Une vie qui doit être vécue sous le même toit avec un vieux monsieur beau et gentil qui, d'ici... et au revoir, laissez-moi l'attendre. Oh, merveilleuse et délicieuse perspective, d'attendre M. Wycherly pour lui remettre son assiette et lui servir... que devrait-elle verser du vin, s'attendait-elle, bien que Miss Stukely ait dit du vin ? Ce n'était pas vrai, peut-être, pour la noblesse, pour la *vraie* noblesse, comme dirait sa tante, comme l'herbe était douce et chaude pour les pieds nus qui trébuchaient ! Comme c'est gentil ces oiseaux de chanter comme ça ! Comme c'était agréable d'être jeune et léger et de s'être débarrassé des chaussures lourdes et des robes chaudes et inconfortables. Comment--"

C'était la sonnette de la porte d'entrée.

Jane-Anne l'a entendu et M. Wycherly ne l'a pas entendu.

Il y a certainement eu la création d'une artiste au changement rapide en Jane-Anne. En un clin d'œil, elle avait trouvé ses chaussures et ses bas et les avait enfilés, et elle courut vers la maison en se débattant dans sa robe tout en courant.

"Vous avez encore la danse à la Pyrrhus,

Où est passée la phalange pyrrhique ? »

» dit M. Wycherly, se demandant pourquoi elle s'était arrêtée si brusquement.

CHAPITRE XI

LE CULTE DE BRUEY

"L'instinct d'imitation est implanté chez l'homme dès l'enfance, la différence entre lui et les autres animaux étant qu'il est le plus imitateur des êtres vivants." *Poétique* , ARISTOTE.

Jane-Anne était une véritable Athénienne dans le sens où elle était toujours prête à courir après toute chose nouvelle, et au cours de ses deux derniers mandats à Bainbridge, la plus forte influence dans sa vie fut celle de son professeur de l'école du dimanche, Miss Stukely.

Jane-Anne admirait de tout cœur Miss Stukely, et là où elle admirait, elle imitait invariablement. Miss Stukely était délicate, et Jane-Anne se réjouissait de ses propres « crépitations » comme étant la sorte de flatterie la plus sincère de cette dame.

Miss Stukely était mince, toujours habillée de manière élaborée, avec des manières douces, avec des mains blanches et fortement annelées. Elle n'était peut-être pas belle de visage, étant un peu jaunâtre avec un menton fuyant ; mais son expression était aimable, et Jane-Anne lisait sur son visage les excellences spirituelles que la dame aimait le plus vanter. Elle avait une façon de fermer les yeux lorsqu'elle était la plus sérieuse dans ses exhortations, ce que Jane-Anne trouvait très impressionnant. De plus, elle utilisait fréquemment un flacon odorant au bouchon doré, et la possession d'un produit reconstituant similaire était à l'époque l'aspiration la plus chère de Jane-Anne.

Se pencher en arrière sur une chaise en respirant le parfum vinaigré d'une bouteille en verre taillé, se pencher en arrière les yeux fermés, dans une aura de malaise et d'épuisement provoqués par une émotion forte, était pour Jane-Anne comme la vision extatique d'un mystique. : un état d'esprit et de corps qui ne peut être atteint que par une profonde exaltation spirituelle.

Elle apprenait par cœur avec facilité. Elle pouvait débiter n'importe quel nombre de textes appropriés, ou tout aussi souvent inappropriés ; et il le fit à la moindre provocation, à la grande indignation de Mme Dew, qui estimait qu'elle n'avait besoin d'aucune instruction religieuse de la part de sa nièce.

Cette installation a grandement impressionné Miss Stukely, qui a estimé qu'en Jane-Anne elle avait effectivement trouvé un terrain fertile pour la bonne graine, et il ne faisait aucun doute que Jane-Anne méritait pleinement le prix qu'elle avait gagné pour sa « recherche biblique ».

Ce prix était l'histoire d'un certain « Bruey », « un petit ouvrier pour le Christ », dont la personnalité gagnante (Mlle Stukely aimait le mot « gagner », l'utilisant généralement dans le sens de gagnant d'âmes réussi) s'empara de Jane. -L'imagination d'Anne jusqu'à ce qu'elle vive, marche et qu'elle soit dans ce personnage.

Bruey avait juste son âge, avait « de grands yeux sombres » (Jane-Anne était agréablement consciente de posséder des orbes similaires) et avait des palpitations. Jane-Anne n'y parvenait pas tout à fait, mais sentait que les crépitations étaient presque aussi bonnes et qu'elle était, en tout cas, proche de la rose, sinon de la fleur royale elle-même.

Bruey n'avait pas de père (une autre ressemblance) et une mère qui, bien que travailleuse d'église, n'était peut-être pas aussi compréhensive et sympathique qu'elle aurait pu l'être. Mettez Mme Dew à la place de la mère et vous y êtes !

Bruey lisait toujours sa Bible assise sur une boîte à la fenêtre de sa chambre ; "Un tapis plié sur cette boîte la rendait douce et confortable pour un siège." Ici, elle étudiait les Écritures et récitait ses prières, tout en regardant le coucher du soleil. Elle gardait toujours un crayon avec elle et annotait les textes qu'elle trouvait les plus utiles, et la Bible de Jane-Anne était déjà largement annotée à des centaines d'endroits. Sa nouveauté (étant un prix) était plutôt affligeante, alors elle a mouillé son pouce et a doublé les coins pour accélérer son aspect vieillissant et son utilisation constante.

La boîte et la fenêtre furent refusées à Jane-Anne au Bainbridge, car douze filles dormaient dans un dortoir où les rebords des fenêtres étaient à cinq pieds du sol, et aucune boîte d'aucune sorte n'était autorisée dans un appartement d'une propreté presque surhumaine. .

À la rue Jeune aussi, la pièce était si petite que la fenêtre était obstruée par une commode bien trop lourde pour que Jane-Anne puisse la déplacer.

Mais dès son arrivée à Holywell, elle perçut de glorieuses possibilités de Bruey-ness dans la belle et grande chambre que sa tante lui avait cédée. Il est vrai que la coiffeuse se trouvait à la fenêtre, mais c'était une affaire démodée, aux pieds en fuseau, avec une glace pivotante attachée, assez légère et facile à déplacer, et le moment où Jane-Anne pouvait se déplacer sans Avec l'aide, elle le ramena dans la pièce, traîna sa boîte en fer blanc vide sous la fenêtre et, n'ayant pas de châle, plia sa robe de chambre sur le dessus pour la rendre « douce et confortable pour un siège ».

En fait, cela n'avait rien de tel, la boîte était sale, bosselée et très dure, mais qu'importe Jane-Anne ? La boîte de Bruey était recouverte de chintz, mais cela, à son avis, n'était qu'un détail très mineur. Les principales propriétés étaient toutes là : boîte, fenêtre, Bible, petite fille.

Le fait que la fenêtre ne soit pas orientée vers l'ouest était décevant ; le fait qu'on voyait très peu de ciel en raison de la présence d'une haute maison juste en face de la cour était plutôt ennuyeux. Pourtant, il y avait la boîte et il y avait la fenêtre, et il y avait Jane-Anne, prête à se jeter dans le rôle de Bruey avec le plus grand abandon.

Elle a même amélioré Bruey, greffant au personnage certains attributs de Miss Stukely.

Ce matin-là, Mme Dew avait vidé le placard de la cuisine et, parmi les bouteilles et les boîtes abandonnées, Jane-Anne avait trouvé une petite fiole contenant de l'essence de vanille. C'est ce qu'elle a secrètement empoché. Elle arracha un morceau de son éponge, le fourra dans la petite bouteille puis l'emmena dans la salle de bain où il y avait de l'ammoniaque de Scrubbs. En un clin d'œil, les morceaux d'éponge dans la bouteille furent saturés de ce liquide âcre. Voici Jane-Anne équipée d'un flacon odorant, tout aussi efficace sinon aussi beau que celui de Miss Stukely.

Elle rejoignit son berceau à sept heures, pendant que sa tante était occupée en toute sécurité aux derniers préparatifs du dîner de M. Wycherly. Elle n'avait pas le temps de lire et de méditer à l'heure du coucher, car Mme Dew venait toujours lui retirer la bougie. Sa tante se méfiait de Jane-Anne depuis qu'elle s'était enflammée les cheveux un soir dans la rue Jeune. En arrivant dans sa chambre, elle constata que sa boîte avait été remise dans le coin et que sa robe de chambre était accrochée derrière la porte. Cela arrivait constamment.

Jane-Anne marmonna quelque chose qui ressemblait à « une vieille chose gênante » et s'empressa de tout arranger à nouveau. Cela n'a pas pris longtemps, et une fois le décor planté, elle est montée sur la boîte et a regardé dans la cour sans intérêt du tailleur de pierre avec une expression appropriée de « tendresse gagnante ». Ensuite, elle ferma les yeux avec lassitude et inhala à distance l'ammoniaque des Scrubbs dans la bouteille de vanille. Cela l'a restaurée et elle a ouvert sa Bible au hasard avec une expression moralisatrice de type Jack-Horner sur son petit visage mince et impatient.

Elle a commencé par le livre de Job.

Or, c'était un pays inexploré. Elle connaissait la Genèse ; Elle avait lu les Rois et les Chroniques, ainsi que la plus grande partie du Nouveau Testament. Mais d'une manière ou d'une autre, le livre de Job n'était pas entré dans le plan de salut de Miss Stukely, et la seule connaissance de Jane-Anne avec Job jusqu'à présent résidait dans la phrase de sa tante : « vous mettriez à l'épreuve la patience de Job », et elle avait vaguement imaginé lui comme un vieux gentleman doux tourmenté par une grande famille d'enfants indisciplinés.

Montagu et M. Wycherly s'étaient plongés dans "Home Influence" n'importe où. C'était une nouvelle façon de lui faire la lecture, et elle sentait qu'elle devait immédiatement faire de même. Ainsi, jusqu'à la fin du livre de Job, elle a commencé par les mots : « Peux-tu lier les douces influences des Pléiades ou rompre les liens d'Orion », et elle a continué à lire à haute voix.

Maintenant, il y avait en Jane-Anne un bon sentiment pour le beau et elle en aimait beaucoup le son, sa voix devenant plus forte et plus impressionnante à mesure qu'elle lisait. Elle fut particulièrement emportée par la description du cheval : « *Il patauge dans la vallée et se réjouit de sa force ; il va à la rencontre des hommes armés... Il engloutit le sol avec férocité et rage : il ne croit pas non plus qu'il C'est le son de la trompette. Il dit parmi les trompettes : Ha, ha ; et il sent au loin la bataille, le tonnerre des capitaines et les cris .*

À ce moment-là, tout à fait inconsciemment, elle avait considérablement élevé la voix et elle s'arrêta, très confuse, tandis que sa tante sautait dans la pièce et demandait anxieusement : « Qu'est-ce qu'il y a ? À qui appelles-tu ?

"Je ne fais que lire pour moi-même", marmonna Jane-Anne.

"Eh bien, j'aurais aimé que vous lisiez un peu plus calmement", a déclaré Mme Dew, "effrayant un corps à mort avec des 'ha-ha-in' et autres. Et qu'est-ce que vous faites assis sur cette boîte pendant que je rangé cet après-midi même ? Pourquoi ne peux-tu pas le laisser dans le coin ?

Jane-Anne ne répondit rien. Il est déconcertant d'être soudainement arraché à toute la panoplie passionnante d'un champ de bataille pour une simple discussion sur la position des cases. Elle se sentait découragée et irréelle.

"Pourquoi tu ne me réponds pas ?" » demanda Mme Dew avec impatience.

"Je lisais", répéta bêtement Jane-Anne.

"Et une très mauvaise lumière pour lire", a déclaré Mme Dew. "Tu descends dans la cuisine et tu me donnes un coup de main pour le dîner du maître au lieu de rester assis à crier là, et tu remets cette boîte à sa place."

Pendant que Jane-Anne faisait la vaisselle, elle se rappela avec contrition qu'elle n'avait pas marqué un seul texte.

Sur deux points seulement, elle sentait qu'elle ne pourrait jamais espérer imiter Bruey. D'abord parce que Bruey est décédée dans le dernier chapitre de ses palpitations. Or, rien n'était plus contraire aux desseins de Jane-Anne que de succomber à ses crépitations. Deuxièmement, elle sentait qu'elle ne pouvait même pas espérer égaler la noble abnégation de Bruey en matière de chapeaux.

Bruey a d'abord enseigné son cours du dimanche en portant un magnifique chapeau orné de roses ; mais un professeur principal lui faisant remarquer que cet embellissement pouvait avoir un mauvais effet sur la moralité de ses jeunes écoliers, elle supplia sa mère d'enlever la garniture offensante et de la remplacer par un simple ruban.

Jamais, assure Jane-Anne, elle ne pourra atteindre de tels sommets d'abnégation. Elle n'avait jamais possédé de chapeau avec des roses, mais si jamais elle en possédait, tous les professeurs de l'école du dimanche de la création ne devraient pas les lui arracher. C'est là-dessus que sa détermination était ancrée. Elle suivrait Bruey dans tout le reste, sauf sur les lits de mort et les chapeaux. À présent, elle sentait que son chapeau n'exciterait aucune émotion, si ce n'est la répugnance, si frivole soit-elle. Mais si jamais le jour arrivait – après tout, Miss Stukely avait des hortensias dans son chapeau – et il n'était pas nécessaire de s'inspirer servilement de Bruey.

Même si elle aimait M. Wycherly, il lui causait une introspection. Elle l'adorait. Pour elle, il semblait réunir en sa personne toutes les qualités aimables, gracieuses et belles ; mais jusqu'à présent il ne lui avait pas dit de « bonnes paroles », sauf qu'il avait murmuré à deux reprises : « Que Dieu vous bénisse ». Il n'avait pas cité un seul texte lorsqu'ils parlaient ensemble, ni posé aucune de ces questions intimes et approfondies sur sa condition spirituelle, auxquelles elle trouvait si passionnantes et si merveilleusement faciles à répondre de manière satisfaisante.

Elle avait le sentiment de proximité avec l'invisible du vrai mystique ; et en donnant à l'enfant solitaire ce sentiment de communion avec les saints, cette confiance sereine dans l'intervention du Ciel dans ses affaires, Miss Stukely et Bruey, à eux deux, lui avaient fait un don réel et précieux.

Mais ils avaient aussi créé une pose mentale. Ils lui avaient imprégné un sentiment de sécurité pieuse qui l'armait contre tout effort. Ce qu'elle faisait facilement, elle le faisait bien. Ce qu'elle n'aimait pas et qu'elle trouvait difficile, elle n'essayait pas du tout de le faire, et tout désagrément résultant d'une telle inactivité, elle le considérait comme une « croix ». Tant qu'elle était douce et patiente face aux réprimandes ; tant qu'elle tendait l'autre joue au frappeur et ne manifestait aucune méchanceté, elle sentait qu'elle avait fait tout ce qu'on pouvait attendre d'elle.

Par exemple, en ce qui concerne la boîte, il lui semblait absolument vital de lire sa Bible et de méditer à la manière de Bruey, même si le dérangement constant de ladite boîte ennuyait sa tante.

Tandis qu'elle essuyait les assiettes d'une façon sale et superficielle, elle se réjouissait de l'existence de Montagu et d'Edmund, car Bruey avait un cousin Percy qu'elle influençait pour le bien. Il y avait aussi un Percy dans « Home Influence », et comme tous les Percy de cette classe de fiction, ces deux-là étaient fringants, pleins d'impulsions généreuses, mais facilement égarés.

Percy de Bruey lisait même des romans à dos jaune au lit la nuit, et Jane se demandait si Montagu était habitué à des orgies nocturnes similaires. Elle n'avait pas plus idée de ce qu'était un dos jaune qu'elle n'en avait d'un catholique romain, mais elle était sûre que les deux étaient également pernicieux.

Edmond s'intégrait plus facilement dans le rôle de Percy, il était si joyeux et si beau ; mais si aimante qu'elle soit au centre de la scène, Jane-Anne ne se voyait pas encore tout à fait éclairer Edmund à la manière approuvée par Bruey.

Il était si inattendu qu'il serait certain de dire la mauvaise chose.

À ce moment, Mme Dew revenait de la salle à manger. « Vous devez aller voir le maître dans son cabinet, dit-elle ; "Il est neuf heures moins le quart maintenant, et dès que l'horloge sonnera, vous viendrez."

Jane-Anne se précipita vers l'évier pour se laver les mains et monta précipitamment à l'étage, boutonnant ses manches au passage.

"Eh bien, as-tu trouvé le poème ?" » a demandé M. Wycherly.

"Non, monsieur. J'ai lu tous ceux que vous avez marqués, mais ce n'en fait pas partie."

"Curieux", dit pensivement M. Wycherly; "Nous devons réessayer. Asseyez-vous, mon enfant, et pensez que si vous pouvez vous rappeler dans quelle sorte de mètre c'est écrit, cela serait d'une grande aide."

Mais Jane-Anne ne connaissait rien à la métrique, la question du poème était donc caduque pour le moment.

Les instants précieux étaient éphémères, et Bruey étant toujours ascendant, elle ne demandait *à propos* de rien :

« S'il vous plaît, monsieur, pensez-vous que Maître Montagu et Edmund sont de petits ouvriers ?

"Edmund ne l'est certainement pas," répondit résolument M. Wycherly ; "C'est un jeune chien oisif" - ici il rit - "mais il peut quand même faire tout ce qu'il veut faire. Montagu, au contraire, est naturellement travailleur. Il aime la connaissance pour elle-même. Pourquoi demandez-vous ? " et M. Wycherly regarda Jane-Anne d'un air interrogateur.

Elle était mystifiée. Que quelqu'un puisse appeler quelqu'un d'autre « un jeune chien oisif » sur ce ton d'amusement affectueux était en soi très déroutant.

"Je suppose", dit-elle, paraphrasant délibérément une remarque favorite de Miss Stukely, "nous pouvons tous être des travailleurs, 'vous dans votre petit coin; moi dans le mien.'"

"Tout à fait", acquiesça poliment M. Wycherly, même s'il fut à son tour quelque peu stupéfait par le ton doucement condescendant de Jane-Anne. La nymphe grecque de l'après-midi s'était-elle transformée le soir en une étonnante petite bête ? Il était évident que cet enfant était un artiste en évolution rapide, bien au-delà du maquillage.

Quant à Jane-Anne, elle se sentait curieusement aplatie. Ce vieux monsieur courtois et gentil lui faisait se sentir incroyablement petite. Bruey, elle en était certaine, ou même l'apostolique Miss Stukely elle-même, auraient beaucoup de mal à aborder M. Wycherly au sujet de son âme. Et puis, dans l'esprit juvénile de Jane-Anne, s'alluma une petite bougie de bon sens qui illumina cette situation sombre et difficile avec la brillante suggestion que peut-être l'âme de M. Wycherly était l'affaire de M. Wycherly et non la sienne ; et juste à ce moment crucial, elle l'entendit dire :

"Au fait, mon enfant, cette robe n'est-elle pas plutôt chaude et lourde pour ce temps d'été ? Ne penses-tu pas que nous ferions mieux de voir autre chose si tu n'as rien de plus mince ?"

Elle sauta sur ses pieds, joignant et dénouant ses mains dans une agonie de sérieux. En ce qui concerne les robes, les âmes n'avaient que peu de chance avec Jane-Anne.

"Oh, monsieur," s'écria-t-elle, "c'est une vieille robe odieuse, mais mes deux robes en coton ont été laissées au Bainbridge et ma tante a dit que nous ne pouvions pas les demander car j'étais partie, et ils ont dit que je pouvais garder ceci et de mon mieux, car je les avais avec moi, mais j'aurais aimé qu'ils ne l'aient pas fait. Est-ce qu'un enfant plus pauvre que moi n'aurait pas ça ? C'est tellement hideux et inconfortable.

Elle s'était approchée de M. Wycherly et le suppliait comme si sa vie en dépendait.

M. Wycherly l'attira entre ses genoux, et il y avait un air d'amusement considérable sur son beau vieux visage lorsqu'il demanda : « Si c'est si laid et si inconfortable, pourquoi voudriez-vous le confier à quelqu'un d'autre ?

"Mais c'est plutôt bien", postulait Jane-Anne; "Nous ne pouvions pas le jeter. Un enfant pourrait en être content. Je ne le suis pas. Parlons de ce que j'aurai", ajouta-t-elle d'un ton câlin, et d'une manière ou d'une autre, elle se retrouva assise sur les genoux de M. Wycherly.

Cela faisait des années qu'elle ne s'était pas assise sur les genoux de quelqu'un, et le fait qu'elle puisse le faire à nouveau et dans de telles circonstances lui paraissait incroyablement délicieux.

Jane-Anne s'épanouit comme une fleur.

Cela ne semblait pas si extraordinaire à M. Wycherly qu'un enfant puisse s'asseoir sur ses genoux. Il avait fait un apprentissage long et quelque peu sévère auprès de Montagu et d'Edmund, qui avaient généralement tous deux choisi de siéger chez lui en même temps. Ce qui l'impressionnait le plus chez Jane-Anne, c'était sa légèreté affligeante.

Ils eurent une longue et intime confabulation au sujet des robes, décidant finalement que, avec la permission de Mme Dew, Mme Methuen devait être prise dans leurs conseils.

L'horloge sonna neuf heures.

Jane-Anne lui passa les bras autour du cou et l'embrassa, et encore une fois il lui ouvrit la porte alors qu'elle sortait.

L'après-midi suivant, Mme Dew l'envoya faire quelques messages, et tandis qu'elle se trouvait devant un magasin (il y avait des chapeaux dans ce magasin et Jane-Anne appuya son nez contre la vitrine avec un intérêt enthousiaste) deux dames sortirent dans un magasin. voiture qui attendait sur le trottoir.

Les dames étaient magnifiquement habillées, visiblement en route pour une fête, et elle se tourna pour les regarder avec admiration. Le valet de pied claqua la porte, sauta sur la caisse, et la voiture partit, lorsqu'elle remarqua qu'une des dames avait laissé tomber son sac dans le caniveau. C'était une jolie bagatelle faite de maillons d'or en forme de petit sac. Elle le ramassa aussitôt et se précipita après la voiture, leur criant de s'arrêter, mais les dames secouaient la tête et le cocher était un personnage bien trop exalté pour y prêter attention. Le valet de pied se contenta de regarder autour de lui, mais il retrouva sa fière immobilité dans la seconde suivante.

Il y avait beaucoup de circulation cet après-midi-là et la voiture ne pouvait pas avancer très vite. Jane-Anne courut après, ne le laissant jamais hors de vue, même si elle était essoufflée et fatiguée, et son cœur battait dans ses oreilles d'une manière qui rappelait de manière trop réaliste celle de Bruey pour être tout à fait agréable. Elle était sur le point d'abandonner, de désespoir, lorsque la voiture entra par de grandes portes. Faible, mais poursuivante, Jane-Anne le suivit et remonta en courant le large chemin qui le suivait. Il y avait beaucoup de gens habillés de façon gaie qui la regardaient, et un certain nombre d'autres voitures, de sorte que celle qu'elle suivait devait avancer très lentement. Elle l'a trouvé au moment où il s'arrêtait devant une entrée.

Les dames l'ont vue. "Va-t'en, petite fille," dit la plus jeune avec colère ; "Nous n'avons rien pour vous, et vous n'avez rien à nous suivre."

Trop essoufflée et épuisée pour parler, Jane-Anne lui tendit le sac à main.

"Mon Dieu ! J'ai dû le laisser tomber et vous nous avez suivis ; c'est très gentil. Je suppose que je ferais mieux de lui donner quelque chose", en aparté à son compagnon. "J'espère que j'ai un peu de monnaie. Vous y êtes et merci beaucoup."

Elle sélectionna six pence et les tendit à Jane-Anne.

Maintenant, Jane-Anne avait terriblement besoin de ces six pence, car elle n'avait pas un sou au monde ; mais elle avait conçu une aversion pour la dame ; elle s'indigna d'être prise pour une mendiante, et ayant un peu repris haleine, elle dit très distinctement :

"Non, merci; mais je pense que tu aurais pu dire au cocher de s'arrêter, alors je n'aurais pas dû courir si loin", et la tête en l'air, elle reprit l'allée.

Beaucoup de gens étaient arrivés à la porte et ils écoutaient tous.

Elle n'était pas allée bien loin lorsqu'elle entendit des pas rapides derrière elle et un petit monsieur à l'air de bonne humeur la tira par le bras. Il portait un gilet blanc festif et ressemblait à la personnification de la gaieté. « Vous avez bien eu raison de refuser ses misérables six pence, ma chère, » remarqua-t-il confidentiellement ; "Mais c'est dommage que tu n'aies pas quelque chose pour ton ennui ; tu es très bon, dis-je, de courir tout ce chemin. Tiens, va acheter des sucettes avec ça !" et il tendit à Jane-Anne deux nouvelles demi-couronnes brillantes.

Jamais elle n'avait vu autant de richesse, et c'était à elle juste à prendre ; et pourtant elle était certaine qu'elle ne devait pas le prendre ; que M. Wycherly n'aimerait pas cela ; et déjà elle commençait à s'identifier à lui.

Elle secoua la tête un peu tristement. "Non, merci", dit-elle très doucement, car cette fois elle sentait que le donateur voulait être gentil. "Je ne dois pas, merci", et elle poursuivit son chemin.

Le gros monsieur la regarda et se gratta le menton. "C'était méchant", a-t-il dit au passant le plus proche. "La jeune fille est une dame et je lui ai offert cinq bobs."

Jane-Anne s'avança à l'aveugle sur la route. Elle a failli être renversée à trois reprises par des voitures qui remontaient l'allée. Alors qu'elle se tournait vers l'extérieur, elle a foncé sur quelqu'un qui marchait dans la direction opposée et, se remettant de l'impact, elle a découvert qu'elle avait heurté M. Wycherly.

Des explications mutuelles ont suivi. M. Wycherly faisait la promenade quotidienne qu'il avait promis à Montagu de faire. Jane-Anne a expliqué sa présence à la garden-party, mais n'a rien dit sur les récompenses offertes.

Bientôt, elle se retrouva à rentrer chez elle main dans la main avec M. Wycherly, et quand ils arrivèrent à la maison, il dit : « Nous devons faire plus de promenades ensemble, vous et moi, et si j'oublie de sortir, vous devez venir me remuer. "

Au thé, elle parla à sa tante de la bourse et de l'argent offert.

"Vous aviez tout à fait raison de refuser", a déclaré Mme Dew, "et je suis heureuse que vous ayez eu autant de bon sens ; mais qu'est-ce qui vous a poussé ?"

"Je pensais que ça ne plairait pas au maître."

"Il n'est pas nécessaire que le maître n'en ait jamais rien su."

"Mais j'aurais dû le savoir", a déclaré Jane-Anne.

CHAPITRE XII

TROUVÉ!

"Et si elle peut avoir accès à une bonne bibliothèque de livres anciens et classiques, il n'y a pas besoin de choisir du tout... lâchez-la dans la vieille bibliothèque chaque jour de pluie, et laissez-la tranquille... laissez-la se déchaîner dans le bibliothèque, dis-je, comme vous faites un faon dans les champs. Il connaît vingt fois mieux que vous les mauvaises herbes, et les bonnes aussi, et il en mangera des amères et des piquantes, bonnes pour lui, que vous n'aviez pas. la moindre pensée aurait été ainsi. *Sésame et Lys* .

Jane-Anne avait réalisé ce qu'elle désirait. Elle a été autorisée à servir M. Wycherly. Elle déposait son petit-déjeuner et l'apportait. Elle déposait son déjeuner et son dîner et sa bonne tante apportait les lourds plateaux sur la dalle devant la porte de la salle à manger, et Jane-Anne allait chercher les plats un à un et les déposait sur la table ou le buffet. , lui tendit des légumes et lui versa la bière de M. Wycherly dans la vieille cruche brune Toby qui avait autrefois appartenu à l'amiral Bethune.

Cela a été réalisé de cette manière. Alors que Jane-Anne était à Holywell depuis environ un mois, un matin, une lettre lui arriva.

Or, qu'elle reçoive une lettre, sauf celle de sa tante, était un événement terrible et des plus fâcheux. Pourtant, c'était sans aucun doute pour elle, car il était adressé à Miss Jane-Anne (sans nom de famille), c/o M. Wycherly, Esq., non inclus dans l'un des siens, mais tamponné et envoyé directement à elle. Elle l'a trouvé dans son assiette au petit-déjeuner en descendant et l'a retourné et retourné dans ses mains avant de l'ouvrir.

L'écriture était petite, claire et droite, et ressemblait assez à celle de M. Wycherly. Elle le remarqua immédiatement car elle avait souvent pris ses lettres pour les poster pour lui.

"Tu ne vas pas ouvrir ta lettre ?" » demanda sa tante.

Nerveusement, Jane-Anne déchira l'enveloppe, rouge et pâle, comme elle le faisait toujours lorsqu'elle était excitée, puis la lut avec avidité dans un silence absolu.

"Bien?" » demanda Mme Dew avec impatience. "Qui t'écrit ?"

"C'est de Maître Montagu", cria Jane-Anne à bout de souffle. "Il *m'a* écrit pour me demander de veiller à ce que M. Wycherly mange ses repas - oh tante, tu me *laisseras* l'attendre maintenant, n'est-ce pas ?"

"Qu'est-ce qu'il dit ?" » a demandé Mme Dew.

"Ma chère Jane-Anne", lut-elle à haute voix, "je suis heureuse d'apprendre de Guardie que tu vas bien à nouveau. Ce serait décent de ta part si tu m'écrivais de temps en temps pour me dire comment il va, car il ne le dit jamais lui-même. Et il y a autre chose : j'aimerais que tu entres et sors parfois pendant les repas et que tu voies qu'il ne lit pas et n'oublie pas du tout de manger, dit Robina. moi. Entrez et donnez-lui un petit coup de coude et rappelez-lui, s'il a un livre, surtout si c'est "Eschyle", il aime beaucoup ça et oublie les côtelettes et les pommes de terre et tout, s'il vous plaît, faites-le sortir tous les jours. Je pourrais l'emmener. Vous voyez, il promenait toujours Mause, notre chien, mais elle est morte, la pauvre.

"Vous n'avez pas grand-chose à faire, sans école, alors occupez-vous simplement de Guardie comme un bon enfant. Je serai extrêmement obligé et s'il vous plaît, écrivez-moi.

"Votre serviteur,

"MONTAGU BETHUNE WYCHERLY."

"Là", dit Jane-Anne.

"Je ne dirai pas, mais c'est une très bonne idée", a admis Mme Dew, "même si vous ne pouvez pas donner un coup de coude au maître ou faire toute impudence de ce genre. Vous pouvez quand même l'attendre, et s'il commence à lire, restez silencieux et dites « pommes de terre, monsieur » ou « petits pois, monsieur », et cela me ramènera au cœur quand il oublie et quitte une homelette jusqu'à ce que tout soit plat et dur. et cela viendrait plus facilement de votre part : vous pouvez vous arrêter dans la pièce pour le déjeuner et le dîner, et vous tenir derrière lui au buffet. Et attention, vous ne vous embêtez pas non plus, comme c'est le cas, mais probablement.

"Puis-je avoir une casquette et un tablier, comme la femme de chambre de Mme Methuen ?" » demanda Jane Anne avec impatience, désireuse de s'habiller pour le rôle.

" Certainement pas ; vous auriez l'air ridicule. Je ne veux pas de préadolescentes dans cette maison ; vous entrez proprement et bien rangé dans l'une des jolies robes que Mme Methuen a confectionnées, et vous vous comportez calmement et respectueusement, et " si il y a de la compagnie — pourquoi j'attendrai moi-même, même si cela ne m'intéresse pas beaucoup, ce n'est pas ce à quoi je suis habitué.

"Pourquoi ne pourrais-je pas attendre s'il y avait de la compagnie ? Je serais très rapide et silencieux, et j'adorerais entendre la noblesse parler."

"Nous verrons d'abord comment vous attendez sans", dit Mme Dew, toujours dubitative quant aux capacités pratiques de Jane-Anne.

C'est ainsi qu'elle servit M. Wycherly le jour même au déjeuner, et lorsqu'elle lui tendit les légumes, il murmura quelque chose à propos de « petits pouces tendres », ce qui la rendit extrêmement perplexe.

Elle était très adroite et silencieuse, parce qu'elle voulait bien attendre, et quoi que Jane-Anne voulait faire, elle le faisait à merveille. Elle avait observé la femme de chambre de Mme Methuen et elle s'était inspirée de cette jeune personne très supérieure. Elle était si calme qu'au début, M. Wycherly oubliait parfois qu'elle était là, prenait le livre relié en veau brun avec l'étrange imprimé gratté, que Jane-Anne aimait déjà parce qu'elle savait que c'était grec, et tombait un peu. - lire seulement pour être immédiatement rappelé par un plat de légumes présenté à son coude et par une voix grave et guindée (même sa voix était calquée sur celle de la femme de chambre de Mme Methuen) remarquant : « Chou, monsieur », ou quelque chose du genre.

Mais même si Jane-Anne s'est complètement oubliée dans l'ardeur de son imitation, M. Wycherly n'a pas oublié Jane-Anne dès le début.

"Tu ne pourrais pas rester là où je peux te voir ?" » suggéra-t-il après environ une semaine de ses soins, « ou mieux encore, asseyez-vous ».

"Oh, monsieur, je ne dois pas m'asseoir", remontra-t-elle d'un ton choqué ; "Les femmes de chambre ne font jamais ça."

"N'est-ce pas ?" dit M. Wycherly. "Cela fait si longtemps que je n'ai pas eu de femme de chambre. Quand j'étais jeune, j'étais généralement servie par des hommes, et en Ecosse, nous n'avions jamais d'attente du tout ; nous nous entraidions."

"Les hommes sont les meilleurs", répondit Jane-Anne depuis sa place sur le tapis du foyer où elle avait docilement pris position. "Si je deviens beau, je pourrai peut-être épouser un premier valet de pied."

"Bon dieu!" » éjacula M. Wycherly sur un ton de la plus grande consternation.

Jane-Anne parut très surprise.

« Il y avait un premier valet de pied à Dursley House. Oh, c'était un beau jeune homme ! s'exclama-t-elle avec un ravissement rappelant ; "si digne."

M. Wycherly était complètement secoué de son fatalisme souriant habituel. S'il avait pu analyser ses sentiments sur le moment, il aurait été étonné de la violence de son opposition à un premier valet de pied comme époux possible pour Jane-Anne. Mais à ce moment-là, il n'était conscient que d'un fort ressentiment à cette seule idée.

C'était une chose pour elle de le servir, mais penser à sa nymphe grecque en relation intime avec le premier valet de pied de qui que ce soit était inconcevable. Il avait chaud partout, et son principal désir à ce moment-là était de renverser quelqu'un.

Elle se tenait là près de la cheminée, mince, virginale et douce, une silhouette gracieuse et gracieuse dans la robe droite en lin bleu que Mme Methuen avait choisie pour elle, le regardant avec de grands yeux bruns surpris et proposant calmement d'épouser un valet de pied.

"Tu ne penses pas que ce serait bien ?" elle a demandé.

"Ma chère", dit M. Wycherly, se remettant difficilement et s'efforçant en vain de parler avec son calme et détachement habituel, "c'est une éventualité scandaleuse et impossible, et je vous prie de la chasser immédiatement de votre esprit. jamais."

"Monsieur, vous ne dînez pas", remarqua Jane-Anne après un moment de silence.

"Comment puis-je manger si vous suggérez des choses aussi horribles ?" M. Wycherly s'est plaint.

"Mais j'aimerais épouser quelqu'un", protesta Jane-Anne, "et je n'aimerais pas une personne laide."

"Cieux!" s'exclama M. Wycherly. « Les valets de pied sont-ils les seuls hommes beaux au monde ?

"Ce sont les hommes les plus beaux de notre vie, monsieur", répliqua Jane-Anne d'un ton pincé, en imitant exactement sa tante.

"Viens ici, Jane-Anne", dit M. Wycherly.

Elle y alla docilement et se plaça à côté de lui.

"Avez-vous déjà pensé," dit-il gravement, "que votre parcours dans la vie pourrait être précisément ce que vous choisissez de faire ?"

"Non, monsieur," dit-elle franchement, "j'ai toujours pensé que je devrais être une servante - il ne semble pas que je puisse faire autre chose. Vous voyez, ma tante sait qu'elle pourrait me faire entrer dans une bonne famille."

"Je ne pense pas que vous soyez assez fort pour un serviteur", objecta M. Wycherly.

"Alors," dit-elle décidément, "je pense que je ferais mieux d'être pupille."

"Prix?" Répéta M. Wycherly d'un ton perplexe.

"Votre pupille, comme Maître Edmund et Maître Montagu. J'aimerais ça, ce serait charmant."

M. Wycherly a ri. « Il me semble, dit-il, que je t'ai déjà adopté.

"Alors ça va pour l'instant, mais plus tard, quand je serai grand, que voudriez-vous que je sois, monsieur ?"

"Nous y réfléchirons plus tard. Pour l'instant, je veux que tu sois une petite fille entièrement heureuse, que tu danses au soleil et que tu deviennes grosse et joyeuse———"

"J'espère que je ne serai jamais grosse", l'interrompit-elle. "Je pense que c'est hideux."

"Eh bien, peut-être pas gros, mais dodu, rond et joyeux, pour apprendre tout ce que votre bonne tante vous apprend et pour lire par vous-même...

"Puis-je lire les livres dans la bibliothèque du salon ?" » demanda-t-elle avec impatience. "Je ferai très attention. Je ne gâche pas les livres, vraiment pas."

"Certainement, vous le pouvez ; vous trouverez parmi eux beaucoup d'excellents livres, et quand je reviendrai (je pars à Londres pour quelques jours demain) vous me direz ce que vous avez lu et nous en discuterons. ensemble."

La bibliothèque de la salle à manger était pleine de livres ayant appartenu à Miss Espérance, et M. Wycherly se sentait parfaitement en sécurité en donnant à Jane-Anne la permission de lire n'importe lequel d'entre eux. Il n'avait même jamais pris la peine de voir de quoi il s'agissait. Il savait qu'il existait une édition entière de Sir Walter et de la plupart des romans classiques jusqu'aux années 1870 environ. De nombreux ouvrages théologiques et les petits livres dorés – précieux – qui étaient parvenus à Miss Espérance de sa propre mère.

« Vous ne serez pas loin, j'espère, monsieur ? » dit Jane-Anne avec nostalgie. "Quand tu seras parti, tu te sentiras très seul."

"Il ne me faudra pas un instant de plus pour pouvoir aider, et je m'attendrai à entendre toutes sortes de nouvelles intéressantes à mon retour."

« Pensez-vous que je pourrais un jour apprendre à être une dame, monsieur, si je ne peux pas être une servante ?

"Je ne vois aucune raison pour que tu ne deviennes pas une femme très charmante."

"Mais les dames ne font pas la poussière, ne font pas la vaisselle et ne font pas les choses comme moi."

"Comme moi", corrigea M. Wycherly presque machinalement. Puis, comme s'il n'avait pas parlé, il poursuivit : "La meilleure et la plus belle dame que j'aie jamais connue a fait toutes ces choses".

« Est-ce qu'elle aimait les faire ?

"Je ne pense pas qu'elle ait jamais beaucoup réfléchi à ce qu'elle aimait ou n'aimait pas. Elle a fait ce qu'elle avait à faire, et l'a fait mieux et avec plus de grâce que quiconque."

Elle réfléchit à cela. Cela lui semblait un idéal impossible. Comment quelqu'un pouvait-il faire une chose « avec plus de grâce que quiconque » simplement parce que cela devait être fait ? Aimer avait tout à voir avec les actes de Jane-Anne.

Une fois qu'elle fut partie, M. Wycherly resta longtemps assis devant son verre de porto. Il n'a pas lu. Il ne but pas son vin, mais resta assis à table, ne regardant rien et s'interrogeant sur l'avenir de cette enfant étrange et solitaire qui s'était glissée dans son cœur si doucement et imperceptiblement que ce n'est que lorsqu'elle fit cette étonnante annonce quant à son mariage. Ses ambitions lui ont permis de réaliser à quel point elle lui était devenue chère.

Il avait relâché l'étourneau ; c'était vrai.

L'oiseau était très apprivoisé et venait à l'appel de sa main ; mais les ailes étaient là, jeunes, fortes et inédites.

Quand viendrait le temps de s'enfuir, où l'emmèneraient-ils ?

* * * * *

Jeudi, M. Wycherly s'est rendu à Londres. Il devait rester dimanche pour entendre un vieil ami prêcher à l'église du Temple. Vendredi matin, Jane-Anne l'emmena au salon pour inspecter la bibliothèque.

Il est vrai que tous les livres de la salle à manger avaient appartenu à Miss Espérance, mais M. Wycherly avait compté sans l'amiral. Ses livres étaient là aussi. Il s'agissait notamment des œuvres de Henry Fielding et de Tobias Smollett, et il y avait sur l'étagère du haut une longue rangée de petits livres, « les chers et trapus douze » adorés par nos ancêtres.

La bibliothèque était grande et, avec la perversité naturelle des enfants, Jane-Anne attaqua la première rangée. Justement parce qu'elle ne pouvait pas l'atteindre, elle avait ardemment envie de regarder les petits livres aux couleurs ternes sur l'étagère du haut. Elle traîna donc une chaise, y plaça une boîte à ouvrage et, alors, montée sur les deux, elle put lire les titres des livres et sortir les livres à son aise.

Il y avait dix petits livres tous pareils, reliés en tissu vert foncé avec un écu et une couronne en or au-dessus du titre au dos, et un blason doré sur la couverture. Au hasard, elle en sortit un juste pour le regarder.

Evidemment il avait été beaucoup lu autrefois, car il s'ouvrit tout seul et elle vit que c'était de la poésie et que certains vers étaient marqués sur le côté au crayon, tout comme elle marquait ses textes favoris.

"Les îles de Grèce, les îles de Grèce,

Où Sappho brûlant aimait et chantait.

Où avait-elle déjà entendu ces lignes ?

Lentement et soigneusement, elle continua sa lecture jusqu'à ce qu'elle pousse un petit cri et manque de tomber de la boîte à ouvrage dans son excitation.

"Les montagnes regardent Marathon...

Et Marathon regarde la mer...

Et j'y réfléchis une heure seul,

J'ai rêvé que la Grèce serait encore libre."

La longue quête touchait à sa fin.

Le poème que son père avait chanté en la portant partout a été retrouvé.

Elle sauta de la boîte à ouvrage sur le sol et s'assit dessus, s'appuyant contre la bibliothèque.

Les larmes étaient mouillées sur ses joues pendant qu'elle lisait, et sa respiration était rapide comme si elle avait couru. Elle a été profondément émue. Elle répétait les lignes doucement, les murmurant pour elle-même, prononçant parfois mal les longs mots mais toujours vivante et intensément sensible à la musique de la mesure, à la noblesse de la conception, à la dignité tragique de son expression.

La rosée du génie était tombée sur cette pensée, et les mots refleurissaient dans leur beauté ardente pour cette petite fille illettrée, qui, avec un peu de l'esprit de la vieille Grèce, pleurait sur cette merveille.

Elle relut sans cesse ces seize vers, jusqu'à ce qu'elle entende sa tante l'appeler pour qu'elle vienne dîner, et, emportant le précieux ouvrage avec elle, elle monta à l'étage dans sa chambre, le cacha dans un tiroir et redescendit précipitamment dans une chambre. tumulte d'excitation qui ne trouvait aucune issue.

"Vous avez un rhume, Jane-Anne", dit Mme Dew en découpant le joint. "Ton nez est rouge et tu renifles."

Jane-Anne ne s'est pas expliquée. L'imputation doit être supportée.

"Je ne pense pas que ce soit grand-chose, tante," dit-elle docilement. « Avez-vous déjà entendu parler de quelqu'un appelé Lord Byron ? » ajouta-t-elle avec empressement.

"Il n'est jamais venu là où j'habitais", répondit Mme Dew ; "Mais alors il y a beaucoup de seigneurs comme je n'en ai jamais entendu parler. Pourquoi veux-tu savoir ?"

"Je me demandais seulement. Cela aurait été bien si vous aviez entendu parler de lui. Il écrivait de la poésie."

" Alors je ne devrais pas penser qu'il était vraiment un seigneur. Les vraies vieilles familles ne font pas de telles choses. Peut-être qu'il gagnait son argent dans la bière (il y en a beaucoup) et qu'il s'est ensuite mis à écrire de la poésie pour s'amuser quand il avait pris sa retraite. Vous pouvez supposer que c'était quelque chose du genre. Maintenant que vous en parlez, j'en ai l'impression que votre mère avait certains de ses livres de poésie, elle avait déjà vu les endroits sur lesquels il écrivait. Moi-même, je n'aime pas beaucoup la poésie, et les livres ont tous été vendus - seulement quelques centimes qu'ils ont rapportés - après sa mort."

Jane-Anne se sentit glacée et déçue. Elle n'aimait pas du tout l'odeur de la bière et il était impossible de la relier à l'auteur de ces vers bouleversants. Elle pourrait, elle en était sûre, tout savoir sur Lord Byron lorsque M. Wycherly reviendrait ; mais c'était une personne impatiente : comment pouvait-elle attendre jusque-là ?

Une pensée lumineuse la frappa.

"Tante, ne penses-tu pas que je devrais répondre à la lettre de Maître Montagu ?" » elle a demandé diplomatiquement. "Voulez-vous me donner un tampon et je le ferai cet après-midi."

« Attention, vous êtes respectueux et convenable – vous feriez mieux de me laisser voir la lettre avant qu'elle ne parte. Et si elle vous convient, je vous donnerai un cachet.

"Très bien, tante", soupira Jane-Anne. Il était très difficile d'écrire ce qui conviendrait à ces yeux antipathiques – mais elle essaierait ce qu'elle voulait.

De l'encre était fournie, une feuille de papier, une enveloppe, un stylo avec une pointe en forme d'aiguille et une seule feuille de papier buvard très utilisé.

Jane-Anne s'assit à table dans la chambre de la gouvernante et écrivit d'une écriture ronde et soignée :

"CHER MAÎTRE MONTAGU,

"J'envoie mon devoir et le maître allait très bien lorsqu'il est parti hier.

"Je le sers aux repas et il ne lit plus du tout maintenant; il me parle et je trouve qu'il mange plutôt bien vu. Je sors aussi avec lui, ce qui est très beau. C'est très triste ici maintenant, il est parti. Je me demande si vous connaissez un livre de poésie intitulé « Don-Juan » ou si vous pensez qu'il ressemble à « Home Influence ». Je ne pense pas que ce soit comme « Home Influence », mais j'adore ça, je vais tout lire, c'est en deux volumes. Le maître a dit que je devais lire tous les livres que j'aimais dans le salon, il y en a dix volumes ; Sa Seigneurie là-bas. Je les lirai tous. Pouvez-vous me dire s'il fait partie de la vraie noblesse comme Lord Dursley, j'aimerais le voir.

"Respectueusement votre,

"JANE-ANNE."

Mme Dew a lu la lettre jusqu'au bout et a grogné qu'elle était beaucoup trop longue, mais elle a donné à Jane-Anne un cachet qu'elle a immédiatement apposé. Puis elle gambadait allègrement jusqu'au poste et déposait sa précieuse missive dans la boîte.

CHAPITRE XIII

UN CRI LOIN

"Je n'ai pas aimé le monde, ni le monde moi-

Mais séparons-nous de bons ennemis ; Je crois,

Bien que je ne les ai pas trouvés, il se peut qu'il y ait

Des mots qui sont des choses, des espérances qui ne tromperont pas,

Et des vertus qui sont miséricordieuses, ni tissées

Des pièges pour les défaillants ; Je considérerais également

O'er les chagrins des autres que certains pleurent sincèrement ;

Ces deux, ou un, sont presque ce qu'ils semblent être,

Cette bonté n'a pas de nom et le bonheur n'est pas un rêve. »

Pèlerinage de Childe Harold.

Les garçons écrivaient toujours à M. Wycherly le dimanche et comme ils savaient qu'il devait être à Londres pendant le week-end, il recevait dûment ses lettres hebdomadaires le lundi matin à l'hôtel Morley.

Celle d'Edmund était, comme d'habitude, brève et précise. Il espérait que son tuteur allait bien ; il annonça avec une nouvelle encourageante qu'il allait lui-même bien, et après une brève référence à ses scores les plus récents au cricket, il conclut par l'information : "C'est cher ici à l'école ; le munny avec lequel je suis revenu a disparu ; c'est très cher". gênant. Pourriez-vous me dépanner un peu plus ? »

Montagu parla de son travail et de la pièce grecque qu'ils lisaient, puis il termina par : "J'ai reçu une lettre assez décente de Jane-Anne. Qu'est-ce qui vous a poussé à la lancer sur Byron ? Je n'ai pas lu "Don Juan" moi-même, mais je suppose que je dois le faire, comme elle l'a fait, alors nous pourrons en parler pendant les vacances.

M. Wycherly a lu cette partie de la lettre de Montagu trois fois, l'a froncé de sourcils, y a réfléchi ; et finalement, *à propos* de rien, il se retrouva à répéter la citation préférée de Miss Stukely qui était restée dans son esprit avec une persistance provoquante.

"Toi dans ton petit coin, moi dans le mien." Il n'avait pas la moindre idée d'où cette fleur de pensée avait été cueillie, mais il lui vint à l'esprit à ce moment-là que le petit coin de Jane-Anne avait dû s'être considérablement agrandi ces derniers jours si elle avait beaucoup lu "Don Juan".

"Il est grand temps que je retourne à Holywell", réfléchit M. Wycherly. "Quel vent du destin a soufflé "Don Juan" sur le chemin de l'enfant ? Et qu'en pensera-t-elle ?"

Il retourna à Holywell cet après-midi-là, et Jane-Anne apporta son thé à sa manière de bonne de salon, pour ensuite retomber immédiatement en elle-même, tombant à genoux près de sa chaise et couvrant sa main de baisers dès qu'elle s'assit. le plateau.

« Mon enfant, mon enfant », s'écria M. Wycherly, « c'est très merveilleux et délicieux de votre part d'être si heureux. Mais vous devez vous lever et vous asseoir à côté de moi et me servir du thé, et me dire toutes les nouvelles, et quoi. s'est passé depuis mon départ, et qu'est-ce que tu as fait de toi-même ?

"Une très grande chose s'est produite", dit solennellement Jane-Anne, tenant la théière en l'air. "Je l'ai trouvé."

M. Wycherly a failli dire : « Trouvé quoi ? mais il s'arrêta juste à temps, se souvint des « montagnes » et demanda gentiment :

"Eh bien, et où est-il ?"

"A Marathon", dit gravement Jane-Anne. "Le savez-vous?"

"Oui," répondit M. Wycherly, "et c'est une chose curieuse que ce même poème me soit rappelé lorsque je vous ai vu danser dans le jardin. Je me demande pourquoi je ne l'ai pas associé à vos montagnes ?"

"Je danse souvent. Je danse quand je suis heureux, et je danse quand je suis très plein de sentiments, pas vraiment heureux, mais de grands et formidables sentiments."

"Dites-moi, mon enfant, ce que vous pensez de "Don Juan" d'après ce que vous avez lu."

"Pauvre chéri", s'écria Jane-Anne, "il était si malheureux. A peine s'est-il confortablement installé chez une gentille et belle dame qu'un vieux mari ou un père contrarié, ou quelqu'un d'autre, est intervenu. C'était dommage."

"Peut-être", suggéra M. Wycherly, "il y avait peut-être quelque chose à dire de leur côté aussi, vous savez. Bien que ce soit un côté moins souvent traité par les écrivains de romance."

« Le père de Haidée était horrible », s'écrie-t-elle avec véhémence. "Tu dois le penser aussi, n'est-ce pas ?"

« Supposons, » dit M. Wycherly, « que je sois parti pendant longtemps, si longtemps que vous en arriviez à la conclusion que j'étais mort... »

"Je devrais mourir aussi", interrompit Jane-Anne.

"Oh, non, vous ne le feriez pas. Supposons, disons, qu'un jeune homme très charmant et délicieux apparaisse et accapare toute votre attention, et tout à coup, je reviens et vous trouve en train de donner une grande fête dans le jardin."

"Tante ne le permettrait jamais une seule minute", s'écria-t-elle, consternée.

"Mais il faut éliminer tante ; Haidée, à notre connaissance, n'avait pas de tante sage et excellente pour s'occuper d'elle. Voyons voir. Oh, oui ! Supposons que je revienne et trouve cette fête en cours, l'agréable jeune homme faisant office de hôte, et vous, ma chère, entièrement absorbée par lui, et toute la maison sens dessus dessous Voudriez-vous que je me sente très aimable ?

Jane-Anne regarda sérieusement M. Wycherly. Le visage doux et de haute race était assez grave, même si des personnes mieux versées que Jane-Anne dans les subtilités de l'expression auraient pu remarquer une expression d'amusement considérable dans ses beaux yeux.

"Mais le père de Haidée n'était pas du tout comme toi", objecta-t-elle. "C'était un pirate cruel."

"Même les pirates ont des sentiments parentaux", a-t-il plaidé.

Jane-Anne avait l'air très perturbée.

"Ça a l'air horrible dit comme ça", murmura-t-elle tristement; "mais c'est beau dans le livre de poésie."

"Combien as-tu lu ?" » a demandé M. Wycherly.

"Seulement là où meurt la pauvre et jolie Haidée. Je ne lis pas très vite, vous savez, pas comme vous, monsieur, et comme maître Montagu; et quand j'ai envie un peu, je le lis encore et encore."

"Et qu'est-ce que tu préfères dans le livre jusqu'à présent ?"

"Oh, le poème de mon père, de loin, le meilleur. Je peux le dire presque tout par cœur. Mais une des raisons pour lesquelles j'ai été si lent est que je voulais terriblement en savoir plus sur Lord Byron, et sur l'étagère du bas, où ' Sir Stafford Raffles, j'ai trouvé un livre entièrement consacré à lui, un gros livre cramoisi, et je l'ai lu."

"Vraiment," remarqua M. Wycherly, "vous n'avez pas perdu de temps. Eh bien, et qu'en pensez-vous ?"

« C'est assez difficile, monsieur, tant de lettres ; mais il semble avoir été très malchanceux aussi, comme Don *Juan* . ça n'avait pas l'air très sympa non plus – et puis j'ai regardé la fin… »

"Bien?" » dit M. Wycherly, car Jane-Anne s'arrêta brusquement.

"Et j'ai découvert qu'il était mort, et il est mort pour aider la Grèce ; et je suis vraiment désolé."

"Désolé qu'il soit mort pour aider la Grèce ?"

"Non, car c'est pour ça que mon père l'aimait, j'en suis sûr ; mais parce qu'il est mort. *J'aurais* dû l'aimer tendrement."

"Un grand nombre de personnes ont fait cela", a déclaré M. Wycherly.

"Je lirai tous ses livres de poésie et j'apprendrai tous les passages que j'aime ; et alors, peut-être, pensez-vous que, là-haut au ciel, il pourrait un jour savoir à quel point je tenais à moi ?"

M. Wycherly regarda ce visage impatient et mélancolique et se posa également des questions.

« Écoute-moi, mon enfant, dit-il. "Je pense que si Lord Byron le sait, il est très heureux et touché; mais je pense aussi qu'il serait la toute première personne à vous suggérer d'attendre un peu avant de lire toute sa poésie. Si vous me le permettez, Je choisirai les volumes par lesquels je pense qu'il préférerait que vous commenciez. « Don Juan », par exemple, je laisserais tranquille pour le moment ; directement vous le connaissez par cœur et pouvez l'écrire dans votre plus bel écrit, en entier ; ton poème préféré du troisième chant——"

"Je peux le faire maintenant", cria-t-elle avec impatience. "Est-ce que cela plairait à Lord Byron, pensez-vous, monsieur ?"

"J'en suis certain."

"Et vous me direz ce que vous pensez qu'il aimerait que je lise. J'aimerais tellement faire quelque chose pour lui ; pauvre cher, si triste et si seul souvent. L'avez-vous déjà connu, monsieur ?"

M. Wycherly secoua la tête. "Il est mort bien des années avant ma naissance."

"Il y a si longtemps!" La voix de Jane-Anne était solennelle et émerveillée, car M. Wycherly lui semblait incroyablement vieux et sage.

" Une chose, monsieur, " continua-t-elle sur un ton tout à fait différent, " j'ai tout à fait changé. Je n'épouserai pas un premier valet de pied — j'épouserai un poète. Je chasserai jusqu'à ce que je trouve quelqu'un comme Lord Byron

— s'il est tant mieux, c'est un seigneur. Mais s'il ne l'est pas, s'il peut dire de très belles choses, je l'aimerai quand même, monsieur.

M. Wycherly soupira. "J'ai peur, ma chère, d'être un vieux grincheux égoïste, qui voudrait toujours te garder dans sa poche de cœur. Je n'aimerai aucun d'entre eux."

"Alors je resterai dans ta poche", dit Jane-Anne.

Il était temps de ranger et elle rapporta le thé à la cuisine.

M. Wycherly entra dans le salon, une pièce dans laquelle il entrait rarement, sauf lorsque les garçons étaient à la maison. Il posa fermement ses lunettes sur son nez et inspecta le contenu de la bibliothèque.

Juste avant son départ, Jane-Anne lui avait imposé son « Bruey » préféré, et il l'avait lu. Il décrocha maintenant de l'étagère du haut le deuxième volume de « Don Juan » — le premier manquait — et tourna les feuillets en secouant la tête :

"Il y a loin de Bruey à Byron", pensa M. Wycherly. "Je me demande si j'ai fait la bonne chose ? Sur un point, je suis tout à fait convaincu : pour la sécurité ultime de cette enfant, nous devons immédiatement commencer à développer son sens de l'humour."

Jane-Anne était tellement enthousiasmée par sa découverte qu'elle a écrit à Miss Stukely pour lui en parler. Cette fois, elle demanda une feuille de papier et une enveloppe à M. Wycherly, et il lui remit un paquet de chacune, les enveloppes toutes affranchies étant celles qu'il utilisait toujours. Elle était très ravie, emporta l'encre dans sa chambre sans consulter sa tante et s'assit devant son lavabo pour écrire la lettre suivante :

"CHER PROFESSEUR,

" J'espère que vous allez bien. Je vais bien et je suis très heureux. Je vis avec ma tante et j'ai un tapis dans ma chambre, pas de toile cirée ; et c'est une belle et grande pièce. Le maître ici est comme un ange : il est si gentil et bon. Il y a énormément de livres dans cette maison. J'espère les lire tous avant de devenir adulte. J'apprends l'alphabet grec. Connaissez-vous un poète appelé Seigneur. Byron ? Je lis tous ses livres de poésie. Je suis sûr que vous les adoreriez. J'ai trouvé un poème que mon père me disait quand j'étais petite, et j'étais si heureux qu'il l'ait écrit aussi. au paradis, donc je ne peux pas le voir. Avec amour et devoir, de la part de votre ami affectueux,

"JANE-ANNE."

Par retour du courrier arriva une lettre de Miss Stukely.

"MA CHÈRE JANE-ANNE,

"J'étais heureux d'apprendre de votre part que votre santé va mieux. Mais, cher enfant, il y avait beaucoup de choses dans votre lettre qui m'inquiétaient. Je vous prie de ne plus lire de poésie qui ne soit pas connue pour être d'un solide enseignement évangélique. J'aimerais que vous me promettiez que vous ne lirez aucune poésie sauf celle de Frances Ridley Havergal, d'Eliza Cook ou de Mme Hemans. Les œuvres de ces trois saintes femmes ne peuvent que vous faire du bien, et il n'y a que trop de raisons. craindre que la poésie, en règle générale, détourne nos pensées des choses supérieures. Alors promets-moi ceci, ma chère fille, que mon esprit soit en paix à ton sujet. Quant à ce Lord Byron dont tu parles, je n'ai jamais lu aucun de ses poèmes. et je ne le ferai jamais, car je comprends qu'il était un homme d'une vie très mauvaise et un incroyant, et qu'il est tout à fait improbable qu'il soit au ciel, comme vous semblez le supposer, j'espère que vous le renvoyerez ainsi que toutes ses œuvres. votre esprit. Je ne vois aucune utilité à ce que vous appreniez l'alphabet grec. Les Grecs de l'Antiquité étaient de méchants païens, et cela ne sert à rien de les connaître. J'espère que vous lisez régulièrement « Le chemin ascendant ». Je serai toujours heureux d'avoir de vos nouvelles et je ne manquerai jamais de me souvenir de vous dans mes prières. Comme notre cher Bruey, je tiens ma petite liste quotidienne et j'espère que vous ferez de même.

"Laissez-moi votre promesse, chère fille, et je me sentirai plus heureuse pour vous - même si nous sommes séparés de corps, nous pouvons toujours communier en esprit, et je serai très heureux de superviser vos lectures et de vous envoyer de petits livres adaptés. de temps en temps, j'ai un cours sympa au Bainbridge, et nos réunions hebdomadaires sont très utiles. Toujours votre ami et votre bienfaiteur.

"BLANCHE STUKELY."

Jane-Anne trouva cette lettre quelque peu difficile à déchiffrer, car Miss Stukely écrivait d'une main inclinée et pointue, beaucoup plus difficile à lire que celle de Montagu ou de son tuteur.

Ainsi, au mépris de toutes les règles de sa tante, elle a envahi M. Wycherly dans son bureau juste après le petit-déjeuner et lui a demandé de le lui lire à haute voix. Il le fit, et quand il eut fini, elle se jeta à terre, désespérée, et éclata en sanglots violents.

Cette réception tragique de ce qui, à ses yeux, lui paraissait une lettre singulièrement inconsidérée et bornée, stupéfia M. Wycherly, et pendant une minute ou deux il resta assis à sa table dans un silence parfait, tenant dans sa main la missive de Miss Stukely. avec irritation, conscient que c'était écrit sur du papier à lettres parfumé et qu'il abhorrait l'odeur. Il baissa les yeux sur la silhouette souple et élancée, allongée sur le sol, dans un abandon absolu de chagrin, et finit par demander :

"Pourquoi pleures-tu, Jane-Anne ?"

Jane-Anne se retourna, se redressa et poussa un cri entre ses sanglots :

"Parce qu'elle dit qu'il n'est pas au paradis, et s'il n'est pas au paradis alors il doit être en enfer pour toujours et à jamais, et je ne pourrai plus jamais me sentir heureux."

« Levez-vous, mon enfant, et asseyez-vous sur une chaise », dit sévèrement M. Wycherly. Il avait une objection démodée aux scènes et un sentiment indéfinissable que s'allonger par terre n'était ni convenable ni digne, même pour une petite fille de douze ans. Ni *le déshabillé* physique ni mental ne lui plaisait. "Maintenant, dites-moi, pourquoi devriez-vous tenir pour acquis que Lord Byron n'est pas au paradis ?"

Un rayon de lumière perça la tristesse de son regard et elle cessa de pleurer pour demander avec empressement : « Est-ce que Miss Stukely a tort, alors ? Était-il un homme bon après tout ?

"Même en supposant qu'il ne soit pas ce qui est communément considéré comme un homme bon. Même ainsi, de quel droit cette Miss Stukely, ou n'importe qui d'autre, a-t-elle conclu que Lord Byron..."

"C'est en enfer." Jane-Anne termina la phrase avec désinvolture.

"Exactement", a déclaré M. Wycherly. « De quel droit a-t-elle, dis-je, de supposer quelque chose de pareil ?

"Mais les méchants y vont."

"Et le voleur sur la croix ?" » a demandé M. Wycherly.

"Mais il s'est repenti", répondit-elle promptement.

"Et comment savez-vous, ou Miss Stukely, ou moi, ou n'importe qui d'autre, que Lord Byron était impénitent ?"

"Alors tu penses que tout va bien ?" » demanda-t-elle anxieusement.

"Je suis sûr que tout va bien", a répondu M. Wycherly avec assurance.

« Pourriez-vous me prêter votre mouchoir, monsieur ? » demanda Jane-Anne. "Il semble que j'ai perdu le mien."

Rafraîchie par le mouchoir emprunté et très réconfortée dans son âme, elle se tourna vers une autre partie de la lettre et demanda :

"Est-ce que ces dames dont elle parle écrivent de la belle poésie, comme mon article sur les montagnes ?"

« Je ne connais pas très bien les écrits des dames mentionnées par Miss Stukely, » dit prudemment M. Wycherly, « mais j'imagine pouvoir dire sans risque de me tromper que leur œuvre ne fait pas preuve du plus haut génie poétique, bien qu'elle soit sans aucun doute très agréable à lire. leurs admirateurs."

"Tu le promets, si tu étais moi ?"

"Certainement pas", répondit-il vigoureusement. "Rien ne m'inciterait à promettre une chose aussi absurde."

"Absurde?" La voix de Jane-Anne était étonnée ; ce n'était pas un adjectif qu'elle aurait appliqué à quelque chose d'aussi sérieux.

"Très ridicule", répéta M. Wycherly.

"Elle sera désolée et elle a été très gentille avec moi."

"N'oubliez jamais sa gentillesse, rendez-la si jamais vous en avez l'occasion ; mais ne promettez jamais rien à personne sans bien comprendre ce que vous entreprenez."

"Même vous, monsieur ?"

" Certainement pas moi, entre tous, mais j'espère que je ne devrais jamais vous demander de faire des promesses impossibles. "

"Alors je pourrai continuer à aimer Lord Byron ?"

"Il me semble que vous devriez l'aimer davantage si vous pensez qu'il était pécheur, malheureux et malheureux. C'est une sorte d'amour pauvre qui ne s'intéresse qu'aux bons, aux chanceux, à ceux qui réussissent."

"Le Christ aimait les malheureux", dit doucement Jane-Anne. Ce n'est pas en vain qu'elle avait lu son Nouveau Testament.

"Ah", dit M. Wycherly, "c'est une phase de son caractère que certains de ses disciples ont tendance à oublier."

"Je vais le dire à Miss Stukely", remarqua Jane-Anne avec gaieté.

"Vous ne ferez certainement rien de tel. Il ne faut pas prêcher aux gens, c'est... c'est tellement mal élevé."

La pauvre Jane-Anne avait l'air très perplexe.

"C'est une chose très drôle", dit-elle pensivement. "Rien ne pourrait être plus différent qu'une tante et un vrai gentleman comme toi, et pourtant, parfois, vous dites tous les deux le même genre de chose. Seulement, vous dites que c'est mal élevé, et elle appellerait ça le comble de l'impudence."

« Vous pouvez comprendre que nous voulons tous deux la même chose », a déclaré M. Wycherly ; et ses gentils yeux pétillaient.

"Eh bien, je ne comprends pas, et je sais que ma tante va être furieuse parce que je ne suis pas là pour aider à faire les lits, mais je suis plus heureuse. Voici votre mouchoir, monsieur, et merci beaucoup."

Et Jane-Anne enfonça une balle humide et collante dans la main de M. Wycherly, tout à fait inconsciente de son offense.

Quand la porte se referma derrière elle, il jeta le mouchoir dans sa corbeille à papier et il rit. Cela ressemblait tellement à Montagu ou à Edmund.

CHAPITRE XIV

UNE EXPÉRIENCE

"Tu peux jouer du violon ?" demanda l'inconnu.
"Je ne sais pas", dit l'Irlandais, "mais j'essaierai si vous
me prêtez l'instrument." *Vieille légende* .

Mme Methuen prenait le thé avec M. Wycherly sous le pommier au bord de
la pelouse. Elle venait très souvent le voir pour la simple raison qu'il lui était
extrêmement difficile de le persuader de venir la voir. Il protestait toujours
qu'il avait vécu trop longtemps hors du monde pour aller lui rendre visite
maintenant, qu'il ne savait pas comment se comporter en société, qu'il était
un vieil anachorète grincheux dont personne ne pouvait vraiment vouloir.

Maintenant, Mme Methuen avait vraiment envie de lui, alors elle est venue
le voir à sa place, à leur grande satisfaction mutuelle, et comme c'était un bel
été et qu'elle venait généralement à l'heure du thé, Mme Dew le leur posait
sous la pomme. arbre sur la pelouse, et Jane-Anne fut autorisée à emporter
les gâteaux et le pain et le beurre.

Cet après-midi-là, ils avaient discuté de l'avenir de Jane-Anne, car Mme
Methuen était pleine de nouveaux projets, et lorsqu'elle avait un nouveau
projet, elle avait l'habitude d'être très enthousiaste.

« Vous voyez, disait-elle, ce serait tellement plus original que d'être
gouvernante ; elles ne font pas de gros travaux, et l'uniforme est si charmant
qu'elle serait mignonne avec.

"Mais pensez-vous", a demandé M. Wycherly d'un ton dubitatif, "que Jane-
Anne a un don particulier pour s'occuper des petits enfants ? Elle n'a aucune
expérience ; pourquoi devrait-elle être particulièrement adaptée à cela ?"

"Elle serait formée", s'écria Mme Methuen avec impatience; "C'est une
formation splendide, et les filles sont si recherchées... Les infirmières de
Norland ne sont jamais déplacées..."

"Votre infirmière est-elle une Norland Nurse ?" » demanda M. Wycherly,
essayant de se rappeler s'il avait vu la nourrice de Mme Methuen dans un
uniforme très enchanteur, mais ne réussissant qu'à se souvenir vaguement
d'une personne corpulente et confortable qui avait certainement l'air «
habituée aux bébés ».

"Eh bien, non," répondit Mme Methuen, un peu honteuse. "Vous voyez, ma
mère pensait que j'étais jeune et inexpérimenté et nous connaissions tous
Nannie depuis de nombreuses années, et... c'est Nannie, vous voyez, et
personne d'autre n'était possible."

"Bien sûr, bien sûr", acquiesça précipitamment M. Wycherly. "Je suis sûr que c'est très bon de votre part de vous intéresser si chaleureusement à Jane-Anne, et une telle carrière pourrait s'avérer la plus appropriée - mais ne serait-il pas bien de voir - ne pourrions-nous pas la mettre en contact avec un petit enfant. et voir comment ils s'en sortent ? »

«Je l'ai», s'écria Mme Methuen; " Elle ira s'occuper du bébé de Mme Cox les jours où la crèche sera fermée ; cela lui serait d'une grande aide. Ils ne sont pas aisés, vous savez, et elle n'a qu'une seule servante en plus de la nourrice, et cela va donner à Jane-Anne le goût des bébés : son bébé est un parfait chéri. C'est une belle idée – si utile à la pauvre Mme Cox et si bonne pour Jane-Anne, et elle habite aussi si près, à seulement quelques portes de là. rue. Je vais aller le lui proposer maintenant et je reviendrai vous dire ce qu'elle dit.

À peine dit que c'était fait. Mme Methuen retrouva Mme Cox chez elle, lui dévoila son plan, insistant sur le bénéfice que cela apporterait à Jane-Anne et sur l'aptitude exceptionnelle de Jane-Anne à cette tâche. Elle souligna également les avantages inhabituels dont le bébé bénéficierait d'une nourrice aussi raffinée et charmante (Mme Methuen aimait Jane-Anne) et fit allusion à toutes sortes de possibilités lorsqu'elle serait plus âgée et plus expérimentée.

Mme Cox, épouse d'un jeune médecin qui n'a pas encore beaucoup de chance en matière de patients, a accueilli l'idée avec effusion, et Mme Methuen est retournée chez M. Wycherly pour lui dire qu'elle avait arrangé cela et que Jane-Anne pourrait faire ses débuts. en tant qu'embryon Norland Nurse mardi, ce jour étant vendredi.

"Elle ne doit pas tenter de porter un bébé lourd", s'exclama anxieusement M. Wycherly, fronçant les sourcils avec détresse.

"Bien sûr que non", dit résolument Mme Methuen. "Elle ferait monter et descendre sa chérie à Holywell dans son landau, ou peut-être à South Parks Road, c'est tellement agréable et calme."

"J'espère que ce n'est pas une poussette lourde", murmura M. Wycherly.

"Maintenant, ne vous inquiétez pas. Personne ne songerait à obliger Jane-Anne à faire quelque chose de dur ou de lourd. Vous ne seriez pas, je suppose, opposé à ce qu'elle soit assise avec le bébé sur ses genoux, n'est-ce pas ? Elle est plutôt petite. bébé, âgé de seulement six mois et très petit.

"Non," dit M. Wycherly d'un air dubitatif, "si vous pensez que c'est tout à fait sans danger pour le bébé."

"Mon cher M. Wycherly, Jane-Anne a presque treize ans."

"Je sais," répondit-il humblement, "que je dois vous paraître bêtement nerveux, mais un petit bébé me semble toujours si fragile, et Jane-Anne elle-même est si fragile qu'elle pourrait le laisser tomber."

"Ne vous inquiétez pas," répéta Mme Methuen d'un ton consolateur. "Mme Cox s'occupera de Jane-Anne, et Jane-Anne s'occupera du bébé. En plus, ce n'est qu'une fois par semaine, le jour du ménage de la crèche."

Ensuite, Mme Methuen est allée voir Mme Dew dans la cuisine et lui a dévoilé le plan.

Mme Dew, d'habitude prudente des Cotswolds, considérait le plan avec une méfiance marquée, mais elle était une servante trop bien entraînée pour faire autre chose que sembler acquiescer avec gratitude aux aimables efforts de Mme Methuen en faveur de sa nièce. Il fut donc convenu que Jane Anne se rendrait chez Mme Cox mardi matin à dix heures pour quelques heures, comme Mme Methuen l'avait convenu. La seule personne qui n'a pas été consultée est Jane-Anne elle-même.

Le mandat était terminé. Les hommes étaient tous descendus et le lendemain, la maison Methuen partit pour le bord de la mer.

La visite de Mme Methuen à M. Wycherly avait eu pour but de lui dire adieu pour un moment ; et en organisant cela pour Jane-Anne, elle sentait qu'elle avait été vraiment utile.

M. Wycherly avait consulté Mme Methuen sur de nombreuses questions liées à l'enfant. D'une part, il l'avait suppliée de l'aider à développer son sens de l'humour. Sur quoi elle envoya à Jane-Anne les deux « Alice » et suggéra qu'elle soit autorisée à voir *Punch* chaque semaine. Elle lui a également donné « Des histoires populaires allemandes » et « Un fer plat pour un sou ». Ces travaux étaient tous d'un intérêt captivant et interrompirent quelque peu l'étude de Jane-Anne sur Lord Byron, comme cela avait été prévu.

Elle prit aussitôt *le punch dans son cœur* ; non pas à cause de l'humour du Bouffon Immortel, mais à cause des belles dames représentées par M. Du Maurier. Elle les admirait de tout cœur et se mettait à les imiter.

Jane-Anne s'entendait quand même. Elle riait très souvent maintenant, parfois de la pure joie d'être dans un monde où il y avait des gens aussi gentils et charmants que Mme Methuen et M. Wycherly ; parfois parce que les choses semblaient vraiment drôles. Elle commençait aussi à comprendre qu'il était possible de plaisanter ; que M. Wycherly disait souvent des choses qu'il ne pensait pas ; et qu'il était concevable que vous puissiez aimer une personne de tout votre cœur et de toute votre âme tout en étant parfaitement conscient de ses petites faiblesses et de ses bizarreries. M. et Mme Methuen lui ont appris cela, tout à fait inconsciemment, pendant qu'elle les servait lorsqu'ils déjeunaient avec M. Wycherly.

Jane-Anne apprenait vite.

Cette nuit-là, alors qu'elle servait « le maître » au dîner, il lui dévoila le plan de Mme Methuen, et Jane-Anne fondit aussitôt en larmes, déclarant avec chaleur qu'elle préférait être sa femme de chambre plutôt que la nourrice de qui que ce soit. "pas si c'était un prince." Qu'elle ne voulait pas s'occuper d'un horrible petit bébé alors qu'elle avait son propre maître à servir, et elle l'avait promis à Maître Montagu !

Très doucement, M. Wycherly lui expliqua l'arrangement, et lorsqu'elle entendit parler de l'uniforme, l'entraînement perdit un peu de son horreur.

"Je n'aurai pas à y aller avant des années et des années, n'est-ce pas ?" elle a demandé.

"Certainement pas avant de nombreuses années ; jamais du tout si vous n'aimez pas ça."

"Et je dois m'entraîner sur le bébé de Mme Cox ?"

"Vous devez prendre soin – avec le plus grand soin – du bébé de Mme Cox pendant une courte période, une fois par semaine."

"Veux-tu que je le fasse?"

Franchement, M. Wycherly ne voulait rien de moins. Il détestait les projets visant à l'emploi final de Jane-Anne. Pour lui, tout ce qui lui était suggéré semblait incongru et irréalisable, mais il se méfiait de son propre jugement en matière pratique et s'inclinait devant la sagesse juvénile et la compétence générale de Mme Methuen.

"Je pense", dit-il prudemment, "que chaque femme devrait savoir comment s'occuper d'un bébé."

« Je me demande, » dit-elle rêveusement, « si Lord Byron l'approuverait ?

"Comme nous n'avons aucun moyen de le savoir, supposons qu'il le saura", répondit-il sèchement.

"Je n'aime pas le nom Norland", objecta-t-elle.

"Il vous faudra des années avant même d'être prêt à faire une demande d'admission au Norland Institute", a déclaré M. Wycherly.

"Si c'est une institution, je n'y vais pas", dit-elle fermement.

"Ce que vous devez faire, c'est voir dans quelle mesure vous pouvez bien vous occuper du bébé de Mme Cox."

"Je ferai de mon mieux, je le ferai vraiment", a déclaré Jane-Anne, "et ce sera plutôt amusant de faire le tour, et j'aurai l'air très fier et impassible comme la nounou de Mme Methuen. J'attends que les gens m'admirera beaucoup et me demandera de qui je suis l'infirmière.

"C'est possible", acquiesça poliment M. Wycher.

« Dois-je faire les lits ce matin-là, monsieur ?

"Cela, ma chère enfant, est le domaine de votre bonne tante, pas le mien."

"Maître, mon cher, chaque fois que vous me parlez de ma tante, vous dites qu'elle est bonne, ou digne, ou excellente, ou raisonnable, dites-vous ces belles choses sur moi quand je ne suis pas là ? Dites-vous "mon excellente Jane..." "Anne" quand vous parlez de moi à Mme Methuen, j'espère que c'est le cas - ou de "cette fille la plus sensée" - n'est-ce pas ?

"Comment savez-vous que j'ai déjà parlé de vous à Mme Methuen ?"

Jane-Anne eut l'air plutôt stupide pendant un moment, puis s'éclaira lorsqu'elle remarqua : " Mais vous devez tout savoir sur le bébé de Mme Cox et les infirmières Norland, et tout. Je suis désolée, cependant, que les jeunes messieurs soient tous descendus. " ; j'aurais aimé qu'ils me voient faire rouler le landau."

"Mon cher enfant", s'est exclamé M. Wycherly avec une réelle consternation dans la voix. "Vous ne pensez sûrement pas qu'un étudiant bien élevé serait au courant de l'existence d'une petite fille conduisant une poussette."

"De toute façon, ils sont au courant de *mon* existence, maître, mon cher. J'en ai entendu un dire un jour : 'Regardez quels cheveux a ce clapet.'"

"Un jeune homme très impertinent et mal élevé. J'espère que vous vous êtes senti très en colère."

"En colère?" répéta-t-elle d'une voix surprise. "Oh non, j'étais contente qu'il admire mes cheveux. Ils sont très longs, tu sais."

M. Wycherly gémit, mais il ne dit rien de plus, enregistrant seulement un vœu mental selon lequel rien ne l'inciterait à permettre à Jane-Anne de conduire la poussette de quelqu'un une fois que les hommes seraient revenus. "Mais elle sera alors en sécurité à l'école", pensa-t-il, "et ces projets ridicules prendront fin."

Mme Dew discuta de la question avec sa nièce lors de leur souper dans la chambre de la gouvernante.

"Je n'aime pas beaucoup cette idée, moi-même", a-t-elle déclaré. "Une infirmière qui en vaut la peine est née ainsi, et je ne pense pas qu'une institution puisse la faire ou la gâcher. Être une bonne dame avec quelqu'un d'autre pour s'occuper de vos crèches vous conviendrait assez bien, je Je n'en doute pas, mais si vous apprendrez un jour à faire *votre* part, c'est plus que ce que les mortels peuvent dire.

"Tante, que fais-tu d'un bébé s'il pleure ?"

"Tourne-le face vers le bas sur ton genou et tapote-le doucement - dix contre un, il y a du vent, pauvre petite âme, et ça va le briser. Bien des fois je t'ai tenu de cette façon et tu regardes le tapis avec tes grands yeux aussi bons que l'or. Mais tu n'auras pas beaucoup de soins à faire - c'est en roulant que tu feras, et fais attention à ne pas laisser la roue passer par-dessus le trottoir. Quoi que vous fassiez, Jane-Anne, pour l'amour de Dieu, pensez à cette chose et ne rêvez pas de livres de poésie et d'absurdités pareilles.

Mardi est arrivé et il a plu à verse.

Jane-Anne a dûment fait son apparition timide chez Mme Cox et a été conduite dans le bureau de Mme Cox, où le bébé était assis calé dans son landau pendant que sa mère la poussait d'avant en arrière pour l'amuser. Mme Cox est restée un moment, puis le bébé a montré des signes de vouloir s'endormir, alors elle a été allongée et Jane-Anne a reçu pour instruction de continuer le doux mouvement de va-et-vient jusqu'à ce qu'elle « s'en aille », et Mme Cox parti s'occuper de quelques affaires domestiques ailleurs, laissant la porte ouverte.

Le bébé Cox était blond, dodu et joli, et paraissait un bébé tout à fait exemplaire, car au bout de cinq minutes, elle s'endormit profondément.

Jane-Anne cessa de pousser la poussette d'avant en arrière et s'assit pour regarder autour d'elle. Il y avait une bibliothèque d'un côté de la cheminée et ses deux étagères les plus basses étaient pleines de volumes reliés de *M. Punch*. En un instant, ses yeux vifs avaient compris ce fait agréable et elle avait l'un des grands livres plats ouvert sur ses genoux. Elle regarda les images et lut les légendes dessous avec beaucoup de contentement pendant un petit moment, mais toujours avec un œil sur le landau et des oreilles attentives pour capter le moindre mouvement de son occupant.

Actuellement, il y eut un petit remue-ménage et le son doux et indescriptible qu'un bébé fait lorsqu'il vient de se réveiller. De la pièce au-dessus, divers coups et éraflures annonçaient que le nettoyage battait son plein. Elle se précipita vers le landau et regarda à l'intérieur ; le bébé, rose, chaleureux et adorable, la regarda et sourit. C'en était trop pour Jane-Anne. Elle a oublié les instructions de Mme Cox selon lesquelles elle ne devait en aucun cas sortir le bébé à son réveil, mais l'appeler. Elle saisit le petit paquet délicieux qui s'étendait et se blottit contre elle et s'assit sur le siège bas près de la bibliothèque.

Bébé s'est mis à gémir.

Jane-Anne répéta « See-Saw, Margery Daw », mais le bébé était visiblement insensible aux charmes de la poésie, et le gémissement devint un peu plus décidé.

Puis les instructions de sa tante apparurent dans l'esprit perturbé de Jane-Anne : « Tournez-le face vers le bas sur votre genou et tapotez-le doucement. Aussitôt pensé, aussitôt réalisé, et ce fut apparemment un succès.

Jane-Anne venait d'aborder une partie très intéressante de *Punch* et elle avait hâte d'y revenir. Comme le bébé était visiblement calme et heureux, elle pensait qu'elle pourrait retourner à son étude du Grand Bouffon – les infirmières lisaient toujours – même lorsqu'elles faisaient rouler leur landau – donc tout allait bien. Elle gardait une main sur le dos du bébé pour le stabiliser et essayait de maintenir le volume de *Punch* avec l'autre, mais *Punch* était lourd et elle n'y parvenait pas très bien.

Bientôt, une pensée brillante lui vint à l'esprit : si *Punch* était ouvert sur le dessus du bébé, cela remplirait un double objectif : empêcher le bébé de rouler sur ses genoux et l'amuser, Jane-Anne.

C'était vraiment un *Punch très fascinant* .

Pendant un instant, Miss Cox resta parfaitement silencieuse. Le poids lourd sur son dos la pétrifiait d'étonnement. Elle essaya de lever la tête pour voir ce que tout cela signifiait, mais une substance dure la frappa juste à la nuque et l'empêcha de faire quoi que ce soit de ce genre.

Une telle indignité n'était pas à supporter un instant.

Miss Cox remplit ses poumons du mieux qu'elle pouvait, compte tenu de la façon dont elle était comprimée, et poussa un bon rugissement chaleureux de rage et de chagrin à l'idée que des personnes aussi impertinentes soient laissées en liberté dans un monde vilain.

Jane-Anne tapota distraitement les pages de M. *Punch* et continua à lire avec attention.

Il y a eu une pause dans les opérations de nettoyage. Une porte s'ouvrit précipitamment et des pas rapides descendirent d'en haut. Au même instant, une autre porte s'ouvrit juste de l'autre côté du couloir, et Mme Cox et l'infirmière se rencontrèrent devant la porte ouverte du bureau pour comprendre la cause du tumulte.

Jane-Anne n'a jamais été très claire sur ce qui s'est passé au cours des trois minutes suivantes. Tout ce qu'elle savait, c'est que M. *Punch* tombait violemment sur le sol, au grand détriment de son dos : le bébé lui fut arraché et deux personnes lui lançaient des reproches indignés pendant que le bébé, de nouveau en mesure de se gonfler correctement, remplissait le lit. l'air avec des cris de colère.

Bien sûr, Jane-Anne pleurait aussi. Elle ne trouva aucune excuse, car il n'y en avait pas, et cela désarma quelque peu Mme Cox, qui était gentille et douce, et constatant que seuls les sentiments du bébé étaient blessés, retrouva son sens de l'humour, rit et dit à Jane-Anne retournez chez sa tante car elle n'était visiblement pas encore prête à recevoir une infirmière.

L'infirmière, avec le bébé bien serré dans ses bras, était déjà montée à l'étage d'un air de grande humeur.

Peu après onze heures, Jane-Anne, douce, traînante et tachée de larmes, s'est glissée par la porte latérale de Holywell. Mme Dew était devant la maison, en train de "démouler" la salle à manger, comme sa nièce l'avait observé en passant devant les fenêtres.

À l'étage, elle s'est envolée et a atteint la porte du bureau de M. Wycherly sans être détectée. Elle avait l'air particulièrement abandonnée et misérable, car elle portait le macintosh de sa tante, un vêtement violet volumineux beaucoup trop grand pour elle. Elle avait laissé son parapluie chez les Cox dans la honte de sa sortie précipitée, et la forte pluie lui avait frappé le visage, se mêlant à ses larmes. Très timidement, elle frappa.

M. Wycherly avait l'oreille rapide et il connaissait ce coup.

"Entre, mon enfant, ils n'ont pas eu besoin de toi longtemps", dit-il avec toujours le même accueil bienveillant dans la voix.

Jane-Anne ferma doucement la porte et se précipita à travers la pièce pour se jeter à genoux à ses côtés.

« Je suis renvoyée », s'écria-t-elle tragiquement ; "renvoyé, déshonoré; je ne sais pas ce que ma tante dira."

"Que s'est-il passé ?" » dit doucement M. Wycherly. "Enlève ce macintosh mouillé, regarde comme il fait une mare. Lève-toi, pauvre enfant idiot; là, c'est mieux, maintenant viens t'asseoir sur mes genoux et raconte-moi exactement ce qui s'est passé."

Jane-Anne se jeta sur M. Wycherly, enfouit son visage mouillé dans son cou et sanglota :

"J'ai lu *Punch* sur le dessus du bébé."

À cette révélation des plus inattendues, M. Wycherly sursauta.

"Tu veux dire que tu t'es assis sur le bébé ?" s'écria-t-il, consterné.

"Non, c'était *Punch* qui s'est assis sur le bébé et il n'a pas aimé ça. Il a crié."

" Expliquez-vous – vos déclarations sont si confuses – que *voulez* -vous dire ? "

"Je veux dire", a-t-elle poursuivi, "J'ai ouvert *Punch* sur le bébé et je l'ai lu. Cela n'a duré qu'une minute, mais j'étais tellement intéressée, et je les ai entendus dire que ça ne faisait pas de mal de laisser un bébé en bonne santé pleurer. pendant une minute – et toutes les infirmières ont lu, je les ai vues des centaines de fois ; mais elles ont entendu et sont arrivées toutes en courant et étaient si en colère, et Mme Cox a dit que je n'aurais jamais besoin de revenir.

C'était bien que Jane-Anne ne puisse pas voir le visage de M. Wycherly, éclairé par un sourire d'immense satisfaction ; mais ce qu'il *disait* avait l'air très grave.

"Je crains que tu n'aies pas été très honnête, petite Jane-Anne."

Elle s'assit et le regarda.

"Honnêtement ! Je vous ai dit exactement ce qui s'est passé."

"Bien sûr, vous avez été honnête avec moi, mais qu'en est-il de Mme Cox ?"

Jane-Anne baissa la tête.

« Au début, le bébé dormait, » dit-elle, « et c'était si ennuyeux et tous les *Punchs* étaient là – et j'étais tellement intéressée… »

"Vous n'avez pas fait ce que vous aviez prévu de faire, c'était de vous occuper du bébé. Mme Cox ne vous a pas demandé de lire ses *Coups de poing* , n'est-ce pas ?"

"Elle ne m'aura plus jamais, elle l'a dit."

"Je ne suis pas surpris."

« Que dira Mme Methuen ?

"Je n'arrive pas à réfléchir."

"Et tante ?"

"Je ne pense pas que votre... tante" (M. Wycherly allait justement dire "excellent", mais se retint) "sera très surprise."

Jane-Anne soupira profondément. "Je ne serai plus jamais une infirmière Norland maintenant", dit-elle tristement. "J'ai perdu mon personnage."

"J'en ai bien peur."

« Ça *vous* dérange beaucoup ? »

"Sur mon âme", a déclaré M. Wycherly, "je m'en fiche d'un sou de cuivre."

CHAPITRE XV

LA PHILOSOPHIE DE LA BEAUTÉ

"Le fondement de la beauté est un ordre raisonnable adressé à l'imagination à travers les sens." PHILÉBUS.

La dernière fois que Mme Methuen a appelé Holywell, juste avant de partir, elle a laissé un journal féminin, *The Peeress* .

Jane-Anne tomba dessus instantanément et l'emporta dans sa chambre. Elle n'avait jamais vu un tel journal auparavant et son esprit était dans un état curieusement réceptif. Les mélodies hébraïques de Lord Byron résonnaient à ses oreilles, et elle s'amusait énormément lorsqu'elle se couchait le soir en se tenant devant le miroir dans sa chemise de nuit, avec ses épais cheveux noirs flottant autour d'elle comme un nuage, pendant qu'elle répétait solennellement :—

"Elle marche en beauté, comme la nuit

Des climats sans nuages et des cieux étoilés ;

Et tout ce qu'il y a de mieux dans l'obscurité et la lumière

Rencontre dans son aspect et dans ses yeux.

Ainsi adouci à cette tendre lumière

Ce que le ciel refuse aux jours criards.

Elle était tout à fait d'accord avec le poète sur le fait que « journée criarde » était un peu désagréable pour son apparence. Elle était trop brune ; d'ailleurs, elle n'était plus pâle, ce qui la contrariait un peu. Elle avait l'impression que Lord Byron l'aurait préféré pâle. Elle sentait néanmoins que ses cheveux étaient tout à fait satisfaisants et les secoua autour d'elle, se plaignant seulement que le verre soit bien trop petit pour tout montrer. Il n'y avait pas une psyché dans la maison de M. Wycherly. Mais de temps en temps, elle apercevait sa grosse tresse (Mme Methuen avait persuadé Mme Dew de faire faire une tresse épaisse à Jane-Anne au lieu de deux) dans les vitrines des magasins, avec la plus profonde satisfaction.

"Une nuance de plus, un rayon de moins."

Elle espérait avoir des rayons dans les cheveux, mais elle n'en était pas tout à fait sûre.

"Avait à moitié altéré la grâce sans nom

Qui ondule dans chaque corbeau,

Ou s'éclaircit doucement sur son visage ;

Où les pensées sereinement douces s'expriment

Comme leur demeure est pure et chère.

Pour obtenir les « pensées sereinement douces », il suffisait d'adopter la pose de Bruey, et voilà, la chose était faite.

De simples mots ne peuvent exprimer le réconfort que ce poème a apporté à Jane-Anne. Elle naviguait de haut en bas dans sa chambre, « vêtue de majesté », d'une robe de nuit en calicot écrue et de ses longs cheveux noirs.

"Les sourires qui gagnent, les teintes qui brillent,

Mais racontez des jours passés dans la bonté,

Un esprit en paix avec tout ce qui est en bas,

Un cœur dont l'amour est innocent.

Dans de tels moments, elle adorait Lord Byron pour avoir écrit de si belles choses sur elle, et elle en était parfaitement heureuse.

Le magazine de Mme Methuen a ouvert de nouvelles possibilités. De ses pages, elle a appris que personne ne doit désespérer de son apparence personnelle. Si la nature avait été avare en matière de cheveux, une centaine d'artistes en coiffure auraient annoncé leur aide. Si le teint ne vous plaisait pas vraiment, de nombreux spécialistes de la peau se chargeaient de remédier aux défauts du visage. En fait, le journal était un véritable *vade-mecum* sur le culte de la beauté, et de telles visions agréables ne pouvaient pas être évoquées uniquement par des mots. Il y avait des photos de nombreuses jolies dames à chaque étape du manque de tenue vestimentaire et avec toutes sortes de « transformations ». Des êtres radieux avec des yeux énormes, des bouches surnaturellement petites et des silhouettes si élancées qu'on se demandait s'ils avaient jamais eu quelque chose à manger.

Et chacun d'entre eux avait les cheveux ondulés.

Or, les cheveux de Jane-Anne ondulaient juste après avoir été dépouillés, mais c'étaient naturellement des cheveux tout à fait droits, doux, fins, abondants, poussant très joliment autour de son visage avec un balayage ascendant depuis son front.

C'était très bien de marcher dans la beauté comme la nuit. Il était relativement facile d'imaginer que l'on réalisait la conception de Lord Byron de la beauté hébraïque. Mais ici, on attendait bien plus.

Jane-Anne était certainement mince, la méchanceté aurait pu la décrire comme résolument mince ; mais, même ainsi, elle n'avait pas du tout la forme des dames représentées dans *La Paire* . Ses jambes étaient longues et ses hanches petites, mais... « J'ai l'air trop grosse », se dit-elle.

Il y avait toute une page de réponses aux étudiants anxieux de l'Art de la Beauté. "Pietista" cherchait à améliorer une gorge "décolorée et trop fine". "Butterfly" se plaignait de "rides affaissées sous le menton et autour de la bouche".

Jane-Anne vola vers la vitre mais ne découvrit rien de tel et fut réconfortée.

"Troubled" voulait savoir comment "colorer les cheveux foncés en auburn brillant", mais Jane-Anne n'a pas répondu. Elle était parfaitement satisfaite de la couleur de ses cheveux. Ce qu'elle désirait ardemment, c'était une boîte de « poudre Magnolia Bloom », dont *la Peeress* assurait qu'« Amabelle » prêterait au visage « le doux éclat d'une aile de papillon ».

Mais cette apparence désirable ne pouvait être obtenue qu'en dépensant dix-huit pence, et Jane-Anne n'en possédait que trois et demi au monde. Les autres embellisseurs coûtaient des sommes si énormes qu'ils les excluaient complètement de son schéma de possibilités.

Dix-huit pence : un shilling et six pence. Une fois, Lord Dursley lui avait donné une nouvelle pièce de deux shillings et sa tante lui avait permis de la garder. Mais hélas! il était dépensé depuis longtemps, et il était peu probable que Lord Dursley vienne à Oxford cet été-là.

Elle consulterait M. Wycherly. Elle avait une confiance infinie en sa sympathie, sa sagesse et ses ressources. Elle lui montrerait ce journal enchanteur et verrait ce qu'il en pensait. Peut-être que lui, qui a lu tant de livres, en connaissait déjà les pages.

Elle l'avait avec elle lorsqu'elle allait lui souhaiter une bonne nuit. C'était devenu une coutume bien établie pour Jane-Anne de lui souhaiter longuement une bonne nuit.

"Avez-vous déjà lu *La Paire* , monsieur ?" » demanda-t-elle en le posant sur sa table au-dessus d'un livre ouvert.

"Jamais", a déclaré M. Wycherly. "Est-ce la dame?" Il l'ouvrit, tourna les pages un peu à la hâte et rougit réellement.

"Mon cher enfant!" s'est-il exclamé, "où avez-vous mis la main sur cette production extrêmement éhontée ?"

"Mme Methuen le prend toujours, monsieur ; c'est un journal féminin. Elle a laissé ce numéro ici."

"Mme Methuen, cette jeune femme raffinée et charmante ! Vous vous trompez sûrement, ma chère."

"Non, monsieur, vraiment. Beaucoup de femmes le lisent toujours, ma tante l'a dit. Je voulais le lui rapporter de peur qu'elle ne le veuille, mais ma tante dit qu'elle le reçoit chaque semaine, et elle ne pensait pas que cela avait de l'importance. "

"Cela étant," remarqua M. Wycherly en fermant précipitamment le magazine, "il ne m'est évidemment pas destiné, et vous feriez mieux de l'emporter."

"Oh, monsieur", a plaidé Jane-Anne, "regardez les photos. Ce sont de si belles dames."

Mais M. Wycherly a résolument détourné son regard du magazine incriminé, s'exclamant :

" Magnifique ! Mon cher enfant, comment pouvez-vous appliquer cet adjectif digne et vraiment expressif à quelque chose d'aussi épouvantable ? Avez-vous déjà vu un être humain qui ressemblait le moins du monde aux créatures extrêmement indélicates représentées dans ce papier ? "

"Non, monsieur, mais j'aimerais bien. Ils ont tous des cheveux tellement bouclés."

"La plupart d'entre eux", dit sévèrement M. Wycherly, "semblent porter très peu d'autres choses. Nous devons vous montrer de très belles photos, Jane-Anne, et alors peut-être vous rendrez compte de l'inutilité de celles-ci."

Elle a estimé que ce n'était pas un moment propice pour l'introduction de la « poudre de toilette Magnolia Bloom ». L'attitude de M. Wycherly était étrangement antipathique. Néanmoins, elle était pleine de ténacité, a-t-elle dit, dans ce qu'elle était sûre que Bruey aurait considéré comme une voix « gagnante » :

« S'il vous plaît, monsieur, y a-t-il quelque chose que je puisse faire pour gagner un et six ?

M. Wycherly a ri. "Je pense que tu l'as mérité plusieurs fois grâce à tout ce que tu fais pour moi. L'aimerais-tu maintenant ?"

Il sortit de sa poche une poignée de pièces d'argent et poussa les pièces vers elle en disant :

"J'aurais aimé qu'ils soient neufs. J'ai toujours pensé que tout l'argent neuf devrait être réservé aux garçons et aux filles, mais si vous êtes pressé, vous préféreriez peut-être l'avoir maintenant."

"Merci beaucoup, monsieur", dit Jane-Anne; mais sa voix n'était pas joyeuse, comme on aurait pu s'y attendre.

Elle se sentait plutôt mal à l'aise.

Il ne lui avait jamais demandé pourquoi elle le voulait.

"Tu es sûr que c'est suffisant ?" » demanda-t-il gentiment.

"Bien sûr, monsieur, et je vous en suis très reconnaissant."

M. Wycherly la regarda avec curiosité. Pourquoi sa voix était-elle si apathique et plate ?

Elle laissa tomber les pièces dans la poche de sa robe et se tint devant lui, frottant un pied mince sur l'autre, les yeux baissés, contrairement à l'enfant avide et bavarde qu'il aimait.

"Bonne nuit, monsieur", dit Jane-Anne.

Lorsqu'elle arriva dans sa chambre, elle se sentit vraiment très malheureuse. Elle possédait les dix-huit pence tant convoités et en avait complètement honte. L'obtention avait été trop facile et elle avait l'impression de tromper M. Wycherly. Sans savoir pourquoi, elle était certaine qu'il n'approuverait pas entièrement l'achat de la « poudre Magnolia Bloom », et il ne lui avait jamais demandé pourquoi elle voulait les dix-huit pence. Il lui faisait confiance.

Jane-Anne se sentait méchante.

Contre sa volonté, les vers qu'elle aimait lui revinrent à l'esprit :

"Les sourires qui gagnent, les teintes qui brillent,

 Mais racontez des jours passés dans la bonté.

Jusqu'ici, elle avait volontiers considéré ces lignes comme tout à fait applicables à sa conduite générale. Même la matinée désastreuse chez Mme

Cox n'avait pas laissé derrière elle les sensations inconfortables qu'elle éprouvait désormais.

Elle n'avait pas passé six ans à la tête de Mme Dew sans acquérir un peu de la solide indépendance de cette bonne femme.

Elle avait demandé de l'argent.

Elle l'avait pris; et dans un but précis, elle était certaine que le donateur désapprouverait.

Il l'appellerait « meretricious », ce mot curieux que Maître Montagu avait utilisé. Elle avait également entendu M. Wycherly l'utiliser.

"Un esprit en paix avec tout ce qui est en bas,

Un cœur où l'amour est innocent!"

Devrait-elle revenir en arrière et dire à M. Wycherly pourquoi elle voulait de l'argent et le laisser décider ? Alors une fois de plus, elle pourrait « marcher en beauté comme la nuit », avec ses cheveux tout autour d'elle et un cœur léger.

Mais il ne manquerait pas de lui conseiller de ne pas acheter le « Magnolia Bloom ». Il ne l'interdirait pas. Ce n'était pas sa manière de faire. Mais il lui empêcherait d'aller l'acheter — et elle le désirait tellement.

Peut-être qu'en voyant à quel point elle était belle avec un visage qui n'était plus brun mais d'un blanc très pur « avec le doux éclat d'une aile de papillon », il serait heureux qu'elle s'améliore autant.

Jane-Anne s'est agenouillée et a dit ses prières et a ajouté à la fin la pétition suivante :

"Et s'il te plaît, cher Seigneur, laisse-le m'admirer beaucoup quand je serai partout dans 'Magnolia Bloom'."

Mme Dew est venue prendre la bougie, mais la pièce était assez claire, car une grosse lune jaune brillait directement à l'intérieur.

C'était maintenant le moment où Jane-Anne se levait habituellement et marchait en beauté, répétant pendant ce temps le poème.

Au lieu de cela, elle resta immobile. Elle sentait qu'elle n'avait aucun droit sur ce poème ; Lord Byron ne l'avait pas écrit pour elle.

Pourquoi était-elle si certaine que lui aussi aurait désapprouvé le « Magnolia Bloom » ?

Jane-Anne a pleuré pour s'endormir.

* * * * *

Le lendemain, elle se rendit chez le plus grand coiffeur d'Oxford et se présenta timidement devant un comptoir chargé de toutes sortes de pots, de boîtes et de bouteilles.

Elle demanda le « Magnolia Bloom » d'une voix faible et tremblante, et fut soulagée de constater qu'ils l'avaient.

"Quelle teinte prendras-tu ?" » demanda la jeune femme derrière le comptoir.

"Oh, le plus blanc, s'il te plaît !" s'exclama Jane-Anne.

"Voulez-vous une bouffée, mademoiselle ?" demanda le préposé.

Jane-Anne n'avait jamais pensé à une bouffée. Elle secoua tristement la tête. À en juger par le prix des autres choses, aucune bouffée ne pouvait être obtenue pour trois demi-pensions, qui étaient tout l'argent dont elle disposait.

Elle s'est dépêchée de quitter le magasin.

Comme cela coûtait cher d'être belle !

Elle savait ce qu'était une bouffée, car elle avait été autorisée à assister et à admirer le bain du bébé de Mme Methuen, et elle avait vu la nourrice le poudrer. Elle n'était rien sinon ingénieuse. Elle se rendit chez le bijoutier le plus proche et acheta pour un sou de coton, et armée de ce que *The Peeress* appelait ces « aides à la beauté », elle retourna à Holywell dans un frémissement d'excitation.

Aussi désireuse qu'elle fût d'essayer l'effet embellisseur du « Magnolia Bloom », elle éprouva une certaine hésitation à se présenter devant sa tante ainsi embellie, alors elle attendit d'avoir bu le thé de M. Wycherly et d'avoir le sien.

C'était l'agréable habitude de M. Wycherly de la garder pendant environ une demi-heure lorsqu'elle entrait pour lui emporter son thé. Ils parlèrent de la Grèce et elle avait appris à lire quelques mots simples. Elle apprit l'alphabet en deux soirs et étonna M. Wycherly par sa rapidité et sa réceptivité.

Ce soir-là, elle se tenait devant son miroir et, avec ses mains tremblantes d'excitation, appliquait le "Magnolia Bloom" sur son petit visage brun.

Il n'est jamais venu à l'esprit de Jane-Anne que la façon d'utiliser la poudre était de la mettre et de l'enlever à nouveau. Cela lui eût semblé un inutile travail de surérogation. Elle s'enduisit généreusement le visage de poudre « blanche comme neige » et observait le résultat avec inquiétude.

Ses yeux étaient très sombres et grands, et ses sourcils, ce qu'il lui restait, étaient très noirs. Cela avait plutôt un effet vieillissant dans l'ensemble, car elle avait été si libérale avec la poudre que ses cheveux tout autour des tempes étaient gris de fer.

Elle ne savait pas vraiment si l'effet lui plaisait ou non. Même à ses propres yeux prévenus, c'était un peu *bizarre* et prononcé.

Où était le doux éclat de l'aile du papillon promis à « Amabelle » ?

"Peut-être que cela semble différent de celui des autres", réfléchit-elle.

Elle se glissa jusqu'au pied des escaliers et écouta.

Oui, sa tante était en sécurité dans la cuisine. Elle traversa la chambre de la gouvernante et monta à l'étage jusqu'à la porte de M. Wycherly et entra.

Il leva les yeux de la lettre qu'il était en train d'écrire avec son habituel sourire de bienvenue, puis soudain il éclata de rire.

« Ma chère Jane-Anne, s'exclama-t-il, avez-vous cuisiné ?

Jane-Anne restait immobile au milieu de la pièce et baissait la tête.

"C'est Magnolia Bloom", marmonna-t-elle.

"C'est quoi?" » a demandé M. Wycherly.

"Magnolia Bloom", répéta-t-elle, les joues très chaudes sous la poudre.

"Est-ce que c'est une nouvelle sorte de farine ?" » a demandé M. Wycherly, « et si oui, pourquoi diable ne vous lavez-vous pas le visage ?

« Ce n'est pas de la farine, monsieur, c'est de la poudre – de la poudre pour le visage – pour en faire une jolie et blanche ? Vous n'aimez pas ça ?

M. Wycherly se rassit sur sa chaise, regardant Jane-Anne avec un émerveillement sans voix. Qu'une fille qui admirait la poésie de Lord Byron, qui pouvait apprendre l'alphabet grec en deux soirées, qui montrait une réelle appréciation de ce qu'il y avait de noble et d'édifiant dans l'histoire de son pays, puisse devenir un homme aussi absolu en toute bonne foi était pour lui tout à fait incompréhensible. Les garçons ne faisaient pas ces choses. Il était assez déconcerté.

"Où as-tu eu cette… hum… cette fleur ?" » demanda-t-il doucement.

"Je l'ai acheté, monsieur, avec ces dix-huit pence."

"En avez-vous encore beaucoup ?"

"Oh, oui, monsieur, une boîte entière."

"S'il vous plaît, apportez-le, et vous me parerez de la même manière et verrez à quoi je ressemble."

Jane-Anne était perplexe. Il ne l'avait certainement pas admirée, mais là encore, il ne l'avait pas condamnée, et il en voulait lui-même. Rapidement et doucement comme une panthère (de peur de rencontrer sa tante), elle alla chercher la poudre et la vis de coton dans sa chambre.

"Maintenant," dit M. Wycherly, "faites-moi."

Jane-Anne a fait un désastre épouvantable. Partout sur son manteau, sur sa chaise (même le bureau n'échappait pas), tombait le « Magnolia Bloom ».

"Quelle odeur très désagréable cette substance a", dit M. Wycherly en éternuant. Il détestait les odeurs communes.

À ce moment psychologique, alors qu'ils étaient tous deux étouffés par la poudre et qu'il y avait des nuages dans l'air, Mme Dew ouvrit la porte du bureau en annonçant :

"M. Gloag, monsieur."

Jane-Anne sursauta violemment et renversa la boîte, et le visiteur annoncé entra dans la pièce.

Il était grand et jeune, avec un visage vif et rasé de près, de joyeux yeux sombres et des cheveux noirs et bouclés, portés un peu plus longtemps que d'habitude chez les jeunes hommes.

Il s'arrêta net sur le seuil, car en réalité les deux hommes qui se trouvaient devant lui présentaient un aspect des plus extraordinaires.

M. Wycherly se leva d'un bond en s'écriant :

"Curly, mon cher, je suis ravi de vous voir." Il avait complètement oublié le « Magnolia Bloom » dans son plaisir de revoir un vieil ami.

"Est-ce que j'interromps une répétition, ou quoi ?" » demanda le jeune homme en lui serrant chaleureusement la main.

M. Wycherly éternua de nouveau. "Oh, cette abominable poudre, je l'avais oubliée pour le moment. Maintenant, Curly, tu es acteur, tu connais le maquillage sous toutes ses formes. Veux-tu gentiment dire à cette demoiselle si tu nous considères améliorés par ce badigeon ?"

La situation sauta aux yeux. Le jeune homme rit.

"Vous êtes tous les deux plutôt novices dans l'utilisation de la poudre, devrais-je dire ; personne ne la laisse jamais en place, vous savez."

"Alors à quoi ça sert ?" » demanda M. Wycherly.

"Il a peut-être un effet adoucissant, mais il n'est jamais utilisé en telle quantité."

"Va te laver, Jane-Anne," dit M. Wycherly, "et je dois faire de même, puis demande à Mme Dew. Non, viens toi-même avec une pelle et une brosse et nettoie aussi bien que tu peux. Curly ira." en bas."

Dans un silence absolu, Jane-Anne fit ce qu'on lui demandait. Il a fallu beaucoup de temps pour nettoyer le bureau de M. Wycherly. Quand elle eut fini, il lui semblait qu'il y avait beaucoup de « Magnolia Bloom » pour dix-huit pence. Elle vida la pelle dans la poubelle, puis elle alla chercher *La Paire* . Mme Dew était sortie chercher quelque chose de plus pour le dîner, car le monsieur allait rester, donc Jane-Anne avait la cuisine pour elle seule. Elle déchira *La Paire* de part en part et l'enfonça dans la partie la plus chaude du feu, mettant plus de charbon dessus de peur que sa tante ne le voie et ne s'étonne.

"Voilà", dit Jane-Anne en poussant vicieusement. "Vous n'êtes qu'une vieille chose horrible, méritoire et menteuse."

CHAPITRE XVI

LA POURSUITE A CONTINUÉ

"Car la beauté nous attire par un seul cheveu." LE PAPE.

Jane-Anne attendait au dîner ce soir-là, et l'inconnu aux yeux sombres et vifs la regarda curieusement plus d'une fois. Lorsqu'elle eut posé le port devant M. Wycherly et qu'elle quitta enfin la pièce, cet invité, qu'il appelait « Curly », se pencha en avant et dit :

"Alors c'est ça la nouvelle salle ?"

"Si tu aimes l'appeler ainsi."

"Ce n'est pas une fille ordinaire."

"Je n'ai pas peur."

"Pourquoi avoir peur ?"

"Parce qu'il sera très difficile de la placer en toute sécurité."

"Ma propre impression est," dit lentement Curly, "qu'elle n'aura pas besoin de placement du tout, elle arrangera les choses elle-même."

"Tu veux dire qu'elle se mariera très jeune."

"Pas du tout. Je dois dire qu'il est peu probable qu'elle se marie très jeune, mais elle trouvera sa place et elle ne suivra pas non plus les sentiers battus."

"Quand elle est arrivée pour la première fois", a déclaré M. Wycherly, "il était entendu qu'elle devait être formée pour devenir servante; le médecin a opposé son veto à cela - a déclaré qu'elle ne serait jamais assez forte. Alors une charmante dame ici a suggéré de la faire former. comme une sorte d'infirmière très supérieure — une infirmière pour enfants, mais je me demande si son génie réside dans cette direction. Personnellement, je ne vois rien de très approprié pour Jane-Anne, sauf pour me ravir et me renforcer, mais bien sûr, il faut être pratique ; . Elle est extraordinairement réceptive. Elle prend plaisir à toutes sortes de beautés, et elle est tout à fait singulièrement sensible aux beaux vers. Vous devriez l'entendre réciter les « Îles de Grèce » de Byron.

"Pourquoi ne devrais-je pas l'entendre ? Faites-la entrer et demandez-lui de le faire, alors, peut-être, je pourrai éclaircir cette sombre question."

"Je ne peux pas dire que je pense qu'elle serait timide", dit M. Wycherly d'un ton dubitatif, "car la timidité et Jane-Anne semblent tout à fait étrangères l'une à l'autre ; mais... que ce soit bon pour elle..."

"J'aimerais terriblement l'entendre", a déclaré Curly de manière convaincante. "La nièce d'une femme de ménage, âgée de moins de treize ans, et baignée dans Byron, cela semble un anachronisme si délicieux. De plus, une petite fille élevée par vous. S'il vous plaît, laissez-moi."

Il y avait quelque chose de très câlin chez Curly lorsqu'il se leva et se dirigea vers la sonnette.

M. Wycherly hocha la tête et sonna.

Mme Dew pensait que c'était pour prendre un café et qu'ils étaient très pressés. Cependant, elle l'a fait rapidement et a envoyé Jane-Anne avec.

"Ce monsieur", dit M. Wycherly en posant le café devant lui, "aime la poésie, et je me demande si vous lui répéteriez vos vers préférés sur Marathon ?"

Jane-Anne les regarda rapidement de l'un à l'autre. Elle s'éloigna un peu de la table et leva une fine main brune comme pour les adjurer d'écouter.

Curly appuya son coude sur la table et sa tête sur sa main, et resta assis comme une statue, ses yeux brillants fixés sur Jane-Anne.

Elle avait une voix musicale et une énonciation singulièrement claire. Elle ne prononçait plus mal aucun mot, car M. Wycherly l'avait entendue répéter le poème à plusieurs reprises et s'en était occupé. Il y avait, en outre, une curieuse petite particularité étrangère dans la manière dont elle séparait un mot d'un autre, qui était sans aucun doute une réminiscence de son père. Elle n'a jamais été monotone et elle n'a jamais divagué ; Mieux encore, elle était totalement inconsciente d'elle-même et se lamentait de tout cœur sur son pays, et il y avait une véritable passion dans sa jeune voix lorsqu'elle déclamait :

"Une terre d'esclaves ne sera jamais à moi—

Lancez-vous dans votre coupe de vin de Samian ! »

Personne ne parla pendant une minute, puis très gravement et courtoisement, Curly dit : « Merci.

Jane-Anne se tourna pour partir, et M. Wycherly se leva et lui ouvrit la porte. Elle le regarda en sortant, avec des yeux timides et interrogateurs.

"C'était beau, mon enfant, très beau", dit-il.

Jane-Anne retourna à la cuisine faire la vaisselle, parfaitement heureuse.

Curly attendit que M. Wycherly se rasseye.

"Et donc tu te demandes ce que sera cet enfant ?" Il a demandé.

"Oui, en effet", soupira M. Wycherly.

"Et elle, avec ces grands yeux si écartés ?"

"Cela", a déclaré M. Wycherly, "c'est le type grec."

"Toutes les grandes actrices", dit sentencieusement Curly, "ont les yeux bien écartés. Il n'y a jamais eu d'actrice au visage de furet qui vaille quoi que ce soit."

"Mais qu'est-ce que cela a à voir avec Jane-Anne," dit M. Wycherly d'une voix perplexe.

Curly rit. "Je ne vous le dirai pas", dit-il. "Seulement, je sais ce qu'elle sera, et tu n'as pas besoin de t'inquiéter ou d'essayer de l'arrêter, car tu ne peux pas."

"J'espère qu'elle ne sera rien de tel", a déclaré M. Wycherly avec chaleur. "Pauvre petite nymphe, si sensible, si aimante, si sage et parfois si incroyablement idiote."

"Ils sont comme ça", a déclaré Curly.

* * * * *

Le lendemain matin, M. Wycherly raconta à Jane-Anne que l'ami qui avait dîné avec lui la veille était un acteur, et que la compagnie dans laquelle il se trouvait jouait "As you Like It" cet après-midi-là dans un jardin ducal non loin de là. Oxford ; et enfin qu'il allait l'emmener voir ça.

Cette journée fut une longue *fête* pour Jane-Anne. Tout d'abord, il y a eu le trajet, assis côte à côte avec M. Wycherly dans une Victoria louée. Elle portait sa plus belle robe d'été et son chapeau, de beaux vêtements blancs choisis par Mme Methuen, qui remplissaient son âme de ravissement à chaque fois qu'elle les enfilait ; des gants de coton blanc que Mme Dew avait lavés ce matin-là, de fins bas noirs et des chaussures légères sur lesquelles M. Wycherly avait insisté après l'avoir vue danser sous le pommier.

Mme Dew les regarda partir avec une grande fierté.

« Je dirai ceci, dit-elle à son amie, Miss Morecraft, cet après-midi-là, que lorsque Jane-Anne est habillée, on ne peut pas la distinguer d'un membre de la noblesse. Elle a quelque chose en elle, ma sœur l'avait, et son père – pas comme je l'ai toujours aimé – l'avait aussi. Je pense que si ma sœur avait pu la voir cet après-midi, elle serait piégée, et c'est aussi un beau vieux monsieur ; c'est le cas, et je ne m'y trompe pas.

Bon nombre de personnes considéraient avec plaisir ce couple pittoresque. Ils étaient si manifestement fiers et s'aimaient l'un l'autre, et l'enfant était si radieux de bonheur. La foule de gens bien habillés la ravissait. Le jardin était magnifique, le temps parfait, et avec des frissons de la plus folle excitation, elle reconnut Curly comme étant Orlando.

Une fois terminé, sa première critique fut caractéristique. " J'aurais fait un meilleur garçon que ça si j'avais été Rosalind ; elle n'était pas vraiment du tout comme un garçon, n'est-ce pas ? Si jamais je faisais semblant d'être un garçon, j'essaierais de me comporter comme Maître Edmund, alors je ne crois pas que quiconque me rekkernise.

"Je ne pense pas que Shakespeare voulait que Rosalind soit une actrice accomplie. C'est une fille extrêmement adorable. Je ne pense pas que nous nous soucierions autant d'elle si nous n'avions pas réalisé qu'elle était une fille jusqu'au bout", a déclaré M. » dit pensivement Wycherly.

"Peut-être que cette jolie dame avait raison alors", dit Jane-Anne; "Mais d'une manière ou d'une autre, je *pense que* Rosalind aurait essayé de se comporter davantage comme un garçon."

"Quand vous jouerez Rosalind, vous nous donnerez une nouvelle lecture du rôle", remarqua négligemment M. Wycherly.

Jane-Anne se blottit contre lui. "Quand je serai grande", dit-elle, "je demanderai également à M. Curly de m'initier au métier d'acteur. Comment a-t-il commencé ?"

"Cela," répondit rêveusement M. Wycherly, "c'est une longue histoire et plutôt triste. Personne ne voulait qu'il soit quelque chose de ce genre..."

"Mais il le *fallait* !" s'exclama Jane-Anne. "Il le fallait juste, quelque chose le poussait——"

"Je le suppose ; même si je trouve que c'est dommage."

"Je ne le fais pas", dit résolument Jane-Anne. "Je préfère être des gens plutôt que n'importe quoi d'autre – on ne peut jamais être ennuyeux."

"Je n'en suis pas si sûr", a déclaré M. Wycherly.

Depuis plusieurs nuits, Bruey et "Elle marche en beauté comme la nuit" ont été oubliés. Jane-Anne se leva, après que sa tante eut enlevé la bougie, pour se faire passer pour Rosalind. Elle enroula sa tresse épaisse autour de sa tête et l'épingla avec des épingles à cheveux volées dans le magasin de sa tante. Elle a réalisé le pourpoint et les bas au moyen de deux serviettes, de plusieurs épingles de sûreté et de ses longs bas. Et la lune regarda par la fenêtre et fut sans doute très amusée.

La lune croissait et diminuait et la fin du mois de juillet approchait.

M. Wycherly était visiblement sorti de son calme érudit habituel. Ses garçons rentraient à la maison. Jane-Anne partageait son enthousiasme, et même Mme Dew jugeait nécessaire de préparer un gros gâteau et de « pénétrer » dans des quantités de magasins de toutes sortes.

Jane-Anne était tendue au plus haut niveau d'attente. Même si elle avait relativement peu vu les « jeunes messieurs » lors de son arrivée à Holywell, elle en avait tellement et si constamment entendu parler par le maître qu'elle avait le sentiment qu'elle aussi les possédait. Il y avait, en outre, le délicieux sentiment d'une « entente » avec Montagu. Il lui avait demandé de s'occuper de son tuteur et elle avait fait de son mieux. De plus, toujours vive et sympathique, elle se rendit compte très tôt que même les mythes grecs n'étaient pas un sujet aussi captivant pour M. Wycherly que ses deux garçons, et pendant leurs promenades ensemble, elle dirigeait invariablement la conversation dans leur direction, et trouvait cela un peu plus agréable. chemin facile et fascinant.

Enfin le grand jour arriva. Les garçons devaient se retrouver à Londres et descendre ensemble à Oxford en train juste avant le thé.

Au dernier moment, M. Wycherly a demandé à Jane-Anne de l'accompagner à la gare.

Elle était pâle d'excitation et pouvait à peine parler.

Quand enfin le train arriva et que les garçons, bruns et joyeux et pleins de joie de rentrer à la maison, sautèrent sur le quai et que les premières salutations excitantes furent passées, Jane-Anne jeta soudain ses bras autour du cou d'Edmund et fondit en larmes. sur son épaule.

Edmund regarda son tuteur à travers la demoiselle en pleurs avec une consternation comique. "Je dis", s'est-il exclamé. "Si elle fait ça quand elle me rencontrera, que fera-t-elle quand nous partirons ?"

"Je vous demande pardon, maître Edmond", sanglota Jane-Anne en retirant précipitamment ses bras, "mais nous l'avons voulu ainsi, et maintenant c'est arrivé."

"Eh bien, ce n'est pas une raison pour pleurer", dit Montagu en lui tapotant le dos pour la consoler. "Remonter le moral."

Jane-Anne s'essuya les yeux et tous les quatre rentrèrent chez eux dans un taxi chargé de bagages.

Les jours suivants ont poussé Mme Dew presque au désespoir. Il était impossible de faire en sorte que Jane-Anne « reste seule », comme cette bonne femme la considérait comme convenable et désirable.

Partout où se trouvaient les jeunes messieurs, il y avait Jane-Anne, et ce n'était pas entièrement de sa faute. Ils l'ont recherchée. Elle a participé à des matchs de cricket impromptus et a discuté de sujets importants avec Montagu. Elle a fièrement affiché sa connaissance de l'alphabet grec et a aidé à coller des timbres dans un album longtemps négligé. Elle confia même aux garçons son malheur avec le « Magnolia Bloom », et ne fut pas non plus complètement écrasée par leur mépris pour sa bêtise. A ce *sujet*, un jour, elle dit :

"Cela ne me dérangerait pas autant d'être brun si seulement j'avais les cheveux bouclés."

"Les Grecs ont toujours eu les cheveux bouclés", annonça Montagu avec autorité. "Je ne comprends pas pourquoi vous avez été laissé de côté, 'nervuré et ondulé comme le sable mouillé de la mer'", a-t-il cité.

"Je me demande," remarqua Edmund, avec une gravité qui aurait averti une personne plus sage, "que si vous ne le lavez jamais dans la bière, il se courberait comme n'importe quoi."

" *Est-* ce que cela serait?" s'exclama Jane-Anne, très excitée. "Est-ce pour ça que le tien est si bouclé ?"

Edmund fit un clin d'œil à Montagu, qui sourit avec appréciation. "Bien sûr que oui", s'écria-t-il ; "Tous nos gars se lavent la tête à la bière tous les samedis, c'est pour ça qu'on a tous les cheveux si déchirés. Regardez ça." Et Edmond passa la tête sous le nez de Jane-Anne.

Elle passa doucement sa main sur les cheveux courts et blonds qui étaient en effet « côtelés et ondulés comme le sable mouillé de la mer », puis elle renifla délicatement en remarquant : « Je m'étonne que ça ne sente pas ça.

"Oh, l'odeur disparaît bientôt," répondit Edmund d'un ton léger.

"Pourquoi tu ne le fais pas ?" elle a demandé à Montagu. "Tes cheveux sont aussi raides que les miens."

"Il est trop paresseux", remarqua Edmund.

"Oh, ça ne me dérange pas", dit négligemment Montagu; "Je ne veux pas de cheveux bouclés. Si je le voulais, je devrais les laver à la bière."

À ce moment-là, M. Wycherly a appelé les garçons pour qu'ils sortent avec lui, et ils se sont précipités, laissant Jane-Anne digérer ce spécifique apparemment simple pour cheveux bouclés.

Une réflexion sans action était impossible à Jane-Anne.

Les lits étaient faits. Sa part de dépoussiérage était faite. Les garçons et M. Wycherly seraient dehors jusqu'au déjeuner, et sa tante était occupée dans la cuisine où elle s'opposait fortement à ce que Jane-Anne, comme elle le décrivait, « encombre ».

Il y avait un grand tonneau de bière dans la cave et la clé était dans la porte. La cave se trouvait sur le devant de la maison, sous la salle à manger, et par conséquent à une certaine distance de la cuisine.

Jane-Anne monta précipitamment, saisit sa grande cruche de chambre, la vida et descendit avec elle à la cave.

Le tonneau était près des marches, et, avec la porte en haut à gauche ouverte, elle voyait très bien. Elle tourna le robinet et la bonne bière brune moussa joyeusement dans la cruche.

Alors que, d'après son poids, elle le jugeait à moitié plein, elle entendit un bruit comme si sa tante arrivait.

Elle saisit sa cruche, gravit les marches en toute hâte, oubliant de fermer la porte en haut, et se cacha dans le salon. Non, elle avait tort, Mme Dew était toujours occupée dans la cuisine.

Aussi silencieusement qu'elle le pouvait, elle retourna furtivement dans sa chambre et, une fois là-bas, verrouilla la porte.

Son cœur battait à tout rompre dans ses oreilles et elle haletait d'excitation.

Elle avait une bonne et grande bassine dans sa chambre et un pédiluve. Elle choisit le bain de pieds et ce qu'il y avait dans la cruche la remplit à moitié de la bière brune forte d'Oxford.

Quelle odeur ça avait !

Jane-Anne s'est agenouillée, a défait ses cheveux et les a secoués sur son visage. Elle se tenait fermement le nez d'une main et de l'autre plongeait sa lourde crinière dans la bière mousseuse. L'odeur était envahissante. Elle fut obligée de lâcher son nez car elle s'étouffait, et ce faisant, la bière, poussée plus haut dans le bain de pieds par la masse de cheveux, lui éclaboussa le visage.

Haletante et étouffée, elle a persévéré ; elle se lavait la tête avec de la bière, elle la frottait à deux mains, se réjouissant que cela fasse une belle mousse, et elle crachait vigoureusement ce qu'on lui avait forcé dans la bouche ouverte en se bouchant le nez.

Ce fut une expérience horrible, mais le sang des Spartiates coulait dans les veines de Jane-Anne, et elle l'endura jusqu'à ce que tous ses cheveux et une grande partie de ses vêtements d'extérieur soient complètement saturés de bière.

Finalement, elle sentit que le traitement avait été pleinement justifié et elle en sortit ce qui semblait être des mètres de pulpe collante et détrempée qui étaient autrefois des cheveux humains.

"Bien sûr, ils ne boucleront pas tant qu'ils ne seront pas secs", se dit-elle, avant d'asperger davantage de bière dans sa chambre dans le but de libérer ses cheveux de cette boisson nourrissante.

Mais ça ne sécherait pas.

Sa chambre sentait déjà dix pubs réunis en un seul, et des taches brunes étaient partout.

Pas une ondulation ni une côte n'apparaissaient sur sa tête emmêlée et débraillée.

Ses serviettes étaient déjà saturées de bière et ne faisaient qu'empirer les choses.

Ses yeux lui brûlaient et son nez était écarlate. La forte odeur la faisait se sentir assez faible.

Elle se mit à pleurer amèrement ; ses cheveux étaient plus collants que jamais et ne montraient même aucun signe de ondulation.

Dans sa quête ardente de la beauté, elle avait oublié qu'une explication serait nécessaire, et quelle explication serait possible devant toutes ces taches et cette odeur épouvantable ? Elle a penché la tête par la fenêtre et l'eau s'est répandue dans la cour du tailleur de pierre.

Un homme passa en dessous, renifla et leva les yeux ; tout ce qu'il a vu était une masse humide de quelque chose qui dégoulinait de bière. « Gaspillage de bonne liqueur », marmonna-t-il avant de poursuivre son chemin.

Jane-Anne commençait à se désespérer lorsqu'il y eut un cliquetis de la poignée de sa porte, une poussée précipitée contre celle-ci, puis un coup formidable et la voix d'Edmond :

"Es-tu là, Jane-Anne ?"

"Oui," dans un reniflement étouffé.

"Qu'est-ce que tu fais ? Sortez."

"Je ne peux pas."

"Eh bien, laisse-moi entrer, alors. Je veux te parler."

"Je n'ose pas."

"Oh, c'est absurde, laisse-moi entrer vite, dis-je, j'ai quelque chose d'important à te dire."

La curiosité était trop forte en elle pour résister à cela. Elle ouvrit la porte, se cachant derrière.

"Bonne grace!" s'exclama Edmond. "C'est ici aussi."

Puis, en voyant le pédiluve par terre, les taches de bière partout, et enfin, la silhouette distraite derrière la porte enveloppée de serrures collantes qui dégoulinaient encore de bière, il s'affaissa sur le lit dans des éclats de rire.

Jane-Anne frappa la porte, la verrouilla et lui fit face avec indignation.

"Pourquoi riez-vous?" » a-t-elle demandé.

"Vous n'y êtes jamais vraiment allé et l'avez fait – eh bien, vous *êtes* les juggins les plus simples."

"Tu veux dire," demanda sévèrement Jane-Anne, "que ça *ne* fait pas boucler les cheveux ?"

"Pas à ma connaissance", gargouilla le garçon parjure; "C'est possible", et retombant dans des hurlements de joie, il enfouit son visage dans son oreiller pour les étouffer.

Jane-Anne joignit ses mains pleines de bière et les tordit. "Et j'ai enduré tout cela pour rien", s'est-elle indignée.

"Et j'ai gaspillé un fût entier de bière", a poursuivi Edmund. "Vous l'avez laissé tourner, et la cave est inondée et vous pouvez nous sentir à mi-chemin de la rue; il y a pas mal de monde dehors", annonça-t-il joyeusement.

"J'aurais aimé être morte", gémit-elle.

"Je prendrais un bain si j'étais toi, vite", dit Edmund. "Si vous êtes en sécurité là-dedans, enfermé, personne ne peut vous atteindre. Mme Dew, Montagu et Guardie sont tous à la cave. Montagu patauge dedans, le ramasse, et je veux y aller aussi, seulement Je pensais que ce serait méchant de ne pas te chercher——"

"Tu ne peux pas être plus méchant que tu ne l'as déjà été", cria-t-elle avec colère. "Pourquoi m'as-tu dit un tel mensonge ?"

"De telles absurdités ne sont pas des mensonges", répondit Edmund, en colère à son tour. "C'est de la paille. Je n'aurais jamais imaginé que tu serais assez idiot pour aller le faire."

"Est-ce que ça ne sert vraiment à rien ?" » plaida-t-elle, s'accrochant toujours avec tendresse à l'espoir que tout n'aurait peut-être pas été vain.

Edmond la regarda et se remit à rire.

CHAPITRE XVII

LA PHILOSOPHIE DE L'EFFORT

"La fortune d'un homme est le fruit de son caractère." RALPH WALDO EMERSON.

Lorsqu'une personne a dépassé cinquante ou quatre ans – à condition qu'aucun d'entre eux n'apporte une maladie grave ou un grand chagrin – l'apparence extérieure ne fait que peu ou pas de différence. Le temps est généralement favorable aux personnes d'âge moyen, et ce n'est que lorsque nous atteignons nous-mêmes la cinquantaine, et que les chers vieux repères s'effacent un à un, que nous réalisons à quel point nous dépendions inconsciemment de cette stabilité de l'apparence, de cette immuabilité dans notre vie. ceux qui ont contribué à façonner notre destin.

Ainsi, s'il y avait peu de changement chez Mme Dew et M. Wycherly quatre ans après que Jane-Anne eut inondé la cave Holywell de bière, Jane-Anne elle-même et les garçons regardaient les enfants de cette époque avec une sorte de mépris affectueux.

Montagu était désormais plus grand que M. Wycherly, au visage mince et analytique comme toujours, n'attendant que le mois d'octobre suivant pour prendre sa bourse au New College.

Edmund était sur le *Britannia* , tout en uniforme et boutons dorés, phrases navales et absurdités. Lorsqu'il apparaissait pour ses « congés » (il dédaignait d'appeler cela des vacances), il apportait tant de vivacité et de rires, sans parler des visiteurs du monde extérieur, dans la maison tranquille que, pendant ces semaines hilarantes, Jane-Anne oubliait d'être sérieuse. .

Car Jane-Anne était très sérieuse.

Quatre années de vie scolaire avaient apporté de grands changements chez Jane-Anne.

D'une part, personne n'avait plus à s'inquiéter pour ses poumons. Les crépitations appartenaient au passé. Elle était forte comme un poney Shetland avec autant d'endurance.

Rien dans son physique ne l'empêchait de devenir une femme de ménage des plus efficaces. De plus, elle était suffisamment grande pour affronter les situations les plus exigeantes. Mais même Mme Dew avait cessé d'inclure cette idée parmi les politiques pratiques.

Car Jane-Anne s'était révélée « intelligente dans ses livres » au-delà de toute attente. Elle fréquenta d'abord une belle école au-dessus du pont de la Madeleine, mais elle progressa si vite et fut une élève si inhabituellement réceptive que la directrice elle-même fit appel à M. Wycherly et suggéra à Jane-Anne d'aller au lycée. M. Wycherly consulta Lord Dursley, qui continuait toujours à s'intéresser à l'enfant par procuration, et l'affaire fut réglée sans trop de difficulté.

Ici, Jane-Anne tomba sous l'influence de Miss Willows et devint laborieuse et sérieuse au dernier degré.

Miss Willows a enseigné la forme supérieure, et elle a fait plus que l'enseigner, elle l'a façonné.

Elle avait vingt-huit ans et était pleinement déterminée à devenir elle-même directrice avant que de nombreuses années ne se soient écoulées. Elle était de l'étoffe dont sont faites les directrices d'école et elle était moderne parmi les modernes. Elle était grande, forte et belle, douée pour les jeux et une première en classiques, et sa doctrine de la perfection était en effet la sienne.

« N'essayez pas seulement de faire les choses aussi bien que les autres », disait-elle ; "Essayez de les faire un peu mieux. Ne vous contentez jamais de la médiocrité."

Courage et force étaient ses mots d'ordre et son ambition était que ses filles aillent dans le monde non pas à l'abri de la tentation mais armées pour y résister. Elle abhorrait la bêtise et, malgré sa bonne élève, Jane-Anne était reconnaissante que Miss Willows ne puisse pas, comme elle le disait, « voir en elle », car Jane-Anne était consciente qu'elle perdait fréquemment la grâce, était souvent franchement déçue. et sans vergogne idiot et j'ai apprécié ça.

Miss Willows était toujours magnifiquement habillée et enseignait à ses filles à se soucier beaucoup de leurs vêtements. Elle était sarcastique, et les gens maladroits et désordonnés tremblaient devant elle.

Jane-Anne n'a jamais tremblé. Elle l'admirait et l'adorait et peut-être « intérieurement » elle avait un peu peur d'elle, mais extérieurement elle était tout à fait intrépide, et Miss Willows la respectait en conséquence. Elle respectait encore plus la maîtrise tout à fait extraordinaire de l'anglais de la jeune fille et sa familiarité avec les écoles de philosophie qui, pour la plupart des élèves, n'étaient que de simples noms.

Miss Willows avait réglé la carrière de Jane-Anne. Elle devait fréquenter l'un des collèges pour femmes, puis enseigner. C'était son simple devoir. Jane-Anne ne disait rien, semblait acquiescer à tous ces projets sages et bienveillants en sa faveur, et tout le temps rêvait et avait des visions de quelque chose de très différent.

Elle n'avait pas faibli dans son allégeance à Lord Byron. Il était toujours son héros et elle refusa catégoriquement de le remplacer par M. Robert Browning, qui était le prophète choisi par Miss Willows.

"Lord Byron est tellement évident", a déclaré un jour cette dame, après avoir critiqué une citation de "Childe Harold" que Jane-Anne avait glissée dans un essai.

"Il est impossible de se méprendre sur ce qu'il veut dire", dit rapidement Jane-Anne, toujours prête à prendre les armes au nom de "son plus vieil ami", comme elle l'appelait.

"Il n'est pas subtil", a poursuivi Miss Willows.

"Il n'est jamais obscur, jamais dépourvu de musique", dit Jane-Anne.

« Je suis désolée, » dit gravement Miss Willows, « que vous fassiez de Lord Byron un tel héros, d'autant plus que, d'après ce que je peux comprendre, vous ne le faites pas en ignorant son caractère. lire sa vie ? »

"Il y a des années."

Miss Willows mettait un point d'honneur à ne jamais être choquée par ce que ses filles pourraient dire – être choquée montrait de la faiblesse. Néanmoins, elle se demandait plutôt ce que M. Wycherly avait bien pu faire en permettant une telle chose. Et il y avait une marque noire contre lui dans son esprit.

Curieusement, c'est M. Wycherly lui-même qui, le premier, a suscité l'enthousiasme de Jane-Anne pour les œuvres de Robert Browning, et cela s'est produit de cette manière.

Elle désirait toujours passionnément les cheveux bouclés. C'était le désir du papillon de nuit pour l'étoile, car ses cheveux restaient obstinément droits. Le fait qu'il soit beau en couleur, en texture et en abondance ne la réconfortait pas ; il était droit, droit sans compromis, même s'il maintenait son mouvement vers le haut et vers l'extérieur autour de son front large et bas.

M. Wycherly pensait qu'il était difficile pour Jane-Anne de ne pas avoir d'argent et insistait pour lui payer cinq shillings par mois pour le servir. Sa tante a insisté pour qu'elle porte des bas et des gants, ce que l'enfant a fidèlement fait.

Mais une fille de l'école l'a éclairée sur l'utilisation du fer à friser, et Jane-Anne a succombé à la tentation. Elle a emprunté les fers à gaufrer, les a chauffés dans le feu de la cuisine et s'est assez gravement brûlé les cheveux et le front.

M. Wycherly en fut infiniment plus affligé que par l'épisode de la bière et lui reprocha gentiment d'essayer d'améliorer ce que la nature avait déjà rendu si harmonieux et si agréable à l'œil.

C'était le moyen d'atteindre Jane-Anne. Comme toujours, elle était parfaitement franche avec lui.

" Miss Willows dit que c'est le devoir de chacun d'être aussi joli que possible. " Faites de votre mieux et n'y pensez plus ", dit-elle. Mais je semble obligé d'y penser. Vous voyez, je *sais que* je le ferais . je serais tellement plus jolie si mes cheveux étaient crépus."

"Mais je ne pense pas que vous le feriez", a argumenté M. Wycherly. "Votre type est sévère et classique ; les 'crépus' seraient tout à fait épouvantables et incongrus."

"Mais est-ce que *quelqu'un peut* être beau avec des cheveux raides ?"

"Pourquoi pas?"

"Lord Byron avait les cheveux ondulés, *vous* avez les cheveux ondulés, toutes les déesses et tous les gens et Hélène de Troie avaient les cheveux ondulés."

"Je vous assure", a déclaré M. Wycherly en passant distraitement une main longue et fine sur ses épaisses mèches blanches, "je ne pense jamais du tout à mes cheveux, sauf quand je dois aller les faire couper."

"Tu n'y penses jamais, ma chérie, parce que tu es tellement sûre que tout va bien. Tu *sais* que tu es une très belle personne âgée et que les gens doivent t'admirer s'ils te regardent, *donc* tu peux te permettre de ne pas y penser. à ce sujet."

"Ma chère Jane-Anne, vous dites des bêtises."

"Je ne le suis pas ; vraiment, vraiment, non. Je vois souvent des gens te regarder dans la rue et je les entends souvent dire des choses gentilles——"

"Mon Dieu", s'écria M. Wycherly, "comme c'est épouvantable !"

"Je ne devrais pas trouver cela un peu terrible s'ils disent de telles choses à mon sujet", a déclaré Jane-Anne, "mais ils ne le font pas encore, pas souvent."

"Est-ce qu'ils le font déjà ?" » demanda anxieusement M. Wycherly.

"Si je vous le disais, vous diriez que c'est impertinent, alors je ne vous le dirai pas, cher maître."

"Veux-tu me promettre de laisser tes cheveux tranquilles ?"

"Si je le promets, je devrais le faire", dit Jane-Anne, dubitative.

"C'est pourquoi je veux que tu me le promettes."

"Est-ce qu'un an suffira ?" plaida Jane-Anne.

"Trois ans", a soutenu M. Wycherly.

Jane-Anne soupira profondément. "Eh bien, je le promets, mais si à la fin de ce temps je trouve quelque chose qui le fera vraiment boucler, sans sentir horrible, sans le brûler ou le gâcher..."

"Trois ans suffiront", a déclaré M. Wycherly.

Ce soir-là, quand elle alla lui dire bonsoir, il lui lut « A Face », de Robert Browning.

 "Si on pouvait avoir sa petite tête

 Peint sur un fond d'or pur...."

Jane-Anne écoutait, essoufflée, charmée. Lorsqu'il eut fini, il se tourna vers elle :

"Cela me fait toujours penser à toi, et j'aimerais pouvoir te peindre ainsi. Mais tu ne serais pas du tout comme ça si tu avais des cheveux différents."

Jane-Anne resta silencieuse pendant près de deux minutes ; puis elle dit pensivement :

"J'aime plutôt la poésie de Browning après tout. Je citerai un peu dans mon prochain passage juste pour faire plaisir à Miss Willows."

Au début, sa position au sein de l'école était quelque peu anormale. Son habileté exceptionnelle et sa légèreté lui donnaient une place assurée dans le travail scolaire et dans les jeux à la fois. Son apparence personnelle et son charme enthousiaste lui ont valu des amis. Alors l'une des filles, qui lui avait demandé de prendre le thé, une fille vivant dans une grande maison de Woodstock Road, dont les habitants n'avaient absolument rien à voir avec aucun des collèges, découvrit qu'elle n'avait aucun lien de parenté avec le vieux monsieur dont maison où elle vivait et que sa tante était sa servante.

La jeune fille était horrifiée, disait à toutes les filles qu'elle pouvait écouter et terminait toujours la harangue par cette remarque : « Nous savons tous que l'école est assez mixte, mais ça devient un peu trop quand on prend les filles des domestiques. écrire et se plaindre."

Elle coupa immédiatement Jane-Anne, ainsi que plusieurs autres. Jane-Anne était perplexe, puis en colère, et a finalement forcé la jeune fille à expliquer sa conduite dans la cour de récréation.

"Ta tante est sa servante", conclut la jeune fille, "et nous n'aimons pas ça."

"Je suis aussi sa servante", dit Jane-Anne avec hauteur, "et je préfère être sa servante plutôt que ton amie de tous les jours."

"Tu n'auras pas beaucoup de chance d'être ça", dit la jeune fille avec colère. "Je ne serais vu avec toi pour rien au monde."

« Tout Oxford, s'écria Jane-Anne, peut me voir avec lui, et c'est un grand gentleman et un érudit ; et vous, vous êtes un petit personne mal élevé aux cheveux carottes qui ne sait pas écrire un Faites de l'exercice en français sans demander à quelqu'un d'autre d'en faire la moitié. »

L'école a pris parti, et la meilleure et la plus intelligente moitié a finalement pris le parti de Jane-Anne. Elle n'a jamais raconté à personne d'autre qu'à Montagu ce qu'elle avait enduré, mais chaque fois qu'une nouvelle fille lui faisait des avances amicales, Jane-Anne prenait soin de l'informer que Mme Dew, la gouvernante de M. Wycherly, était sa tante, qu'elle l'aimait et qu'elle ne l'était pas. en avoir le moins honte. "Et maintenant", concluait-elle toujours, "tu peux continuer à être ami avec moi ou non, comme tu veux."

Les filles étaient plutôt amicales à l'école, mais elle en connaissait très peu à la maison. Ceux qu'elle connaissait étaient presque tous des amis de Mme Methuen et des filles dont la situation était assurée. C'est ainsi que les quelques amies de Jane-Anne étaient les filles les plus gentilles de l'école. Mais elle avait très peu de temps pour l'amitié. Elle aidait toujours sa tante à la maison autant qu'elle le pouvait. Elle avait des devoirs vraiment durs et lourds à préparer – seule sa rapidité extraordinaire lui permettait de les terminer dans le temps qu'elle lui accordait, et elle était, en outre, toujours au premier plan lorsqu'une pièce de théâtre, une récitation ou une danse fantaisie était envisagée. Elle était si facilement et bien au-dessus de toute autre fille dans des choses de ce genre qu'elle ne pouvait jamais être épargnée. Le cours de danse était sa plus grande joie. M. Wycherly avait insisté pour qu'elle apprenne à danser chaque fois qu'elle allait à l'école. Il payait lui-même les frais de scolarité, et il lui arrivait même de braver la phalange des filles du cours pour aller lui-même la voir danser.

Et une fois par an, Curly venait avec sa compagnie et jouait au Oxford Theatre. M. Wycherly emmenait toujours Jane-Anne et Curly venait toujours les voir à Holywell, et chaque fois qu'il venait, il posait à M. Wycherly la même question : « Eh bien, et avez-vous déjà décidé de ce qu'elle sera ?

"Elle parle", a déclaré M. Wycherly, "d'être professeur de danse, mais il me semble que dans ce cas, son éducation est plutôt gâchée."

"Un professeur de danse !" Répéta Curly ironiquement. "Je pense que je la vois enseigner la danse pendant longtemps."

"Elle est venue me voir hier soir", a poursuivi M. Wycherly, comme s'il n'avait pas entendu, "et m'a demandé brusquement : 'Pensez-vous qu'on puisse servir Dieu et danser pour gagner sa vie ?'"

" Ah, " dit Curly, " c'est une autre chose ; et qu'avez-vous dit, monsieur ? "

"Je crains", dit humblement M. Wycherly, "de ne pas avoir donné de réponse très précise."

"J'aimerais savoir ce que vous pensez", a persisté Curly. "Vous considérez la danse comme l'un des arts les plus beaux et les plus délicieux ?"

"Je fais."

"Et chez Jane-Anne, cet art trouve l'expression la plus subtile et la plus délicate ?"

M. Wycherly gémit.

"Pourquoi ne servirait-elle pas Dieu aussi bien de cette manière que d'une autre ?"

"Parce que", dit M. Wycherly avec hauteur, "je ne l'aimerais pas extrêmement."

Curly rit.

"J'ai l'idée", dit-il, "que Miss Allegra Stavrides trouvera un autre moyen d'exprimer l'artiste qui est en elle".

M. Wycherly gémit encore. « Elle est si jeune, dit-il ; "Pourquoi devrait-elle être quelque chose pendant des années et des années ?"

"Parce que", dit Curly, "la course est rapide, et l'enfant a le pied très léger."

"Vous ne direz ni ne ferez rien qui puisse lui mettre une telle idée en tête", a plaidé M. Wycherly.

"Mon cher vieil ami, l'idée existe depuis des années et il est fort possible qu'elle n'aboutisse à rien."

Mais même si Curly avait prononcé des mots confortables, il n'y avait aucune conviction dans sa voix.

CHAPITRE XVIII

FACTURE DU PORTIQUE

"Oh, pourquoi les yeux noisette ? les nez grecs !

J'ai perdu mon repos la nuit, ma paix le jour,

Faute de hollandaise brune ou de vénitienne,

En chemin."

TOM HOOD

Old Holywell, dans la ville d'Oxford, est une rue intéressante. Non seulement chaque maison y est différente de sa voisine, mais les habitants sont tout aussi variés.

En face de chez M. Wycherly se trouvait une grande maison droite et grise, qui avait été louée comme chambre à des générations d'étudiants de premier cycle lorsque le moment était venu pour eux de « vivre dehors ». Deux ans auparavant, Jane-Anne avait observé ces jeunes messieurs, comme elle les appelait encore alors, avec le plus grand intérêt ; en fait, les étudiants de premier cycle en tant que classe lui offraient une possibilité suprême : l'un d'entre eux pourrait réaliser dans la chair tout ce dont elle avait rêvé dans l'esprit de Lord Byron.

Elle n'en avait jamais rencontré qui ressemblait le moins du monde à son rêve. C'étaient, pour la plupart, de jeunes hommes aux larges épaules, au visage brun, extrêmement négligés, qui se promenaient à Oxford dans d'anciennes vestes Norfolk, des pantalons amples en flanelle grise et des pantoufles jusqu'au talon. La plupart d'entre eux semblaient en meilleure santé et de meilleure humeur. Les rares personnes qu'on pouvait peut-être soupçonner d'âme étaient si simples qu'elle les renvoya aussitôt ; ils étaient complètement hors course.

Montagu était beau, aux traits simples et calmes. Edmund était d'une beauté radieuse et déchaînée. M. Wycherly, selon Jane-Anne et plusieurs autres personnes, était la plus belle personne d'Oxford. Elle était donc difficile à satisfaire.

Après avoir été influencée par Miss Willows, les jeunes hommes ne l'intéressaient plus. Fidèle à sa théorie selon laquelle toute éventualité doit être affrontée sans crainte, Miss Willows n'a jamais omis la possibilité d'un mariage lors de ses discussions avec ses filles. Avec elle, ils considéraient cela comme un sort assez banal, qui pourrait peut-être revenir à certains d'entre eux. Mais il y avait bien plus de choses intéressantes dans la vie que cela.

Miss Willows n'a jamais, ni par la parole ni par le regard, laissé entendre à ses filles que les jeunes hommes étaient dangereux et qu'il fallait donc les éviter. Ils étaient là à Oxford en grand nombre, que les filles les rencontrent si possible dans le monde, qu'elles les jugent sans passion. Qu'il n'y ait aucun mirage de l'interdit chez eux. Ils pourraient leur parler ; écoute-les; pesez leur conversation dans la balance de la raison, et – ajoutait-elle toujours intérieurement – « trouvez-la insuffisante ». Mais elle n'a jamais dit cela ; elle le sous-entendait, et les filles, avec un sérieux et un mépris juvéniles, finirent la phrase pour elles-mêmes.

Jane-Anne n'a rencontré aucun jeune homme. Tous les étudiants du New College connaissaient M. Wycherly de vue, mais aucun ne le connaissait plus. A l'époque où Jane-Anne s'intéressait à eux, ils ne s'intéressaient pas du tout à elle. Maintenant qu'elle était grande et droite, avec des robes jusqu'aux chevilles et des yeux brillants qui débordaient d'influence, bon nombre d'étudiants de premier cycle auraient souhaité connaître M. Wycherly. Quant à Jane-Anne, elle ne désirait aucune attention de la part de jeunes hommes insensés. L'avis qu'elle désirait était plus vaste et plus impersonnel, et même si elle était une jeune personne impatiente, elle se contentait de l'attendre. Elle savait qu'elle ne perdait pas son temps. Elle étudia les dramaturges grecs avec M. Wycherly et lisait avec avidité chaque mot de sa traduction de la « Poétique » d'Aristote, prenant à cœur plusieurs de ses maximes. Elle marchait seule pour aller et revenir de l'école, elle faisait des courses occasionnelles pour Mme Dew, mais au-delà de cela, elle était rarement vue à Oxford, sauf accompagnée de M. Wycherly. Avec lui, elle errait dans les jardins du collège et sur les rives du Cherwell. Quand les garçons revenaient, elle passait de longues journées sur la rivière avec eux, et chaque nouvelle danse qu'elle apprenait à l'école, elle dansait à nouveau pour « le maître », et en été, elle dansait toujours pieds nus sur la pelouse.

M. Wycherly lui a permis de faire son travail du soir dans le salon, qui était plus calme que la chambre de la gouvernante située à proximité de Mme Dew. Les nuits de mai étaient chaudes et Jane-Anne ouvrit la fenêtre et tira les petits rideaux blancs pour laisser entrer le plus d'air possible. Les gens pourraient venir s'ils le souhaitaient. Cela n'avait aucune importance pour Jane-Anne, hautement absorbée par son travail pour Miss Willows.

Là, elle était assise à la table ronde en palissandre au milieu de la pièce, la lumière électrique ombragée et baissée sur ses papiers (M. Wycherly ne lui permettait jamais de travailler sous un mauvais éclairage), son délicat profil grec présenté à tout observateur occasionnel. , sévère, détachée, un exemple d'enfance studieuse des plus édifiants à voir.

C'est évidemment ce que pensait l'étudiant qui vivait en face. Car à peine avait-elle allumé sa lumière qu'il éteignit la sienne et s'assit à la fenêtre qui, un peu au-dessus du niveau de la sienne, offrait une excellente vue sur le salon de M. Wycherly. Sa montre était partagée par un bull terrier blanc, qui passait de longues heures assis sur le rebord.

Cet étudiant était un rameur, les Huit arrivaient au bout d'une quinzaine de jours, et le soir, il « faisait du slack ».

Il était musicien, cet étudiant, possédait un piano et une agréable voix de ténor, et parfois après le dîner, même si Jane-Anne n'aurait pas songé à interrompre un instant son travail pour écouter, elle avait vaguement conscience que la musique était agréable, et J'étais désolé quand cela a cessé.

Un soir pourtant, elle écouta effectivement, car des accents contraires lui parvenaient de la maison et lui étaient curieusement familiers ; une chanson étrange et démodée, puis, avec un petit sursaut de cœur, elle reconnut un poème qu'elle connaissait et aimait. Le jeune homme d'en face avait visiblement été bien instruit, il était tout à fait possible d'entendre ses paroles. Elle s'arrêta net au milieu d'une phrase compliquée selon laquelle le but de la discipline est de produire une unité autonome, posa sa plume et, oubliant que la lumière était derrière elle, se dirigea vers la fenêtre et se pencha dehors.

Le jeune homme assis au piano, dans l'obscurité de la pièce d'en face, souriait joyeusement et chantait plus fort et avec une ferveur accrue :

"Par ces tresses libres

Courtisé par chaque vent égéen ;

Par ces couvercles dont la frange de la jetée

Embrasse la teinte fleurie de ta douce joue ;

Par ces yeux doux comme les œufs..."

Vint ensuite l'invocation grecque passionnée par laquelle se termine chaque vers de la « Pucelle d'Athènes » de Byron.

Miss Willows aurait sans aucun doute rejeté les paroles et la musique comme étant éculées et évidentes. Mais son élève avait lu les vers jusqu'à ce qu'elle les connaisse par cœur, sentant, comme dans le cas de « Elle marche en beauté comme la nuit », que Lord Byron les avait écrits pour elle et à son sujet ; elle ne les avait pas entendus chanter depuis que sa mère les lui chantait lorsqu'elle était toute petite. Maintenant, dans la douce nuit de printemps, les notes autrefois familières flottaient dans la rue calme, chargées de souvenirs innocents et tendres.

Dans la pénombre, Jane-Anne aperçut un chien blanc fantomatique, assis solennellement et calmement sur le rebord de la fenêtre. Le chien remarqua aussi Jane-Anne, et tandis que son maître proclamait encore avec passion que son cœur était passé dans la possession de « La Pucelle d'Athènes », le chien dressait ses longues oreilles, à la manière d'un bull-terrier quand intéressé et remua la queue. A cet instant, la musique cessa dans un fracas d'accords.

"Oh, chérie!" s'exclama Jane-Anne et elle se remit à son travail.

Le chanteur est venu s'asseoir à nouveau à la fenêtre.

"Gantry Bill," dit-il doucement, "lequel d'entre nous a-t-elle appelé son cher ?"

Gantry Bill remua à nouveau la queue.

Il n'avait pas le moindre doute.

"Cela a semblé plutôt la plaire", a poursuivi la chanteuse.

Gantry Bill a évidemment pensé que c'était une remarque stupide, car il n'a pas répondu.

"C'est dommage de faire travailler si dur une si jolie fille, n'est-ce pas, Bill ?"

Ici, Gantry Bill s'est montré plus sympathique et a essayé de lécher le visage de son maître.

"Nous allons en essayer une autre," dit ce gentleman, "nous allons la chercher à nouveau, n'est-ce pas, Bill ?"

Mais il a chanté les chansons d'amour les plus passionnées de son répertoire, apparemment dans l'oreille d'un sourd. La petite tête, avec son profil en forme de camée et sa riche chevelure sombre, restait soigneusement courbée sous la lumière tamisée. L'unité autonome avait triomphé.

Son voisin d'en face pourrait se crier d'une voix rauque, même si elle s'en souciait. Elle voulait la note maximale et un « plus » pour sa dissertation.

Nuit après nuit, cette semaine-là, depuis la maison d'en face, une voix de ténor apostrophait une femme sans pareille. Mais jamais plus Jane-Anne ne se dirigea vers la fenêtre, et Gantry Bill posa sa tête de côté sur ses pattes, ses oreilles tombèrent en avant et ronflait doucement, tandis que son maître, à tue-tête, proclamait « les mille beautés qu'il avait ». je le savais si bien."

C'était un chien patient, Gantry Bill. Plus patient que son maître qui, du coup, y renonça comme un mauvais travail et s'en alla. Il lui arrivait aussi d'assister à des conférences où le chien ne pouvait pas l'accompagner. Alors Bill s'asseyait sur le rebord de la fenêtre, observant les passants d'un air sage et réfléchi, ou dormait dans cet abandon pathétique d'attitude habituel au bull-terrier.

Jane-Anne traversait parfois la rue, lui parlait, le caressait et jetait un coup d'œil dans la pièce vide derrière, une pièce des plus en désordre.

« Pauvre toutou, dit-elle un samedi après-midi, tellement seul ; voudrais-tu venir jouer dans notre jardin, Gantry Bill ? Il fait beaucoup plus frais qu'ici. Le maître est sorti et tu ne dérangeras personne. "

Gantry Bill la regarda et fut visiblement tenté. En fait, une jolie fille en robe blanche par une chaude après-midi de juillet est toujours une apparition agréable.

Très lentement, tel un vieux gentleman raide, Gantry Bill se leva et se tint sur le rebord de la fenêtre. Il sourit à Jane-Anne, prit sa main dans sa bouche et la marmonna d'un air espiègle, en signe de son approbation.

"Il est parti sur les bateaux, il y passera des heures et des heures", a-t-elle déclaré. "Je l'ai vu se précipiter dans la rue dans cette horrible petite culotte courte, et tu es parti tout seul pour te morfondre, pauvre chéri ! Pourquoi ne devrais-tu pas t'amuser un peu aussi ?"

Cela semblait être un argument valable. Gantry Bill tomba du rebord de la fenêtre dans la rue et suivit Jane-Anne de l'autre côté de la route. Dans le jardin, elle l'emmena par des moyens détournés qui ne remettaient pas en cause l'observation de Mme Dew. Elle lui apporta de l'eau dans un plat à tarte et lui présenta un biscuit au chocolat, puis elle s'assit sous le pommier pour raccommoder ses bas. Mais Gantry Bill n'était pas sorti de l'après-midi pour regarder les gens raccommoder les bas.

Il aperçut une balle de hockey posée sur le chemin, la saisit dans sa bouche et galopa lourdement vers Jane-Anne, la posa à ses pieds, aboya et lui fit une série de brefs sprints en signe qu'il désirait jouer.

"Chut", dit Jane-Anne en brandissant une aiguille dans son doigt et son pouce, "tu ne dois pas aboyer, sinon tante t'entendra et sortira. Que veux-tu ?"

Un autre court rush, un autre « wouf » et une tête impatiente, les oreilles dressées vers l'avant, les yeux implorant Jane-Anne.

"Tu veux que je le lance, n'est-ce pas ?"

C'était exactement ce que Gantry Bill voulait, et pendant vingt minutes, il a effectivement occupé Jane-Anne. Puis, chauds et épuisés, ils s'assirent tous deux sous le pommier, et on lui permit de raccommoder son bas. C'était la première d'une longue série de réunions.

Le maître de Gantry Bill ne savait pas que son chien avait rendez-vous avec la jeune femme au profil grec et à la longue et épaisse queue de cochon. Autrement, il aurait insisté pour qu'on le présente. Elle ne montrait aucun signe de jouer Eurydice à son Orphée, et il ne chantait jamais ainsi. Aucun de ses amis ne connaissait M. Wycherly, et il ne connaissait pas les amis de M. Wycherly à Oxford ; et justement parce que la chose semblait si impossible, il désirait ardemment rencontrer Jane-Anne, et il n'avait jamais vraiment désiré connaître une fille auparavant. Ce n'était pas un homme à femmes.

Après tout, c'est Gantry Bill qui a provoqué cette affaire.

Mme Dew était très pointilleuse sur les œufs. Elle refusait d'utiliser des œufs de magasin, même pour les « œufs et la chapelure » du poisson, et tous les œufs de Holywell provenaient d'une vieille femme qui vivait sur Iffley Road, élevait un grand nombre de volailles et vendait ses œufs à quelques élus qui je les irais chercher.

L'une des tâches de Jane-Anne était d'aller chercher les œufs deux fois par semaine. Il arriva cependant que Mme Dew « manqua de nourriture » un jour alors qu'elle voulait particulièrement préparer une omelette pour le dîner de M. Wycherly. Ainsi, après le thé, elle envoya Jane-Anne, avec un shilling dans son gant, apporter les œufs requis. Jane-Anne marchait vite et se procurait les œufs sans aventure d'aucune sorte, les portant dans un petit panier rond en forme de poignée de bâton.

Il faisait chaud et, à son retour, elle marchait plus lentement, rêvant en chemin. Elle tenait le panier d'une main assez lâchement et n'était absolument pas préparée lorsqu'un corps lourd rebondit sur elle par derrière et la renversa. Le panier s'envola de sa main, les œufs furent éparpillés et brisés ; et très surprise et confuse, elle sentit sous ses aisselles deux mains fortes qui la relevèrent, tandis qu'une voix pénitente s'écria :

"Je dis, je suis terriblement désolé; c'est cette brute de chien. Je ne vois pas ce qui l'a poussé à vous sauter dessus comme ça. Il ne l'a jamais fait à personne auparavant. J'espère que *vous* n'êtes pas blessé ou très effrayé. A bas, monsieur ! A bas, espèce de brute ! Vous aurez une bonne raclée pour cela.

Jane-Anne reprit ses esprits et s'aperçut qu'un grand jeune homme, en blazer et pantalon de flanelle blanche, était venue la chercher, que deux autres jeunes hommes se tenaient à côté, l'air plutôt amusés, et que Gantry Bill grimaçait à ses pieds en signe évident. dans l'attente des coups que son maître lui avait promis, tandis qu'autour d'eux les œufs cassés dessinaient des cartes sur la route poussiéreuse.

"S'il vous plaît, ne le battez pas", dit-elle en remontant précipitamment son chapeau qui lui était tombé sur le nez. "Il ne voulait pas me renverser ; il disait seulement comment vas-tu. C'est vraiment un grand ami à moi."

« Heureux mendiant », dit le jeune homme ; "Mais je ne vois pas pourquoi il devrait montrer son amitié d'une manière si gênante. Il doit être un poids énorme pour vous renverser ainsi."

Les deux autres jeunes hommes avaient continué leur chemin discrètement. Jane-Anne, Gantry Bill et son maître se tenaient sur la route, entourés d'œufs cassés, et se regardaient. Jane-Anne aperçut un grand jeune homme aux larges épaules, au visage brun, un visage brun très propre qui était autrefois blond. Il n'était pas beau : son nez était trop large et sa bouche trop grande ; mais il avait de belles et fortes dents blanches et de joyeux yeux bleus qui, à ce moment-là, regardaient les siens pleins de contrition et de commisération.

« Je crois, ajouta-t-il précipitamment, que nous sommes voisins ; vous n'habitez pas en face ?

"C'est comme ça que j'ai connu ton chien", a expliqué Jane-Anne. "Vous le laissez souvent seul."

"Je ne peux pas l'emmener aux cours."

"Je suis sûr qu'il se comporterait très bien. Mais, comme je le disais, tu le laisses tranquille et j'étais désolé pour lui, alors il vient parfois me rendre visite, et nous sommes de grands amis, n'est-ce pas ? , Gantry Bill?"

"Tu connais son nom ?" s'exclama le jeune homme.

"Bien sûr. Je ne suis pas sourd et la rue n'est pas large. Oh, mon Dieu ! que dois-je faire avec les œufs ?"

"Où les as-tu trouvés, et nous irons en chercher d'autres ?"

"Mais je n'ai plus d'argent et c'est toujours nous qui payons."

"Bien sûr, vous devez me permettre de les payer. Mon chien les a cassés."

"Si cela ne vous dérange pas, juste pour aujourd'hui. Vous voyez, si je ne les reprends pas, ma tante ne pourra pas faire d'omelette pour le dîner de M. Wycherly."

"Allons les chercher tout de suite. Nous pouvons les trouver chez l'épicier le plus proche."

"Oh, tu n'as pas besoin de te donner la peine de venir avec moi. Je dois y retourner, car ma tante ne trouvera pas d'œufs ailleurs. Si tu pouvais me prêter le shilling..."

« Je vais porter ces œufs et vous ramener chez vous en toute sécurité. Vous pourriez vous sentir faible ou quelque chose du genre après un tel choc.

Jane-Anne a ri, mais elle ne lui a pas interdit de l'accompagner. Gantry Bill poursuivit son chemin et, ensemble, ils achetèrent des œufs pour un autre shilling à la vieille femme de Mme Dew.

Alors qu'ils marchaient ensemble sur Iffley Road, il dit d'un ton plutôt timide : « Gantry Bill a plus de chance que son maître, puisqu'il semble vous connaître, Miss Wycherly.

"Je ne m'appelle pas Wycherly", répondit Jane-Anne. "C'est Stavrides. Je n'ai aucun lien de parenté avec M. Wycherly ; ma tante est sa gouvernante et il me laisse vivre là-bas. Je l'aime beaucoup."

"Je m'appelle George Gordon."

"Oh!" s'exclama-t-elle. « Avez-vous un lien de parenté avec Lord Byron ? »

"Certainement pas, je suis heureux de le dire," remarqua-t-il décidément. "Nous sommes un tout autre groupe de Gordon. C'est un grand clan, vous savez. Nous sommes les Gordon du Dumfrieshire. Le poète était un type sombre, n'est-ce pas ?"

Jane-Anne resta immobile et regarda le Gordon à ses côtés avec une grande indignation.

« Sombre, » répéta-t-elle ; " Triste, si l'on veut, parfois, mais très spirituel et amusant ; as-tu lu ses lettres ? "

George Gordon baissa la tête ; les yeux bruns qui regardaient les siens étaient si graves et accusateurs.

« Je crains de ne savoir que très peu de choses sur lui, » dit-il humblement ; "Peut-être qu'il était un de vos ancêtres—je suis terriblement désolé———"

Jane-Anne rit encore, et il trouva qu'elle avait le plus joli rire. "Est-ce que vous défendez les gens seulement quand ils sont vos proches ?" elle a demandé. "J'admire la poésie de Lord Byron et je lui suis reconnaissant car il a donné sa vie pour mon pays, mais ce n'est pas le moindre ancêtre. Je ne pense pas en avoir."

"Cela doit être plutôt joyeux, parce qu'alors tu peux jouer comme tu veux, et les gens n'attendent pas toujours des choses de toi parce que ton arrière-grand-oncle a fait quelque chose au siècle dernier."

"Oh, je les aimerais si je les avais", dit-elle; "Mais comme je ne l'ai pas fait, cela ne sert à rien de vous inquiéter. En avez-vous beaucoup ?"

"Rien à proprement parler", dit-il en rougissant. "Je ne comprends pas comment nous en sommes arrivés à un sujet aussi simple. Vous aimez Gantry Bill, n'est-ce pas ?"

"C'est un parfait chéri, mais pourquoi s'appelle-t-il Gantry Bill ? Que signifie gantry ? J'ai cherché dans le dictionnaire, et il dit..."

"Oh, ça n'a rien à voir avec ça, c'est le jargon de certains militaires, il appartenait à mon frère aîné, c'est un artilleur et il a dû aller au Nigeria et il n'a pas pu le prendre, alors il me l'a donné. C'est un fidèle bête, et il comprend chaque mot que vous lui dites. »

À ce moment-là, ils avaient atteint Long Wall et, alors qu'ils se promenaient en conversation intime, ils rencontrèrent Miss Willows, qui regardait fixement Jane-Anne et son escorte portant le panier d'œufs.

Lorsqu'ils atteignirent l'arche menant à la cour du constructeur, Jane-Anne s'arrêta et lui fit ses adieux.

"Je ne peux pas vous payer le shilling maintenant", dit-elle, "car je n'en ai pas, mais dès que j'en aurai un, je l'apporterai. J'ai déjà dépensé mon allocation pour ce mois."

"Oh, s'il vous plaît," dit-il, l'air très malheureux ; "S'il te plaît, n'en parle pas. J'ai cassé les œufs, du moins Bill l'a fait – alors, bien sûr..."

"Au revoir", dit Jane-Anne, et elle disparut par la porte latérale.

George Gordon traversa la route très lentement, suivi de Gantry Bill sur ses talons ; Lorsqu'ils atteignirent son salon, il se laissa lourdement tomber sur la chaise près de la fenêtre, et le bull-terrier bondit sur son siège sur le rebord de la fenêtre.

"Je dis, Bill," demanda son maître, "comment avez-vous fait pour la voir autant ?"

Le shilling pesait lourdement sur l'esprit de Jane-Anne. Elle ne pouvait pas rembourser elle-même, car elle avait dépensé quatre pence et demi le premier mai, jour où elle touchait son allocation, pour une paire de bas de soie noire déclarés « moitié prix », qu'elle avait achetés. très convoité pour danser.

Mme Dew rembourserait sans aucun doute le shilling, mais elle poserait, en même temps, tant de questions et commenterait si sévèrement la négligence de Jane-Anne, et (c'était ce que Jane-Anne redoutait particulièrement) exprimerait une telle horreur face à son "impatience". " en rentrant chez elle avec George Gordon, que Jane-Anne n'a tout simplement pas pu trouver assez de courage moral pour se confesser à sa tante.

Par conséquent, comme cela s'était produit des centaines de fois dans le passé, il n'y avait rien d'autre à faire que d'aller voir « le maître » qui, elle le savait, la tirerait d'affaire et ne poserait aucune question. Et pourtant… elle se sentait timide, même devant le maître.

Et si il lui interdisait de parler à nouveau à George Gordon ou à Gantry Bill ?

Pourtant, le shilling devait être rendu à George Gordon ce soir-là, et il était déjà sept heures, l'heure pour elle de préparer le dîner. Elle courut vers le bureau de M. Wycherly et le trouva assis dans son fauteuil près de la fenêtre, en train de lire Horace.

Elle alla se placer devant sa chaise, joignit les mains derrière elle et annonça :

"J'ai cassé tout un panier d'œufs, monsieur, cet après-midi. Ils coûtent un shilling."

« Pensez-vous, » dit M. Wycherly en souriant, « que le budget intérieur supportera une telle ponction ?

"Mais ce n'est pas tout", continua-t-elle à bout de souffle. "Il est venu me chercher, et comme je n'avais pas un autre shilling, il a payé les œufs, et j'ai dépensé tout mon argent, et je ne peux pas le rembourser avant juin. Veux-tu me prêter l'argent pour le payer ?"

M. Wycherly ne se prélassait plus sur sa chaise. Il se redressa très droit, mais il parla doucement, comme d'habitude, en disant :

« Cela vous dérangerait-il de m'expliquer qui est « il » et pourquoi vous devriez être arrêté ?

"Gantry Bill, c'est son chien, m'a rebondi par derrière ; nous sommes de grands amis et il était content de me voir, et je réfléchissais profondément, et il m'a renversé et les œufs ont volé partout et ont fait un grand désordre, alors il m'a aidé à me relever et nous sommes allés ensemble acheter d'autres œufs, et il les a ramenés à la maison pour moi.

"Gantry Bill, comme vous l'appelez", a déclaré M. Wycherly, les yeux pétillants, "semble être un chien très remarquable. D'abord, il vous renverse, puis il vous relève et vous donne un shilling pour acheter des œufs, ce qu'il a poliment fait." ramène chez vous. Est-ce cet animal intelligent que vous proposez de récompenser ? »

"Non", dit Jane-Anne en rougissant vivement; "C'est le maître de l'animal intelligent. Il habite juste en face. Il est au New College."

"Et est-ce lui qui est ton si grand ami ?" » a demandé M. Wycherly, comme si c'était la conclusion la plus naturelle possible.

"Non", dit Jane-Anne, plus rose que jamais; "Je ne lui ai jamais parlé auparavant, même si je le connaissais de vue. Il est plutôt gentil", a-t-elle ajouté ; « Son nom est George Gordon, mais il n'a aucun lien de parenté avec le cher Lord Byron – et il ne semble pas du tout désolé. Puis-je prendre le shilling en main ?

"Je pense", a déclaré M. Wycherly, "qu'il vaudrait peut-être mieux que je lui apporte le shilling moi-même. Après tout, vous savez, les œufs étaient pour la maison, et donc pour mes affaires."

"Oh, tu veux bien ?" s'écria Jane-Anne. "C'est tout à fait adorable de votre part, et ensuite vous le verrez et vous verrez si vous l'aimez."

"Exactement", a déclaré M. Wycherly, "c'est pourquoi je veux y aller."

"Vous le rendrez ce soir, n'est-ce pas ?" elle a supplié.

"Juste après le dîner ; j'espère qu'il sera à la maison."

"Oh, il est sûr d'être à la maison", dit-elle simplement. "Il chante généralement à ce moment-là ; je l'entends pendant que je travaille. Il chante très joliment "La Pucelle d'Athènes". "

« Vraiment ? dit M. Wycherly.

CHAPITRE XIX

L'étourneau s'envole

"Ce qui va arriver, nous ne le savons pas. Mais nous le savons

Que ce qui s'est passé était bon....

Que les grands vents soufflent le plus fort et le plus sauvage,

Ou le temps doré autour de nous est doux et lent :

Nous nous sommes comblés et nous pouvons oser

Et nous pouvons vaincre, même si nous ne pouvons pas partager

Dans le riche calme de la rémanence

Qu'est-ce qui va arriver."

NOUS HENLEY.

Alors que M. Wycherly était toujours assis au-dessus de son port, Mme Dew lui apporta un billet qui lui était venu de main en main. Il l'ouvrit et découvrit qu'il provenait de Miss Willows. Or, M. Wycherly savait très peu de choses sur Miss Willows. Elle avait, il est vrai, pris le thé avec Jane-Anne à deux reprises, lorsque l'enfant l'avait supplié d'être présent. Bien sûr, Jane-Anne mourait d'envie de le « montrer » à Miss Willows. Cette dame sentait son charme, mais elle doutait qu'il soit un tuteur très sûr ou approprié pour une fille aussi inhabituelle. Ce qu'elle avait vu cet après-midi la convainquit que ses doutes étaient justifiés et elle sentit qu'il ne fallait pas perdre un instant. Il fallait éveiller en lui le sens de ses responsabilités, c'est pourquoi elle écrit :

"CHER M. WYCHERLY,

"Je suis sûr que vous m'absoudrez de toute volonté d'ingérence si j'ose vous demander si c'est avec votre connaissance et votre approbation que Jane-Anne se promène avec les étudiants de premier cycle le soir après le thé. J'espère que vous me connaissez trop bien pour imaginer que toute pruderie stupide ou même un sentiment exagéré de l'importance de l'opinion de Mme Grundy m'amène à soulever le sujet devant vous. C'est seulement que même si Jane-Anne est si jeune, alors qu'elle travaille si dur, il serait plus sage, Je pense que, pour décourager les relations intimes avec l'autre sexe, sauf sous de bons auspices, ne vous méprenez pas, j'aimerais que Jane-Anne ait beaucoup de jeunes hommes mais ne se promène pas en *tête-à-tête* avec qui que ce soit. jeunesse pendant la période scolaire. Si vous voyez votre moyen de m'obliger en cela, je vous en serai reconnaissant.

"Très fidèlement vôtre,

"DOROTHY WILLOWS."

M. Wycherly a lu le billet deux fois très attentivement, l'a plié, l'a remis dans l'enveloppe et, sans attendre d'avoir terminé son portage, est allé chercher son chapeau. Il a traversé la route. M. Gordon, assis comme d'habitude à sa fenêtre ouverte en présence de Gantry Bill, le vit arriver, devint extrêmement rouge et alla lui-même ouvrir la porte, sans attendre que son visiteur frappe.

Jane-Anne, assise à ses études dans le salon, vit également le pèlerinage de M. Wycherly de l'autre côté de la route, et fut remplie de satisfaction que sa dette soit si rapidement acquittée.

« Êtes-vous M. Gordon ? » » a demandé M. Wycherly alors que la porte s'ouvrait avant qu'il puisse frapper.

"Je le suis; voulez-vous entrer, monsieur?"

M. Wycherly a accepté l'invitation et est entré. Cette expérience a fait battre son cœur un peu plus vite. Cela faisait tant d'années qu'il n'avait pas été dans une chambre d'étudiant. Le passé est revenu avec précipitation. Que d'eau avait coulé sous le pont de la Madeleine depuis ces jours chers, lointains, heureux, et ensuite très misérables.

« Ne voulez-vous pas vous asseoir, monsieur ? dit le jeune Gordon avec hospitalité.

M. Wycherly s'est assis. "Je viens", dit-il, "pour m'acquitter d'une dette", et il posa un shilling sur la table à côté de lui, "et je dois vous remercier d'avoir ramené à la maison les œufs de ma pupille."

"C'est très gentil de votre part", marmonna le jeune homme, l'air très confus ; " Ce n'était vraiment rien ; voyez-vous, mon chien était la cause de l'accident. J'étais obligé de remplacer les œufs. "

"Ma pupille m'a supplié de payer sa dette immédiatement. C'est la raison pour laquelle je vous envahis à une heure si inopportune, mais puisque vous m'avez reçu avec tant d'hospitalité, je me demande si vous me permettrez davantage de vous poser une question, M. Gordon?"

Il n'y avait dans la pièce que la grisaille d'une soirée de mai. De l'autre côté de la route, M. Wycherly pouvait voir un carré brillant et lumineux définissant la fenêtre de son propre salon ; il était trop myope pour voir la silhouette studieuse assise à la table, mais il comprit qu'elle devait être bien visible pour ceux qui possédaient une vue normale.

"Certainement, monsieur," dit poliment le jeune Gordon.

"Vous avez probablement" (ici M. Wycherly tourna un regard aimable et interrogateur vers son jeune hôte) "avez-vous des sœurs?" M. Gordon s'inclina. "Je suis resté à l'écart de ces choses depuis si longtemps qu'il est possible que je puisse commettre des erreurs - je vous serais extrêmement obligé si vous me le disiez - franchement, pensez-vous que nous avons tort de permettre à Miss Stavrides de se promener Oxford toute seule ? »

George Gordon avait vraiment l'air très sexy. La dernière chose dont il avait rêvé était que ce vieux monsieur digne aux cheveux blancs le consulte sur quoi que ce soit. Honnête lui-même, il a été touché par le sérieux et la simplicité évidents qui sollicitaient son opinion. Agissant presque automatiquement, il alluma le gaz et se plaça bien au centre de la lumière, regardant son invité avec impartialité.

" Puisque vous me faites l'honneur de me le demander, monsieur, je dois dire qu'il n'y a pas le moindre mal à permettre à Miss Stavrides de se promener seule n'importe où. Si elle était ma sœur, je n'aurais pas du tout peur parce que, voyez-vous, , elle n'est pas ce genre-là———"

"Oui", a déclaré M. Wycherly; "s'il vous plaît dites-moi pourquoi."

"C'est un peu difficile", continua le jeune homme, "sans avoir l'air un peu idiot, mais c'est comme ça. Elle marche en pensant à ses propres pensées, et si elle vous regarde, elle semble regarder à travers vous. Maintenant, il y a des filles, des filles sympas, de jolies filles, des dames, des dames, vous savez, et pourtant vous savez qu'elles vous ont vue. Eh bien, tout ce que je peux dire, c'est que vous êtes presque sûr que ce n'est pas le cas de Miss Stavrides. ce n'est pas bien."

"Et pourtant," dit doucement M. Wycherly, "elle semblait être au courant de votre existence."

George Gordon enfonça profondément ses mains dans ses poches, mais il regardait toujours M. Wycherly droit dans les yeux.

"Elle n'a pas pu s'en empêcher. Mon chien, d'une manière ou d'une autre, sur mon honneur, je ne sais pas comment ni pourquoi, semble terriblement attaché à elle. Il l'a renversée en lui sautant dessus d'un air espiègle, alors qu'elle ne s'y attendait pas - et que pouvais-je faire ? Mais… je pense qu'il est juste de vous le dire, je meurs d'envie de la connaître depuis que je suis arrivé dans ces chambres, et j'espère la revoir. Elle l'est, je suppose que vous le savez. monsieur, une fille extrêmement attirante, parce qu'elle est si inhabituelle.

M. Wycherly se leva et tendit la main :

"Je vous suis grandement obligé", dit-il. "Vous avez été très franc et serviable. Cela me ferait grand plaisir si vous veniez nous voir - et comme faveur personnelle, je vous demanderais de ne plus marcher dans les rues avec elle, pour son bien."

"J'aimerais vraiment venir, monsieur. C'est très gentil de votre part. C'est mon dernier mandat, donc vous ne serez pas dérangé avec moi longtemps."

Gantry Bill se leva lentement et majestueusement de sa place près de la fenêtre, se laissa tomber par terre et vint renifler M. Wycherly. George Gordon se ressaisit au prix d'un grand effort et dit d'une voix quelque peu rauque : « Vous savez, monsieur, je pense qu'elle devrait avoir un store ou quelque chose comme ça. N'importe qui peut la voir.

M. Wycherly se baissa pour caresser Gantry Bill.

"Je vous suis toujours très redevable", a-t-il déclaré.

* * * * *

Cet été-là, Montagu partit en vacances avec une soirée de lecture en Bretagne. M. Wycherly emmena Edmund et Jane-Anne à Burnhead, dans le Midlothian, où il avait passé tant d'années, et Mme Dew alla vivre chez la gouvernante de Lord Dursley.

Le ministre habitait la maison qui avait appartenu à Miss Espérance ; M. Wycherly et les deux jeunes gens logeaient chez sa vieille servante, Robina. Pendant qu'ils étaient là, Curly vint voir le ministre, qui était son père, et pendant la semaine qu'il passa à Burnhead, il fit à Jane-Anne, par l'intermédiaire de M. Wycherly, une offre d'engagement définitif dans une compagnie qu'il partait en tournée. avec après Noël. Bien entendu, au début, elle se contenterait de marcher. Après cela, on lui confierait de petits rôles et alors… sa chance pourrait se présenter. L'entreprise était bonne à plus d'un titre. Les actrices étaient des dames, dont deux mariées à des membres de la compagnie, et Jane-Anne serait bien entretenue.

Le projet a plongé M. Wycherly dans une véritable tempête d'inquiétude. Si Curly avait fait allusion à la possibilité d'une telle chose à Jane-Anne elle-même, il aurait estimé qu'il avait de bonnes raisons de s'en plaindre. Mais il savait que Curly n'avait rien fait de pareil et qu'il appartenait à lui, et à lui seul, de supprimer ou de lui présenter ce plan qui lui paraissait détestable.

Il ne pourrait y avoir qu'un seul résultat. Le sens de l'honneur de M. Wycherly ne lui permettrait pas de cacher à Jane-Anne une opportunité qu'il craignait qu'elle ne soit trop prête à saisir. Et ce même sentiment l'empêchait de lui soumettre lui-même l'affaire. Il savait qu'il était si partial qu'il devait présenter l'ensemble du projet sous un jour des plus peu attrayants ; et sa faculté même de voir tout autour d'une question l'empêchait d'exprimer les opinions activement hostiles qu'il avait très certainement. Il a donc laissé Curly lui poser la question.

Ce que Curly fit, et, peut-être animé par un esprit quelque peu semblable à celui de M. Wycherly, il ne cacha rien à la jeune fille des désagréments qu'elle était susceptible de rencontrer. Il a dépeint la vie d'un peu plus qu'un super avec une compagnie itinérante comme l'inverse d'agréable. Il ne lui épargnait aucun détail sordide, il exagérait plutôt que minimisait tout ce qu'elle aurait à endurer.

Les yeux baissés et les lèvres un peu tremblantes, elle l'entendit en silence jusqu'au bout. Puis elle tourna vers lui son grand regard et demanda :

"Mais dois-je apprendre des choses ?"

"C'est la seule façon d'apprendre des choses."

"Alors, si le maître me le permet, je viendrai."

"Il n'aime pas ça. Il déteste cette idée. Cela le rendra très malheureux. Tu lui manqueras terriblement."

"Montagu sera alors au New College. Il entrera et sortira toujours. Je n'irais pas si le maître était tout seul. Mais avec Montagu là-bas, cela fait toute la différence..."

"Je ne sais même pas maintenant s'il consentira."

"Je pense", dit Jane-Anne, "qu'il me permettra de partir, parce qu'il est si juste."

Mais M. Wycherly a refusé de donner un avis définitif.

"Nous attendrons jusqu'en décembre", a-t-il déclaré.

Jane-Anne est donc retournée à l'école et M. Wycherly a fait venir Miss Willows et lui a expliqué la situation. À sa grande surprise et consternation, elle se rangea du côté de Jane-Anne. C'était très bien de la part de Miss Willows, car elle avait à cœur que Jane-Anne réussisse brillamment à Lady Margaret Hall. Mais elle comprenait la fille. Elle était consciente de ses pouvoirs et de ses limites, et elle était de celles qui, en regardant vers l'avenir de ses filles, auraient envie de les faire atteler leurs chevaux vers les étoiles. Elle pensait que Jane-Anne pourrait devenir une enseignante assez performante, mais elle était certaine qu'elle avait en elle le courage de devenir une grande actrice. Miss Willows détestait la médiocrité.

Un allié inattendu pour M. Wycherly apparut en la personne de George Gordon, qui, après avoir obtenu un diplôme modéré, revint à Oxford pour voir tout le monde avant de s'installer à Londres pour étudier au barreau. Avec lui, il apporta Gantry Bill en offrande pour Jane-Anne, qui embrassa tendrement le chien en s'exclamant :

"Je l'aimerai, si le maître le garde pour moi, mais je ne pense pas être là après Noël, vous savez, sauf quand je pourrai partir pour de petites vacances."

"Pas ici?" il s'est excalmé. "Où vas-tu à l'étranger pour étudier ?"

"Non, je vais probablement monter sur scène, au moins pour étudier pour la scène."

« La scène. *Et vous* ?

"Pourquoi pas?"

"Parce que c'est impensable, parce que je déteste ça, parce que... je le veux moi-même."

Jane-Anne avait l'air très sérieuse, mais elle ne rougit pas et ne montra aucun signe de confusion.

"Je ne devrais pas faire une gentille épouse", a-t-elle fait remarquer.

"Je pense que tu ferais une épouse adorable, mais, bien sûr, nous ne pourrions pas nous marier pour l'instant", ajouta-t-il honnêtement ; "Je n'en ai pas assez pour que tu sois à l'aise ; mais nous pourrions attendre - et je travaillerai comme des connards et - tu es très jeune."

"D'ailleurs, toi aussi, mais ce n'est pas une question de jeunesse ou d'âge. Il y a quelque chose que je dois faire, et je dois le faire. Le mariage et des choses comme ça doivent venir après. J'imagine" — ici, elle leva ses yeux solennels et francs — « tout viendra après… toujours ».

George Gordon avait l'air si malheureux que Gantry Bill s'est approché de lui, s'est étiré et a léché l'une des mains qui pendaient si molles et mélancoliques à ses côtés.

"M. Wycherly aurait aimé ça", dit-il tristement. "Je lui ai parlé hier soir, et il m'a autorisé à venir aujourd'hui. Il nous aurait permis de nous fiancer."

Jane-Anne eut un petit rire. "Je suis fiancée", dit-elle, "à la compagnie de tournée de M. Wendover."

"Merde M. Wendover !" s'exclama son prétendant en colère. "Je suis terriblement désolé, mais vous ne pouvez pas imaginer à quel point je déteste ça. Allez-vous garder Bill ? M. Wycherly a dit qu'il pourrait rester ici. Je ne peux pas l'avoir à Londres, il serait tellement malheureux."

"Nous adorerons Bill," dit-elle doucement.

Vers Noël, un bazar a eu lieu auquel Mme Methuen était très intéressée, et parmi les spectacles parallèles il y avait un petit duologue qu'elle et Jane-Anne ont joué ensemble. Il se trouve que la compagnie de Curly était à Oxford à ce moment-là, et un après-midi, il a traîné M. Wycherly au bazar pour voir Jane-Anne jouer.

Or, même si M. Wycherly l'avait vue danser des centaines de fois, il ne l'avait jamais vue jouer. Il ne pouvait pas perdre son courage au point d'affronter la foule de parents rassemblés aux théâtres de l'école, et Mme Methuen ne l'avait jamais encore incité à venir voir les petites pièces qu'elle aimait tant monter au profit de diverses œuvres caritatives.

Mais cette fois, lassé par les importunités de Curly et fortifié par sa compagnie, il se laissa convaincre et se retrouva assis devant un rideau rouge, dans la deuxième rangée de chaises, tandis que, pince-nez sur le nez, il étudiait un programme qui portait la légende « Une maison commune ».

Jane-Anne était allée déjeuner avec Mme Methuen afin d'être prête pour la pièce qui arrivait assez tôt dans l'après-midi.

Le bruit du piano cessa, le rideau se leva, et les deux dames, qui, avec leurs maris, s'étaient entendues pour partager une maison pour les vacances d'été, apparurent l'une après l'autre.

Mme Methuen était indubitable ; jolie, désireuse, très soucieuse du confort futur de son seigneur absent.

Mais l'autre...

M. Wycherly était à la fois déçu et déconcerté.

Quelque chose a dû arriver à Jane-Anne. Pourrait-elle être malade ? Ce grand personnage anguleux à lunettes, avec ce qu'il stigmatisait secrètement comme une « manière de bombe », devait être une vieille dame importée au dernier moment pour jouer le rôle. Le fait qu'elle l'ait joué exceptionnellement bien ne concernait pas M. Wycherly ; il était inquiet pour Jane-Anne.

Qu'est-ce qui aurait pu arriver à l'enfant ?

La pièce était plutôt amusante. La dame aux manières bombazine faisait rire chaque fois qu'elle ouvrait les lèvres, mais M. Wycherly ne pouvait pas se sentir intéressé. Il était inquiet.

Ce devait être un mal de tête soudain et prostrant qui avait empêché son apparition. Pourtant, quand se souvenait-il que Jane-Anne avait mal à la tête lorsque les représentations théâtrales étaient à l'honneur ?

La petite pièce s'est bientôt terminée sous des applaudissements enthousiastes. M. Wycherly trouva plutôt insensible de la part de Curly d'applaudir si vigoureusement. Il ne semblait pas du tout inquiet pour Jane-Anne.

Les applaudissements furent si prolongés que le rideau se leva de nouveau et que les deux dames répondirent. Elle, aux lunettes et aux cheveux gris vaporeux tirés en une poignée serrée à l'arrière, s'inclina avec raideur et sans grâce, comme il convenait à son personnage, mais juste au moment où elle atteignait les ailes, elle arracha ses lunettes d'une main et de l'autre envoya délibérément un baiser à M. Wycherly.

Il n'y avait aucun doute. Le baiser était pour lui et pour personne d'autre, et les yeux jusqu'alors discrètement cachés derrière les lunettes étaient extrêmement sombres, jeunes et joyeux.

C'est alors que M. Wycherly réalisa qu'elle n'avait pas échoué au dernier moment, son extraordinaire Jane-Anne. Elle était la dame de la manière bombazine.

Lorsqu'ils atteignirent la rue, il murmura à Curly d'un ton presque étonné : "Et je ne l'ai jamais reconnue du tout jusqu'à ce que le rideau se lève pour la deuxième fois."

"Alors j'ai vu", a déclaré Curly.

"Elle avait l'air si vieille, si sévère, si dure d'une certaine manière et si peu charmante."

"Pour le moment, c'était Mme Tallet, voyez-vous", a expliqué Curly.

"Ce n'était pas seulement son apparence, toute son atmosphère semblait si captivante et sombre."

"Cela", remarqua sentencieusement Curly, "c'est agir."

* * * * *

C'était un jour de gala au cours de danse, et M. Wycherly était assis sur l'estrade surélevée réservée aux parents et aux spectateurs. Il était venu voir Jane-Anne comme élève pour la dernière fois.

Il y avait de nombreuses « danses fantaisies » exécutées par des filles au visage frais qui manipulaient leurs jupes plissées en accordéon avec une certaine fierté de leur réussite – toutes sauf Jane-Anne.

Elle, mince et brune, avec son petit visage ovale et ses cheveux épais et sombres, tirés en arrière de son front, avec le mouvement ascendant des anges de Botticelli, elle dansait !

Elle portait une simple petite robe de mousseline noire, retenue autour de sa taille fine par un étroit cordon noir.

Mme Methuen avait choisi la robe, et elle était pleine de distinction par sa délicate sévérité ; une petite robe si simple parmi ses compagnes aux couleurs arc-en-ciel et fraîchement modistes.

Et comme elle a dansé !

Flottant d'avant en arrière sur les vagues sonores comme une feuille d'automne soufflée par le vent.

Soudain, par un de ces éclairs de télépathie qui éclairent parfois notre chemin à tous, M. Wycherly devint intensément conscient que son âme n'était pas la seule à être émue par cette danse parfaite. Et le fait de savoir que son appréciation enthousiaste était partagée ne suscitait en lui aucun sentiment autre que celui d'un pressentiment inconfortable.

Il mit ses lunettes et regarda à travers la pièce. Là, près de la porte, il aperçut Curly accompagné d'un petit homme blond en manteau de fourrure, un homme rasé de près dont les grands yeux bleus exprimaient à la fois l'intérêt et le plaisir, un plaisir aussi vif que le sien avait été. Et il fut subtilement communiqué à M. Wycher un sentiment de changement imminent et une sensation d'interrogation excitée, si forte qu'il se surprit à exiger mentalement : « Que va-t-il faire ?

Et l'extase avec laquelle il avait d'abord regardé Jane-Anne fut interrompue et envahie par une foule de doutes et de spéculations extraterrestres.

Car il savait que les destins étaient en train de se tisser et que le personnage central de leur tissu était celui de la jeune fille élancée en noir qui dansait.

Et rien ne s'est passé.

Curly et l'homme au manteau de fourrure sont partis au bout de quelques minutes, et aucun d'eux n'avait tenté de parler à Jane-Anne lorsque sa danse s'était terminée.

Mais, malgré tout, la fin était celle à laquelle M. Wycherly avait refusé d'affronter. Lorsqu'il en fut réellement au point d'accorder ou de refuser sa permission, il lui ordonna de se dépêcher et l'envoya. La flamme en elle brillait lumineuse et claire ; il n'y avait aucun doute à ce sujet ; et il lui semblait qu'il valait mieux alimenter le feu qui brûlait si régulièrement sur l'autel de sa haute entreprise.

Mme Dew n'a ni approuvé ni opposé. Depuis quelques années, elle sentait que Jane-Anne la dépassait ; toujours incompréhensible, elle se trouvait désormais dans un avion que sa bonne tante ne pouvait toucher qu'au moyen de l'affection constante qu'elle avait toujours ressentie. De cette façon, elle pourrait toujours joindre Jane-Anne. Comme sa nièce ne devait pas être une servante respectable dans une bonne famille, il semblait à Mme Dew que toutes les autres carrières étaient également chimériques et dangereuses. La fille pourrait essayer cette comédie. Si cela échouait, eh bien, le maître la récupérerait. Mme Dew en était sûre et était donc moins inquiète qu'on aurait pu s'y attendre.

Avec une méfiance qu'elle n'avait jamais montrée auparavant, elle suivit Jane-Anne dans sa chambre l'après-midi précédant son départ de Holywell et se tint au bout du lit, regardant la grande fille agenouillée à côté de la nouvelle malle qu'elle lui avait elle-même offerte.

« Écoutez, Jane-Anne », dit-elle soudain, et parce qu'elle était très sérieuse, elle tomba dans le vaste Gloucestershire de sa jeunesse. "Je ne suis pas du genre à parler religieux - une bonne réprimande acerbe est plus dans mon domaine - mais je serais heureux que vous vous en souveniez, car vous venez d'une famille des plus respectables. Il y a Bin Burfords à Great Stanley depuis deux cents ans. , et pour autant que nous le sachions, jamais une femme légère parmi eux.

"Deux cents ans", répéta Jane-Anne. "Eh bien, alors je dois avoir des ancêtres, après tout."

"Vous pouvez les appeler ancêtres, s'il vous plaît", a poursuivi Mme Dew; "Nous les appelons des ancêtres d'où je viens. Eh bien, comme je le disais, je voudrais que vous vous en souveniez, et si vous vous sentez emporté et étourdi, pensez simplement qu'il y a une tante à Oxford comme vous accorde une grande importance... »

La voix de Mme Dew se brisa ; Jane-Anne se leva précipitamment de ses genoux, courut vers sa tante et la prit dans ses bras.

"Tante, chérie," dit-elle, "je m'en souviendrai."

"Je n'ai jamais entendu parler", poursuivit Mme Dew d'un ton étouffé, "quoi que ce soit à dire sur le peuple de votre père. Pour autant que je sache, il pourrait provenir de certains d'entre eux, des dieux et déesses païens, de mauvais lots qu'ils c'est ce qui nous inquiète tant. Vous pouvez compter sur le sang de Burford, mais je suis sûr que c'est la sortie du Grec qui vous pousse à jouer le rôle.

Très doucement, Jane-Anne retira ses bras autour de sa tante.

"Je sais que je suis souvent idiote", dit-elle humblement, "mais il ne faut pas en vouloir à mon père."

"Vous êtes tel que le saindoux vous a créé", remarqua sèchement Mme Dew, "et vous ne pouvez qu'essayer de tirer le meilleur parti d'un mauvais travail. Mais rappelez-vous ceci - si vous vous sentez malade, ou si vous avez besoin de moi à tout moment pour un moment quelconque. C'est pourquoi un télégramme m'apportera aussi vite que je pourrai mettre le pied à terre et trouver quelqu'un à faire pour le maître pendant mon absence.

"Vous êtes très gentille avec moi, tante", dit Jane-Anne en jetant à nouveau ses bras autour du cou de Mme Dew.

Elle et M. Wycherly sont allés à la messe du soir dans la cathédrale. C'était le 4 janvier, et les « vrais psaumes » étaient le vingt-deuxième et le vingt-troisième. Jane-Anne frissonna d'un pressentiment glacial alors que le chant lamentable retentissait, résonnant étrangement dans le grand toit voûté.

" *Je suis versé comme de l'eau, et tous mes os sont brisés ; mon cœur aussi, au milieu de mon corps, est comme de la cire fondante.* "

Bientôt, le mineur se changea en quelque chose d'infiniment serein, doux et réconfortant ; et pour Jane-Anne, debout timidement au seuil de sa nouvelle vie, il y avait une promesse d'aide qui ne pouvait lui faire défaut :

" *Le Seigneur est mon berger donc je ne peux manquer de rien.* " Et au dernier verset : " *Mais ta bonté et ta miséricorde m'accompagneront tous les jours de ma vie...* " elle plongea sa petite main dans celle de sa vieille amie. , et le sien se ferma dessus avec un fermoir ferme et compréhensif.

Lorsque la journée, si chargée d'émotions diverses, toucha à sa fin et qu'elle alla lui souhaiter bonne nuit, elle le trouva debout sur le tapis de la cheminée, à la lueur du feu. Montagu était allé passer quelques jours chez un camarade d'école avant de venir à New, et ils étaient tous seuls.

La lampe de M. Wycherly était éteinte, mais la pièce était pleine d'une lumière chaude et rose, et Jane-Anne se souvenait de la façon dont elle avait regardé à l'intérieur et avait envie avec nostalgie de partager son regard aimable, toutes ces longues années auparavant. Ils avaient eu de nombreuses discussions ensemble, ces deux-là, sur le changement à venir, et chacun connaissait les espoirs et les craintes de l'autre. Les vieux doivent comprendre que les adieux sont leur part. Seulement un mois ou deux avant que M. Wycherly ait vu Edmond partir pour son premier voyage, et maintenant cet autre enfant naviguait sur la grande mer de la vie, le laissant derrière lui pour rêver et prier pour que la fortune et les vents favorables puissent les entraîner tous les deux. .

Elle vint se tenir à côté de lui, posant des mains légères et douces sur ses épaules, le regardant tout en le regardant avec les yeux bons et fidèles qu'il aimait tant.

"Cher," dit-elle, "sais-tu ce que je ressens ?"

« Mon enfant, répondit-il, tu ressens, je le sais, tout ce qu'il y a de meilleur et de plus beau, mais il n'y a qu'une chose que je voudrais que tu écrives sur les tablettes de ton cœur, c'est le souvenir qui ici, à Oxford, il y a un vieil homme qui donnerait sa vie pour vous servir ; pour qui tout ce qui vous concerne est absolument vital, vous souviendrez-vous toujours de cela, que vous soyez heureux ou désolé, heureux ou malheureux, avant tout. si jamais, ce à Dieu ne plaise, vous seriez malheureux, votre maison est ici.

"Je m'en souviendrai", dit Jane-Anne en l'embrassant.

Personne ne l'accompagna le lendemain à Londres. Elle préférait y aller seule. Curly devait la rencontrer, et elle devait partir cette nuit-là avec le reste de la compagnie pour la ville du nord où avait eu lieu leur premier engagement.

Gantry Bill a erré inconsolablement dans la maison de Holywell toute la journée. Il ne pouvait s'installer nulle part. Sa belle tranquillité était tout à fait brisée. Il crépitait d'avant en arrière et gémissait faiblement par intervalles. Mme Dew l'a tenté en vain avec les meilleurs morceaux dans son bol spécial.

Enfin, après le dîner, il chercha M. Wycherly dans son bureau, grattant vigoureusement la porte jusqu'à ce qu'il soit admis. Une fois à l'intérieur, il se promena en reniflant d'un air dubitatif ; Finalement, il se dirigea vers M. Wycherly et, les pattes croisées sur ses genoux, s'appuya lourdement sur lui et leva les yeux vers son visage, lui demandant clairement : « Où est-elle ?

C'était l'attitude préférée de Gantry Bill avec Jane-Anne. Il était trop grand et trop lourd pour qu'elle puisse l'allaiter, mais il aimait se tenir sur ses pattes arrière et pencher son corps sur ses genoux, pendant qu'elle, généralement plongée dans un livre, lui caressait distraitement la tête.

"Elle est partie, Gantry Bill", dit M. Wycherly en réponse à son regard. "Elle est partie et nous a quittés, et nous devons simplement en tirer le meilleur parti."

Gantry Bill fit une embardée soudaine et disposa toute sa lourde personne sur les genoux de M. Wycherly. Il pesait quarante-quatre livres, mais, d'une manière ou d'une autre, M. Wycherly n'avait pas le cœur de le chasser.

Au lieu de cela, il le caressa distraitement et murmura :

"Dites que je suis fatigué, dites que je suis triste;

Dites que la santé et la richesse m'ont manqué ;

Dites que je vieillis, mais ajoutez...

Jenny m'a embrassé.

LA FIN

www.ingramcontent.com/pod-product-compliance
Lightning Source LLC
LaVergne TN
LVHW051519170726
843492LV00006B/1585